U0524691

浙江省哲学社会科学规划
后期资助课题成果文库

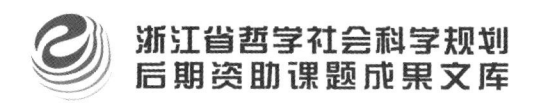

# 商业性体育赛事交易网络及发展政策研究

Shangyexing Tiyusaishi Jiaoyi Wangluo Ji
Fazhan Zhengce Yanjiu

罗建英　丛湖平　著

中国社会科学出版社

图书在版编目(CIP)数据

商业性体育赛事交易网络及发展政策研究／罗建英，丛湖平著.
—北京：中国社会科学出版社，2019.9
（浙江省哲学社会科学规划后期资助课题成果文库）
ISBN 978-7-5203-4957-4

Ⅰ.①商⋯　Ⅱ.①罗⋯②丛⋯　Ⅲ.①运动竞赛-商业活动-研究-中国　Ⅳ.①G812

中国版本图书馆 CIP 数据核字（2019）第 200321 号

| | |
|---|---|
| 出 版 人 | 赵剑英 |
| 责任编辑 | 宫京蕾 |
| 特约编辑 | 乔继堂 |
| 责任校对 | 秦　婵 |
| 责任印制 | 李寡寡 |

| | |
|---|---|
| 出　　版 | 中国社会科学出版社 |
| 社　　址 | 北京鼓楼西大街甲 158 号 |
| 邮　　编 | 100720 |
| 网　　址 | http://www.csspw.cn |
| 发 行 部 | 010-84083685 |
| 门 市 部 | 010-84029450 |
| 经　　销 | 新华书店及其他书店 |

| | |
|---|---|
| 印刷装订 | 北京君升印刷有限公司 |
| 版　　次 | 2019 年 9 月第 1 版 |
| 印　　次 | 2019 年 9 月第 1 次印刷 |

| | |
|---|---|
| 开　　本 | 710×1000　1/16 |
| 印　　张 | 14 |
| 插　　页 | 2 |
| 字　　数 | 232 千字 |
| 定　　价 | 75.00 元 |

凡购买中国社会科学出版社图书，如有质量问题请与本社营销中心联系调换
电话：010-84083683
版权所有　侵权必究

# 目 录

前 言 …………………………………………………………… (1)

**第一章 导论** ………………………………………………… (1)
  第一节 选题背景和研究意义 ……………………………… (1)
    一 选题背景 …………………………………………… (1)
    二 研究意义 …………………………………………… (3)
  第二节 研究概念 …………………………………………… (3)
  第三节 研究思路和内容安排 ……………………………… (4)
  第四节 研究方法 …………………………………………… (6)
    一 文献资料法 ………………………………………… (6)
    二 德尔菲法 …………………………………………… (6)
    三 专家模糊评价法 …………………………………… (10)
    四 专家访谈法 ………………………………………… (12)

**第二章 相关理论及研究回顾** ……………………………… (13)
  第一节 相关理论 …………………………………………… (13)
    一 企业网络理论 ……………………………………… (13)
    二 交易费用理论 ……………………………………… (27)
    三 委托—代理理论 …………………………………… (30)
  第二节 研究回顾 …………………………………………… (32)
    一 体育赛事概念 ……………………………………… (32)
    二 体育赛事产品特性 ………………………………… (36)
    三 体育赛事的经济学理论解释及相关研究 ………… (39)
    四 现有的研究局限及未来的研究方向 ……………… (49)

**第三章 商业性体育赛事交易网络结构及特征** …………… (50)
  第一节 商业性体育赛事交易网络的结构 ………………… (51)
    一 商业性体育赛事交易网络的参与主体及资源结构 ………… (51)

二　商业性体育赛事交易网络参与主体间的交易关系 …………（55）
　第二节　商业性体育赛事交易网络的结构特征 ………………（62）
　　一　网络的高中心性和低密度性 ………………………………（62）
　　二　网络的半开放性和松散型 …………………………………（63）
　　三　网络的非地域根植性 ………………………………………（64）
　　四　网络的复杂性 ………………………………………………（65）
　小　结 ………………………………………………………………（66）

第四章　商业性体育赛事交易网络的契约关系 ………………（67）
　第一节　商业性体育赛事交易网络的交易成本及产生原因 ………（68）
　　一　商业性体育赛事交易网络契约关系的实现目标：
　　　　降低交易成本 ………………………………………………（68）
　　二　商业性体育赛事交易网络交易成本的产生原因 …………（71）
　第二节　商业性体育赛事交易网络的契约结构及作用机制 ……（76）
　　一　正式契约降低交易成本的作用机制 ………………………（76）
　　二　非正式契约降低交易成本的作用机制 ……………………（94）
　第三节　正式契约和非正式契约的关系 ………………………（117）
　小　结 ……………………………………………………………（121）

第五章　中国商业性体育赛事交易网络契约的重要性判断及
　　　　存在的问题 ……………………………………………（122）
　第一节　中国商业性体育赛事交易网络契约关系结构的指标
　　　　体系 ……………………………………………………（122）
　第二节　不同契约对降低交易成本的重要程度 ………………（124）
　　一　正式契约对降低交易成本的重要程度 …………………（125）
　　二　非正式契约对降低交易成本的重要程度 ………………（131）
　　三　正式契约与非正式契约对降低交易成本的重要程度 …（138）
　第三节　我国商业性体育赛事交易网络契约关系存在的问题 …（163）
　小　结 ……………………………………………………………（167）

第六章　中国商业性体育赛事的发展政策研究 ………………（169）
　第一节　中国商业性体育赛事产业的发展政策结构 …………（169）
　　一　市场准入政策 ……………………………………………（170）
　　二　财政金融政策 ……………………………………………（170）

三　税收优惠政策 …………………………………………（172）
　　四　人才培养政策 …………………………………………（173）
第二节　中国商业性体育赛事发展政策存在的主要问题及
　　　　原因分析 ………………………………………………（175）
　　一　政府的行政垄断限制了商业性体育赛事资源的市场化
　　　　流动 ………………………………………………………（175）
　　二　财政、税收等扶持政策供给不足抑制了商业性体育赛
　　　　事的获利空间 ……………………………………………（178）
　　三　商业性体育赛事各类交易主体社会网络资源的嵌套程度
　　　　较低加大了交易成本 ……………………………………（179）
第三节　中国商业性体育赛事发展政策的调整 ……………（180）
　　一　完善商业性体育赛事基础资源的合理流动政策，促进优质
　　　　资源国际化 ………………………………………………（180）
　　二　改革财政金融、税收优惠制度，加大对商业性体育赛事扶
　　　　持力度 ……………………………………………………（181）
　　三　改革体育人才培养制度，培育、推动中介业规范发展……（182）
　　四　建立引导社会网络资源嵌入体育赛事主体经济交易的
　　　　政策 ………………………………………………………（183）

第七章　总结 …………………………………………………（185）
　第一节　全书总结 ……………………………………………（185）
　第二节　研究不足及今后研究方向 …………………………（187）

附件1 …………………………………………………………（189）

附件2 …………………………………………………………（193）

附件3 …………………………………………………………（197）

附件4 …………………………………………………………（203）

主要参考文献 …………………………………………………（209）

# 前　言

　　商业性体育赛事作为一种经济现象，是一项具有典型投入—产出性的生产活动，近20年来，我国商业性体育赛事无论从规模、数量、社会影响力还是其自身的经济价值方面都有了快速的提升，其对城市作用的多种正效应也逐渐呈现。随着2014年国务院《关于加快发展体育产业促进体育消费的若干意见》、国家体育总局《关于推进体育赛事审批制度改革的若干意见》文件的发布，标志着我国体育产业已经进入黄金发展时期，而具有商业性质的体育赛事和群众性体育赛事审批制度的全面取消，意味着商业性体育赛事作为体育产业中的重要组成部分，在我国许多主要城市将蓬勃发展，也将越来越成为居民体育消费的重要手段。

　　商业性体育赛事的性质决定了各类交易主体以其拥有的资源，在交换过程中形成特定的关系，这种由主体—资源—交易关系形成的总结构，可视为"交易网络"。哈堪森（Hakansson）认为，网络模式是由具有参与活动能力的行为主体，在主动或被动地参与活动过程中，通过资源的流动，形成了彼此之间正式或非正式的关系，网络是由行为主体、资源和活动三要素组成的。作为"理性经济人"，追求经济利益的最大化无疑是商业性体育赛事运营者首先要考虑的，从经济学的"成本—收益"理论来理解，任何商业性体育赛事运营者在提供商业性体育赛事产品时均存在"利益最大化"的目标函数，即以最小的经济成本获取最大的经济收益，交易成本是生产者投入成本中除了生产要素成本以外的重要成本，与一般的生产活动相比，体育赛事生产过程有其自身的特殊性，除了竞赛场地、通信设施、交通条件等区域存量要素外，还有大量的运动员、裁判员、赛事经纪人以及各类产品相关的技术人员，这些生产要素可能来自世界各地，具有不同的文化背景，吸聚及整合这些要素资源以达到生产和销售的目的需要花费大量的交易成本。理论和实践表明，"交易网络"是区域商业性体育赛事核心竞争力的基础要素，而社会网络与其嵌套是降低交易成本、提升核心竞争力的支持要素。如何形成区域商业性体育赛事的有效"交易网络"，并在此基础上实现"交易网络"与社会网络的嵌套从而获得核心竞争力，则是我国商业性体育赛事快速发展的一个重要问题。那么，商业性体育赛事交易网络具有怎样的结构和特征？该网络降低交易成本的实现机制是什么？如何从政策层面提出实现商业性体育赛事降低交易成本的政策建议等问题已引起了人们的关注。

基于上述考虑，本研究基于对客观现象的考察和对已有理论的梳理，首先构建了能解释商业性体育赛事本质属性的交易网络结构并进一步讨论其特征。其次在此基础上考虑降低该交易网络交易成本的契约关系问题。运用德尔菲法、专家模糊评价法和访谈法对我国商业性体育赛事交易网络契约关系结构的指标体系进行论证，并对契约关系结构中各类指标对降低交易成本的重要程度进行了判断，并进一步提炼了我国商业性体育赛事交易网络契约关系中存在的问题。最后通过对我国商业性体育赛事发展政策以及相关文献的梳理，对现有我国商业性体育赛事发展政策中存在的问题及原因进行了分析，进一步对我国商业性体育赛事的发展政策提出了意见和建议。其学术观点和创新点：①构建了商业性体育赛事交易网络并提炼了其特征。认为该网络具有高中心性和低密度性、半开放性和松散型、非地域根植性、复杂性等特征，与一般的企业集聚网络相比，商业性体育赛事生产过程中将产生更多的交易成本。②提出了降低商业性体育赛事交易网络交易成本的契约关系。认为正式契约和非正式契约相互补充、相互推动，使商业性体育赛事交易成本得到有效的控制。在非正式契约的作用下，具有高中心性和低密度性、半开放性和松散型、非地域根植性等特征的商业性体育赛事交易网络得到进一步的优化。③分别运用德尔菲法和专家模糊评价法对我国商业性体育赛事交易网络契约关系结构的指标体系进行了论证，进一步对各类指标降低交易成本的重要程度进行了判断。在我国商业性体育赛事运作过程中各类交易关系普遍存在着社会网络资源的嵌套程度较低的问题，特别表现为"声誉"的缺失；同时存在着赛事运营方经营水平亟待提高的问题。④对现行商业性体育赛事产业的发展政策中存在的主要问题及原因进行了分析，并进一步提出了相应的政策建议。

该研究是在笔者博士论文《商业性体育赛事交易网络结构特征及契约关系》基础上修改并进一步拓展而成的，运用了规范和实证研究相结合的范式，涉及了经济学、社会学、新经济社会学、新制度经济学等多学科理论，构建了一般意义层面上能解释商业性体育赛事本质属性的交易网络结构以及降低该交易网络交易成本的契约关系。

本研究于2016年获得浙江省哲学社会科学规划后期资助基金的资助，感谢杭州师范大学体育与健康学院张辉副教授主持完成了第四、第五章节的研究工作，并作为研究骨干辅助完成了整个研究。该研究尽管取得了一些研究成果，但仍处于探索阶段，在许多方面有待于进一步深入研究。主要是：①商业性体育赛事交易网络是一个复杂的网络，涉及众多的参与主体，其交易关系呈现出多样性、依赖性和互补性的特征。因此，在本研究讨论赛事运营者与各参与主体两两间交易关系的基础上，进一步讨论整个交易网络以及几大主要相互依赖参与主体之间的作用关系及降低交易成本的作用机制是下一步的工作。②本研究所选择的专家团体均来自国内，这些专家成员在国内体育赛事行业内均具有很高的知名度，因此本论文第五部分的结论适合于我们本国的情况，进一步的研究将扩大专家团体的选择面，使得研究结论更具有一般性意义。③商业性体育赛事作为一项大型的生产活动，不仅受国家宏观层面产业政策的影响，而且其经济交易行为深深地嵌入于一定区域的社会结构中，受其中的制度、文化等因素的影响。区域赛事环境如何影响着良好的赛事产权交易契约和社会资本等因素的形成，进而促进交易网络交易成本的下降，是后续需要研究的重要问题。总之，我们认为，任何构建理论的研究均有一个逐步完善的过程，本研究提出的理论构架有很大的完善空间，我们非常渴望国内同人能聚焦本研究的问题，展开更有价值的研究，提供更有价值的研究成果。

罗建英

2017年1月3日写于杭州

# 第一章

# 导　论

## 第一节　选题背景和研究意义

### 一　选题背景

体育产业作为第三产业的后发展产业，是随着社会经济的发展、人们整体的消费结构类型从"温饱型"向"小康型""富裕型"的转变过程中自然地凸显出来的。在西方的许多发达国家，体育产业所创造的价值已成为国民经济的重要组成部分，是维持和推动本国经济增长的重要力量。[①]体育赛事是体育产业中的重要组成部分，自从1984年美国商人尤伯罗斯将商业行为引入第23届洛杉矶奥运会并取得巨大成功以来，体育赛事的内涵、外延以及运作方式均发生了巨大的变化，在其文化价值外延不断延展的情况下，已呈现出巨大的商业价值，成为体育产业发展中的中坚力量。随着人们生活水平的提高，为满足人们日益增长的对体育赛事产品的市场需求，由社会经营实体采用市场化运作手段为消费者提供赛事产品，从而以实现经济利益最大化为目的的商业性体育赛事不断涌现，并成为推动城市发展的重要手段。近年来，在我国的广州、北京、上海等城市也相继出现了很多这样的赛事，这些赛事无疑对传播城市体育文化、扩大城市知名度起到了积极的作用。随着2014年国务院《关于加快发展体育产业促进体育消费的若干意见》、国家体育总局《关于推进体育赛事审批制度改革的若干意见》文件的发布，标志着我国体育产业已经进入黄金发展十年，而具有商业性质的体育赛事和群众性体育赛事审批制度的全面取消，意味着商业性体育赛事作为体育产业中的重要组成部分，在我国许多主要

---

[①] 鲍明晓：《体育市场——新的投资热点》，人民体育出版社2004年版，第31页。

城市将蓬勃发展，也将越来越成为居民体育消费的重要途径。

作为"理性经济人"，追求经济利益的最大化无疑是商业性体育赛事运营者首先要考虑的。从经济学的"成本—收益"理论来理解，任何商业性体育赛事运营者在提供商业性体育赛事产品时均存在"利益最大化"的目标函数，即以最小的经济成本获取最大的经济收益。交易成本是生产者投入成本中除了生产要素成本以外最重要的成本，与一般的生产活动相比，体育赛事生产过程有其自身的特殊性，在体育赛事的生产过程中，除了竞赛场地、通信设施、交通条件等区域存量要素外，还有大量的运动员、裁判员、赛事经纪人以及各类产品相关的技术人员，这些生产要素是高流动性的，世界上没有任何一个区域同时具有结构完备的高质量存量生产要素。① 因此，体育赛事生产过程中所需要的人力资本要素，可能来自世界各地，具有不同的文化背景，吸聚及整合这些要素资源以达到生产和销售的目的需要花费大量的交易成本。上海体育学院赛事研究中心的研究成果显示，一场非国际性顶级球员在国内比赛所需要的交易成本占总成本的15%—30%。② 如何能够最大限度地降低赛事运营者与众多的投入品提供者以及赛事产品的消费者在各种产权交易过程中的交易成本以提高赛事的竞争力，必定也是赛事运营者所要重点考虑的。那么，如何实现体育赛事交易成本的下降？

商业性体育赛事交易的网络化现象已经呈现。从社会学视角来看，网络模式是具有参与活动能力的行为主体，在主动或被动地参与活动过程中，通过资源的流动，形成了彼此之间正式或非正式的关系总和。③ 首先，商业性体育赛事作为一种经济现象，已成为一项具有典型投入—产出性的生产活动，赛事运营者需要与众多的投入品提供者和产品消费者进行各种资源的交换，以达到生产和销售的目的。这些众多的产业链上的行为主体通过资源的流动组成了一个关系依赖、功能互补的体育赛事交易网络。其次体育赛事作为一项大型的生产活动，其经济交易行为深深地嵌入于一定的社会结构中，受其中的制度、文化等因素的影响。从网络理论的

---

① 丛湖平、罗建英：《体育赛事产业区域核心竞争力———一个理论假设构架的提出》，《体育科学》2007年第10期。

② 李南筑等：《体育赛事经济学》，复旦大学出版社2006年版，第40—142页。

③ 盖文启：《创新网络——区域经济发展新思维》，北京大学出版社2002年版，第46—48页。

角度来解释，体育赛事交易网络的质量是影响其交易成本的关键因素，一个优化的交易网络在赛事生产过程中必定是一个信息较为对称、要素资源流通较为顺畅的网络。那么，商业性体育赛事交易网络具有怎样的结构和特征？该网络降低交易成本的实现机制是什么？如何从政策层面提出实现商业性体育赛事降低交易成本的政策建议等问题已引起了人们的关注。

## 二 研究意义

在40年的改革开放进程中，我们国家从90年代中后期开始出现了商业性体育赛事，经过了近20年的发展，无论从规模、数量、社会影响力还是其自身的经济价值方面都有了快速的提升，商业性体育赛事产业给城市带来的多种效应也正逐渐呈现。从众多城市呈现出来的商业性体育赛事现象以及相关研究表明，在影响城市举办商业性体育赛事的众多因素中，政策环境无疑是最重要的因素之一。从现有文献看，迄今为止，系统地研究商业性体育赛事交易网络的成果还尚未见报道，更没有涉及商业性体育赛事交易网络的交易成本问题。基于这样的考虑，本研究基于客观现象的考察，在对体育赛事属性进行评述和对网络理论思想发展演进进行梳理的基础上，首先构建能解释商业性体育赛事本质属性的交易网络结构并进一步讨论其特征；其次在此基础上考虑降低该交易网络交易成本的契约关系问题，同时运用德尔菲法和专家模糊评价法对我国商业性体育赛事交易网络契约关系结构的指标体系进行论证，并对契约关系结构中各类指标降低交易成本的重要程度进行了判断，进一步提炼了我国商业性体育赛事交易网络契约关系中存在的问题；最后通过对我国商业性体育赛事产业政策以及相关文献的梳理，对现有我国商业性体育赛事发展政策存在的问题及原因进行了分析，进而在上文研究的基础上依托文化产业政策和体育产业政策理论，对我国商业性体育赛事的发展政策提出意见和建议。本文选择这样一个研究主题，试图能构建并完善体育经济知识体系中商业性体育赛事竞争力的理论框架，也为我国城市商业性体育赛事竞争力的培育和提升提供理论的参考依据。

## 第二节 研究概念

（一）商业性体育赛事

以获取经济利润最大化为主要目的的体育赛事生产活动。

## （二）商业性体育赛事交易网络

在商业性体育赛事运营过程中，各类行为主体进行各种资源或产权交易的结构关系总和。

## （三）交易成本

商业性体育赛事运作过程中所发生的费用，是指投入生产要素以外的成本。包括搜寻信息成本、签订协议成本、监督成本和违约成本。

## （四）契约关系

在商业性体育赛事运营过程中，相互独立的行为主体通过经济合约的联结和社会关系的嵌入所构成的、以制度安排为核心的关系安排。

## （五）产业发展政策

围绕商业性体育赛事产业的发展，旨在实现一定的商业性体育赛事产业发展目标而使用多种手段所制定的一系列具体政策的总称。

# 第三节 研究思路和内容安排

本研究运用规范研究和实证研究相结合的范式，依托网络理论、新制度经济学以及产业政策相关理论，基于客观现象的考察，在对体育赛事属性进行评述和对网络理论思想发展演进进行梳理的基础上，首先构建能解释商业性体育赛事本质属性的交易网络结构并进一步讨论其特征；其次在此基础上考虑降低该交易网络交易成本的契约关系问题，同时运用德尔菲法和专家模糊评价法对我国商业性体育赛事交易网络契约关系结构的指标体系进行论证，并对契约关系结构中各类指标对降低交易成本的重要程度进行了判断，进一步提炼了我国商业性体育赛事交易网络契约关系中存在的问题；最后通过对我国商业性体育赛事产业政策以及相关文献的梳理，对我国当前商业性体育赛事产业相关政策结构进行归纳，进一步基于上文契约关系中存在的问题对现有产业政策存在的问题及原因进行分析，最后依托文化产业政策和体育产业政策理论，对我国商业性体育赛事产业的发展政策提出意见和建议。

本书研究分为六个部分，基本框架如图1-1所示。

1. 导论：介绍了本研究的选题背景和研究意义、研究概念、研究方法、研究思路和内容安排以及主要创新点。

2. 相关理论及研究回顾：对本研究涉及的相关理论和相关研究进行

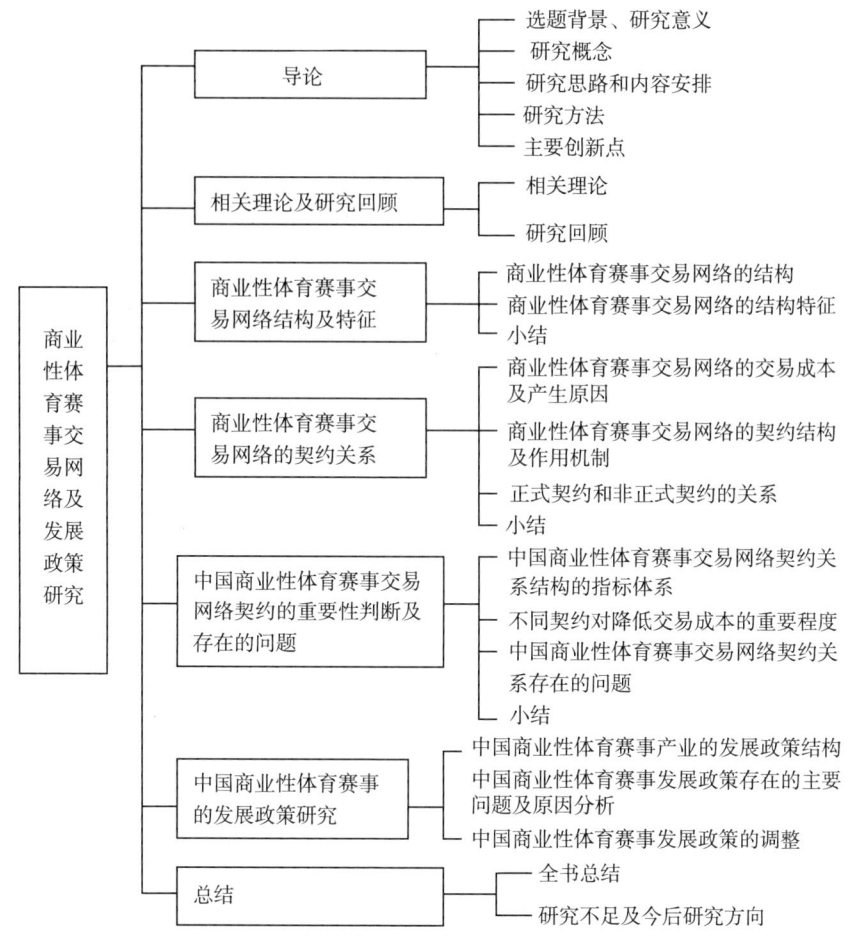

图 1-1　全书基本框架图

```
商业性体育赛事交易网络及发展政策研究
├── 导论
│   ├── 选题背景、研究意义
│   ├── 研究概念
│   ├── 研究思路和内容安排
│   ├── 研究方法
│   └── 主要创新点
├── 相关理论及研究回顾
│   ├── 相关理论
│   └── 研究回顾
├── 商业性体育赛事交易网络结构及特征
│   ├── 商业性体育赛事交易网络的结构
│   ├── 商业性体育赛事交易网络的结构特征
│   └── 小结
├── 商业性体育赛事交易网络的契约关系
│   ├── 商业性体育赛事交易网络的交易成本及产生原因
│   ├── 商业性体育赛事交易网络的契约结构及作用机制
│   ├── 正式契约和非正式契约的关系
│   └── 小结
├── 中国商业性体育赛事交易网络契约的重要性判断及存在的问题
│   ├── 中国商业性体育赛事交易网络契约关系结构的指标体系
│   ├── 不同契约对降低交易成本的重要程度
│   ├── 中国商业性体育赛事交易网络契约关系存在的问题
│   └── 小结
├── 中国商业性体育赛事的发展政策研究
│   ├── 中国商业性体育赛事产业的发展政策结构
│   ├── 中国商业性体育赛事发展政策存在的主要问题及原因分析
│   └── 中国商业性体育赛事发展政策的调整
└── 总结
    ├── 全书总结
    └── 研究不足及今后研究方向
```

了梳理和评述。

3. 商业性体育赛事交易网络结构及特征：首先以"投入—生产—产出"活动为线索讨论各类赛事参与主体及其所拥有的资源结构；继而以各类参与主体的资源或产权交易关系为基础建立商业性体育赛事交易网络结构并进一步讨论了该网络的特征。

4. 商业性体育赛事交易网络的契约关系：运用规范研究首先对商业性体育赛事交易网络契约关系的实现目标、交易成本的产生原因等问题进行了阐述；继而提出了降低商业性体育赛事交易网络交易成本的契约关系结构，论证了正式契约和非正式契约是影响商业性体育赛事交易网络交易成本的两大主要要素，分别依托契约经济学和社会资本理论构建了正式契约和非正式契约的指标体系，并论证了各类指标降低交易成本的作用机制。

5. 中国商业性体育赛事交易网络契约的重要性判断及存在的问题：首先运用德尔菲法对我国商业性体育赛事交易网络契约关系结构的指标体系进行论证；其次进一步运用专家模糊评价法对契约关系结构中各指标降低赛事生产过程中各种交易关系交易成本的重要程度进行判断；最后提炼了契约关系中存在的问题。

6. 中国商业性体育赛事的发展政策研究：通过对我国商业性体育赛事发展政策以及相关文献的梳理，对现有我国商业性体育赛事发展政策中存在的问题及原因进行了分析；最后在上文研究的基础上依托文化产业政策和体育产业政策理论，对我国商业性体育赛事的发展政策提出意见和建议。

7. 总结。

## 第四节　研究方法

### 一　文献资料法

在本研究写作过程中，通过图书馆、互联网等途径对大量有关体育赛事运作管理、企业网络、契约经济学、制度经济学等相关理论和研究文献进行梳理分析，这些文献对本研究运用规范研究构建商业性体育赛事交易网络结构并提炼其特征，并进一步论证商业性体育赛事交易网络的契约关系提供了理论支持。

### 二　德尔菲法

（一）研究方法概述

1964年美国兰德公司的预测学家赫尔默和戈登发表了《长远预测研究报告》，首次将德尔菲法用于技术预测中，以后便迅速地应用于美国和其他国家。德尔菲法是以匿名方式，用调查表函询专家的意见，是专家会议预测法的一种发展。组织者根据专家反馈回来的调查表，对信息进行综合处理后，将第一轮调查的汇总结果及调查表再反馈给各个专家，请他们以此作参考，提出自己的意见。这样反复 2—4 轮,当专家的各种不同意见趋于一致时,即可得到预测结果。① 该方法主要有三个特点:第一,匿名性。德尔菲法采用背靠背函询方式进行调查,从事预测的专家是在完全匿名的情况下交流思想和信息的,克服了面对面发表看法易受心理因素干扰的缺点,专家在不同轮次的调查中可以充分发表不同的意见。第二,有控制的反馈性。德尔菲法征询专家意见需要进行 2—3 轮,组织者需要对每一轮的预测结果做出统计,并将统计信息作为反馈材料发给每一位专家,供下一轮预测时参考。由于每一轮预测之间的反馈和信息沟通,便于比较分析,因而能相互启发,提高预测和判断的有效性。第三,统计表述专家意见。德尔菲法的预测结果可用统计法进行定量处理,而且,随着反馈轮次的增加,专家们的预测结果大都趋于一致。②

(二) 专家团队的选择

在明确预测的范围和种类后,依据预测问题的性质选择专家,这是德尔菲法进行预测的关键步骤。③ 根据德尔菲法的要求,选择的专家要知识面广泛、经验丰富、思路开阔;不仅要有熟悉本专业的学术权威,还应有来自生产一线从事数年以上技术工作的专家;不仅包括本部门的专家,还要有相关行业的来自其他部门的专家。高职称、高知名度、具有十年以上的专业经历是德尔菲法选择专家团队的基本要求,同时,在选择专家时不是采用随机样本的选择,而是通过有目的的程序选择。专家人数以 10—30 人为宜。④ 鉴于上述要求,本研究对专家的选择主要面向三个方面:第一,体育赛事研究领域的专家学者;第二,体育赛事运作实务领域的专家;第三,负责体育赛事管理的行政管理领导。研究遴选出 15 位专家,由于本研究的研究问题更多涉及操作层面的经验判断,因此该专家团队中大部分成员来自赛事运作事务领域和赛事研究领域,行政管理领导较少。这些专家成员在国内体育赛事行业内均具有很高的知名度。具体名单见表 1-1。

---

① 黄海燕:《体育赛事综合影响的事前评估研究》,博士学位论文,上海体育学院,2009 年。
② 古志超:《德尔菲法的特点及应用》,《中外企业文化》2005 年第 8 期。
③ Brown B., Dephi Process: A Methodology used for the elicitation of opinions of experts, The Rand Corporation, 1969.
④ 黄海燕:《体育赛事综合影响的事前评估研究》,博士学位论文,上海体育学院,2009 年。

表 1-1　　　　　　　　　专家团队组成成员一览表

| 姓名 | 职称或职务 | 工作单位 |
|---|---|---|
| 张　林 | 教授 | 上海体育学院 |
| 李南筑 | 教授 | 上海体育学院 |
| 陈锡尧 | 教授 | 上海体育学院 |
| 刘清早 | 教授 | 上海体育学院 |
| 钟天朗 | 教授 | 上海体育学院 |
| 曹可强 | 教授 | 上海体育学院 |
| 黄海燕 | 副教授 | 上海体育学院 |
| 谭建湘 | 教授 | 广州鸿天体育经纪公司 |
| 赵荣福 | 局长 | 杭州市体育局 |
| 张立新 | 执行总经理 | 上体传媒 |
| 张争鸣 | 总经理 | 上海东方俱乐部 |
| 曲　怡 | 高级咨询研究院 | 上海久事国际赛事管理有限公司 |
| 王能良 | 副局长 | 宁波北仑区体育局 |
| 史晓燕 | 市场部主任 | 宁波北仑体艺中心 |
| 朱绍共 | 总经理 | 杭州小毛驴体育经纪有限公司 |

（三）问卷的编制

本研究第一轮专家问卷（问卷1）草案是在第四章规范研究部分所得出的商业性体育赛事交易网络的契约关系结构的基础上形成的（预选指标见表1-2），就已形成的草案征求了上海体育学院赛事研究中心部分专家以及其他专家的意见，根据专家的合理意见，对问卷进行了部分修改，由于问卷中用了较多有关契约经济学、社会资本理论方面的专业术语，因此，根据部分专家的意见，问卷增加了"商业性体育赛事交易网络的契约关系结构指标说明"一览，最终形成了《我国商业性体育赛事交易网络的契约关系结构指标体系筛选专家问卷》（问卷1）（第一轮）（见附件1）。

表 1-2　　　商业性体育赛事交易网络的契约关系结构预选指标一览表

| 一级指标 | 二级指标 | 三级指标 |
|---|---|---|
| 赛事产权交易契约 | 控制逆向选择模型 | 信号传递模型 |
| | | 信息甄别模型 |

（续表）

| 一级指标 | 二级指标 | 三级指标 |
| --- | --- | --- |
|  | 控制道德风险模型 | 隐藏行为的道德风险模型 |
|  |  | 隐藏信息的道德风险模型 |
| 社会资本 | 结构性维度 | 联系的强弱 |
|  |  | 网络的密度 |
|  |  | 网络位置的中心性 |
|  | 关系性维度 | 人际信任 |
|  |  | 义务与期望 |
|  |  | 共同遵守的规范 |
|  |  | 声誉 |
|  | 认知性维度 | 共享的语言和符号 |
|  |  | 共享的愿景 |
|  |  | 默会知识 |

（四）问卷的发放

第一轮专家问卷（问卷1）主要安排于2011年第九届全国体育科学大会期间（上海体育学院12月3—8日）发放（上述被遴选出来的大部分专家是九科大组织者及大会主题或专题报告者，还有些学者定居上海），通过导师事先介绍、推荐的方式，与专家电话预约见面时间和地点，由于问卷中用了较多专业术语，因此，访谈过程中研究者首先就该论文的构思、问卷编制的理论框架、问卷需要解决的内容等向专家们阐述，同时进一步征求专家们的意见，访谈结束后，发放问卷，并约定时间在大会期间收回问卷。九科大结束后，对没有参加九科大的专家以同样的程序进行访谈发放问卷，并约定时间收回问卷，问卷回收后对集中程度（平均数$\bar{X}$）、离散程度（标准差S）和协调程度（变异系数CV）进行统计分析。其中算术平均数表示专家们对某一指标重要性意见的集中程度，算术平均数越大，说明该指标的重要性越高。标准差表示专家们对某一指标重要性意见的离散程度，标准差越小，则离散程度越小。变异系数也是反映变量离散程度的统计指标，在这里，该指标反映了专家们对该指标的协调程度，它是以样本标准差与平均数的百分比来表示的，变异系数越小，说明专家们对该指标的协调程度越高,[①] 迄今为止对 CV 的大小还未形成统一标准,参考有关文献,本研究认为 $CV_i \leq 1/3$ 时表示指标重要性较高。因此,经过数据统计处理后,本研究保留 $\overline{X_i} \geq 3$ 且 $CV_i \leq 1/3$ 的指标。[②]

根据专家提出的合理修改意见,在对第一轮专家问卷(问卷 1)进行修改的基础上形成第二轮专家问卷(问卷 1)(见附件 2),于 12 月底至 1 月初再次发放问卷,通过面访和电话、邮件的方式完成,并于约定时间收回问卷。问卷回收后对集中程度(平均数 $\overline{X}$)、离散程度(标准差 S)和协调程度(变异系数 CV)进行统计分析。

### 三 专家模糊评价法

(一)研究方法

专家模糊评价法是一种确定指标权重的评价方法,是通过权威专家根据经验判断各评价指标相对于评价目的而言的重要程度,然后经过综合处理获得指标权重的方法。该方法认为权重的本质是各评价指标对于评价目标的相对重要程度的量化值,由于这种相对重要程度是一种客观存在的模糊概念,对其度量的依据是客观的,但又必须通过主观判断来获得。该方法的优点是体现了决策者的经验判断,权重的确定一般符合现实。其缺点是:①权重的确定与量化指标无关;②没有考虑指标间的内在联系;③没有考虑到评价指标的重要程度随时间变化的特征。[③] 如上文所述,交易费用很难度量已经成为一个公认的事实,但仍旧是可以度量的。张五常认为,在其他条件相同的情况下,某种特定类型的交易费用在状况 A 时高于在状况 B 时,而且不同的人都能够始终如一地确定同一种排列,那么就可以说交易费用在边际上是可以度量的。[④] 威廉姆森提出用比较制度的方法进行这种研究,认为交易成本的计算问题,不一定非要算出具体数据来,只要比较哪个大、哪个小就行,比较在不同的组织中交易成本的大小,可

---

[①] 黄海燕:《体育赛事综合影响的事前评估研究》,博士学位论文,上海体育学院,2009 年。
[②] 张雷:《体育用品制造企业技术创新要素及作用路径研究》,《体育科学》2012 年第 1 期。
[③] 黄海燕:《体育赛事综合影响的事前评估研究》,博士学位论文,上海体育学院,2009 年;高光贵:《多指标综合评价中指标权重确定及分值转换方法研究》,《经济师》2003 年第 3 期。
[④] 张五常:《经济解释——张五常经济论文选》,商务印书馆 2000 年版,第 520 页。

以得出那种具有较小交易成本的组织就是较有效的组织的结论。也就是说，只要通过比较交易成本的大小，就能得出相应的治理结构的优劣。[①] 因为交易成本大小不需要用具体的数据来表明，而且本研究也不讨论契约关系结构中各指标要素间的内在联系以及各指标的重要性随时间变化的特征，因此我们选择专家模糊评价的方式，对在契约关系结构各指标要素的作用下，体育赛事交易过程中交易成本控制的作用程度大小进行判断，是一种较为有效的评价方式。

（二）专家团队的选择

专家团队同上文中用德尔菲法判断商业性体育赛事交易网络契约关系结构指标体系的专家成员，具体名单见表1-1。

（三）问卷的编制

问卷2是在问卷1的基础上，根据商业性体育赛事交易网络结构、商业性体育赛事交易网络契约关系的作用机制以及商业性体育赛事交易网络的契约关系结构的理论框架编制的。由于专家模糊评价法作为一种主观赋权法很难判断要素之间的交互作用对另一要素的作用程度，因此问卷只涉及契约关系结构中各要素指标在各种交易关系中对降低交易成本的重要程度，没有涉及契约关系结构中各要素指标间的交互作用对降低交易成本的作用程度。具体见附件3：《我国商业性体育赛事交易网络的契约关系特征专家问卷》（问卷2）。

（四）问卷的发放

问卷2主要安排于2012年2月中旬至3月初期间完成。事先与专家预约访谈时间和地点，同样首先就该论文的构思，特别是问卷编制的理论框架、问卷需要解决的问题等内容向专家们阐述和交流，并进一步就问卷涉及的具体问题进行交流和沟通。由于在运用德尔菲法对商业性体育赛事交易网络契约关系结构的指标体系进行论证的过程中，笔者已经就本研究的构思、相关理论框架跟专家们阐述并进行了沟通，因此本次访谈所交流内容更多涉及治理结构中各指标在各种交易过程中对降低交易成本的重要程度，在交流过程中完成问卷的填写。个别专家通过电话交流、邮件、再电话交流的方式完成问卷的填写。

---

[①] 王国顺、周勇、汤捷：《交易、治理与经济效率——O. E. 威廉姆森交易成本经济学》，中国经济出版社2005年版，第72页。

### 四 专家访谈法

对本研究遴选出的 15 位专家在发放问卷同时进行半结构式访谈。在问卷 1 发放过程中,研究者首先就该论文的构思、问卷编制的理论框架、问卷需要解决的问题等内容向专家们阐述,同时进一步征求专家们的意见;在问卷 2 发放过程中访谈所交流内容更多涉及契约关系结构中各要素指标在各种交易过程中对降低交易成本的重要程度进行判断。

# 第二章

# 相关理论及研究回顾

## 第一节　相关理论

### 一　企业网络理论

20世纪70年代以来,伴随着全球经济一体化和网络经济的深入发展,企业的外部经营环境发生了重大变化。第一,表现为客户和市场需求的快速多变,这使传统的刚性纵向一体化的生产组织方式很难适应新的市场条件,创新成为了企业获得竞争优势的重要来源;第二,经济的全球化,促进了产品和要素在全球范围内的自由流动,使得资源的外部整合能力成为企业获得持续竞争优势的重要条件;第三,网络经济的产生使得原有的社会经济活动几乎全部纳入了信息网络的轨道,一方面改变了传统理论确立的以物质产品的生产、交换、分配和消费为中心的运行格局,导致了以信息服务业为代表的第三产业的比重大幅度上升,也改变了企业传统的协作方式。为了提高资源的外部整合能力以实现制造和交易活动的快速适应,企业已不再单纯追求内部业务的一体化效应,而是逐渐加大与其他相关企业的外部合作强度,并与之建立组织联系纽带。在这样的背景下,西方发达国家的生产组织方式发生了根本性的改变,涌现出一系列新的组织形式。如学习型组织、战略联盟、外包、系列制、虚拟化、集群化等。① 由此,针对这些现象,一些学者认为传统企业理论的二层次制度分析框架(价格配置资源或权威配置资源)已不能完整反映新的产业组织状况,在企业和市场之间,还有很多种中间状态。在这种中间状态中,企

---

① ［意大利］安娜·格兰多里:《企业网络:组织和产业竞争力》,刘刚等译,中国人民大学出版社2005年版。

业间的合作大量存在，资源的配置既非完全由价格，也非完全由权威来调配，而是通过两者的相互联系作用力予以实现，这种资源配置机制最终导致企业间复杂多变的网络结构和相应的制度安排。企业网络的形式成为一种比层级制更有效的治理机制。正如威廉姆森所说："由于人的有限理性与机会主义倾向，环境中的不确定性和小数条件的存在，增加了市场机制运行的成本和效率，导致了企业机制的替代和市场交易的内化，企业之间往往通过资源的内部化战略，形成一体化网络组织，来减少市场交易行为发生的次数，降低机会主义的发生和不确定性，从而降低交易成本。"①在这种情况下，20世纪80年代中后期，一些学者为了解释网络化的产业组织现象及规律，将网络分析方法借鉴并应用于经济管理领域，逐步形成了企业网络理论。可以说，企业网络理论是伴随着西方发达国家新一轮的企业组织和管理创新形成的，是全球经济一体化和网络经济产生和发展的客观要求，也是传统企业理论发展的必然结果。企业网络理论的演进大致可以分成以下几个阶段，见图2-1。

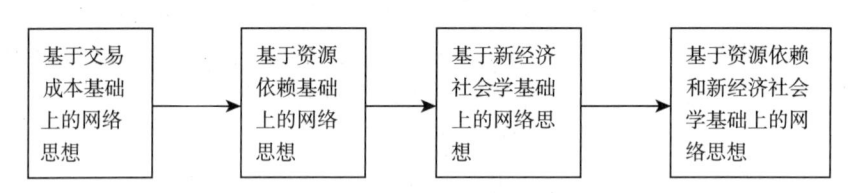

基于交易成本基础上的网络思想 → 基于资源依赖基础上的网络思想 → 基于新经济社会学基础上的网络思想 → 基于资源依赖和新经济社会学基础上的网络思想

**图2-1 企业网络理论发展演进**

（一）基于交易成本基础上的企业网络思想

事实上，随着介于市场和企业之间的中间性组织形式的大量出现，威廉姆森也承认市场和企业二分法的局限性。他从新制度经济学的角度，以交易成本作为分析的基本单位，提出了网络比企业组织和市场结构更有利于节省交易费用的命题。②

在企业网络中，企业将有相关业务的其他企业视为自己的外部组织，并与之建立密切的联系，但这些企业仍是独立经营的法人，有独立的财产和利益，从而保留市场对其提供的高强度激励、约束和灵活性。这样，网络组织在利用市场机制优点时，仍在一定程度上享有一体化组织的规模经

---

① Williamson O. E. Transaction-Cost Relations, Journaloflaw and Economics, 1979: 22.

② Williamson O. E. The economic institutions of capitalism: Firms, markets and relational contracting, New York: Free Press, 1998.

济和范围经济以及分散风险的好处，同时也可避免一体化组织内部过高的管理和协调费用，以降低中间组织运行的总费用。① 继而，有众多的学者对这类产业组织形式——企业网络作出相应的评价。C. M. 哈兰德博士（C. M. Harland）在《网络和全球化》（*Network and Globalization*）一书中认为，"在经济全球化的时代背景下，网络正成为新的创新组织形式。网络是介于市场和企业内部等级组织之间的一种新的组织形式，它比等级组织灵活、比市场稳定"。② 安娜·格兰多里在此基础上进一步作出了评价，认为"企业间网络是一组拥有不同偏好和资源，通过一系列机制协调的企业组织形式，其协调机制不仅仅包括价格、退出机制和各种外部规则。这种协调机制还包括规则和惯例、经纪和中介组织、企业间权威、联合决策及其激励和谈判计划（从价格到担保和抵押）等诸多方面"。③

（二）基于资源依赖基础上的企业网络思想

弗佛和萨兰斯（Pfeffer and Salancik）批评科斯和威廉姆森把交易作为企业网络组织分析的基本单位，提出了资源依赖应作为分析的基础的观点。他们认为，"交易只是对应于资源交换，它不能包容企业双方对同一资源具有竞争性需求。资源的稀缺以及环境波动带来的信息缺乏的不确定性，经常超出单一企业所能控制并承受的范围。因此，在企业和外部环境与组织之间将产生依赖性，为控制这种依赖性，企业必须取得关键资源的控制权，减少依赖或者增加其他组织对自身的依赖，因此发展必要的企业网络成为理性的选择"。④

理查德森从互补性活动的角度讨论了资源的依赖问题，认为企业只是从生产和服务过程中截取某些阶段从事分工活动，由于企业所从事的只是某种分工活动，所以它的活动从来不是孤立的，而是与其他企业相互依赖和互补的。相互补充的活动在企业之间需要协调，其结果是需要企业间各

---

① 郭劲光：《企业网络的经济社会学研究》，中国社会科学出版社 2008 年版，第 47 页。

② 陆芳：《高校科研合作网络模型构建及其知识流动研究》，硕士学位论文，南京航空航天大学，2007 年。

③ [意大利] 安娜·格兰多里：《企业网络：组织和产业竞争力》，中国人民大学出版社 2005 年版，第 3 页。

④ Pfeffer, J. and Salancik, G. R.. The external control of organization: a resource dependence perspective, NewYork: Harper&Row, 1978. 许小虎、项保华：《企业网络理论发展脉络与研究内容综述》，《科研管理》2006 年第 1 期。

种各样的组织安排，如许可证、合资或证券投资等。在理查德森互补性活动角度的研究基础上，大量的文献讨论了资源依赖在企业间协调的问题。①

(三) 基于新经济社会学基础上的企业网络思想

基于新经济社会学基础上的企业网络思想主要包括马克·格兰诺维特（Granovetter）的强弱关系力量假设和嵌入性理论、社会资本理论和结构洞理论。随着产业组织的不断创新，人们逐渐意识到企业竞争优势的主流理论（如产业结构理论、资源基础理论等）忽视了社会网络对企业竞争优势的影响。② 资源基础理论强调物质资源的重要性，以这种思路指导的联盟的建立会忽略重要的社会因素（gulatinetwork location）。③ 1985年新经济社会学代表格兰诺维特在《美国社会学杂志》上发表了一篇重要论文《经济行动和社会结构：镶嵌问题》。"镶嵌"观点首次强调了人类经济活动包含着人际互动的观点，人际互动所形成的关系结构（或称网络）可以产生信任，防止欺诈，而这种信任正是组织从事交易必要的基础，也是决定交易成本的重要因素。④ 在这之后，人们逐渐认识到社会网络理论不仅能解释社会问题，而且也能反映企业及企业内外部环境的社会网络特性。"任何经济组织或个人都具有与外界一定的'社会关系'和'联结'，这与企业资源获取、企业家成长紧密相关。社会网络理论对企业进行分析同样也具有强大的解释力度"。⑤ 自此，社会网络研究方法进入企业研究者的视野，用以分析企业的相关问题。20世纪90年代开始，社会网络理论在国外得到极大的重视，成为企业研究的一个热点领域。⑥ 企业网络作为社会网络与交易网络的融合与叠加的观点也得到了众多学者的认同。主要包括以下几种理论。

---

① 王缉慈：《创新的空间——企业集群与区域发展》，北京大学出版社2001年版，第76—78页。

② 许小虎：《企业网络理论发展脉络与研究内容综述》，《科研管理》2006年第1期。

③ Gulat, i Ranjay. Network location and learning: The influence of network resources and firm capabilities on alliance formation, Strategic Management Journal, 1999, 20 (5): 397-420.

④ [美]马克·格兰诺维特：《镶嵌——社会网和经济行动论文精选》，罗家德译，社会科学文献出版社2007年版，第7—30页。

⑤ 姚小涛等：《社会网络理论及其在企业研究中的应用》，《西安交通大学学报》（社会科学版）2003年第3期。

⑥ 同上。

第一,格兰诺维特的强弱关系力量假设和嵌入性理论。社会心理学的平衡论关注的是个体主动地促进其朋友之间联结的这样一种倾向。那么,如果人们倾向于聚集在由那些想法一致的员工所组成的同质性群体中,那么整个组织如何凝聚在一起?正是基于从平衡论这样的视觉所观察到的现象的考虑,1973 年格兰诺维特在《美国社会学杂志》上发表的《弱关系的力量》一文最先提出了联结强度的概念。① 他将联结分为强弱联结两种(strong tie,weak tie),并从互动的频率、感情力量、亲密程度和互惠交换四个维度来进行区分。强联结是在性别、年龄、教育程度、职业身份、收入水平等社会经济特征相似的个体间发展起来的,而弱联结则是在社会经济特征不同的个体间发展起来的。强弱联结在知识和信息的传递中发挥着不同的作用。群体内部社会经济特征相似性较高的个体所了解的事物经常是相同的,所以通过强联结获得的资源常是冗余的,即重复性很高,因此,强关系容易导致企业间建立和发展信任,便于高质量信息和隐含经验知识的交换;而弱联结是在不同群体之间发生的,能够充当信息桥的作用,将其他群体的信息、资源带给本不属于该群体的某个个体,因此,弱关系会导致新信息的交换。② 格兰诺维特在研究市场经济中的就业过程时发现,当个人运用他们的个人网络找工作时,他们更经常或更有效地通过弱关系而非强关系得到相匹配的工作。③ 在找职行为中,亲近的朋友固然重要,但是从偶然接触的人群中可以获取更多的信息,对找工作更有帮助。④ Krackhardt 和 Stern(1988)证明得出,强联结对于组织处理危机可能是重要的。强联结之所以能够帮助企业应对环境的变化和各种不确定性的冲击,其原因在于彼此间经常性的交流和交易,使得彼此之间生成信任感和传递影响力。⑤

格兰诺维特于 1985 年在《美国社会学杂志》上又发表了一篇重要论文《经济行动和社会结构:镶嵌问题》。他在文中深化了卡尔·波兰尼

---

① M. Granovetter. The Strength of Weak Ties, American Journal of Sociology, 1973 (78): 1360-1380.

② 王夏洁:《基于社会网络理论的知识链分析》,《情报杂志》2007 年第 2 期。

③ Granovetter, M. The Strength of Weak Tie. American Journal of Sociology, 1973 (78): 1360-1380.

④ Scott, J. Social Network Analysis: A Handbook. London: Sage Publications, 2000.

⑤ 参见罗家德《社会网分析讲义》,社会科学文献出版社 2005 年版。

1950年在《伟大的转折》一书中提出的"嵌入性"（embeddedness）的概念，建立了所谓"新经济社会学"的理论基础。① 人类的经济活动嵌于社会之网中，为社会之网所包裹（Mark Granovetter，1985）。嵌入性也叫根植性，格兰诺维特认为人们的经济行为是嵌入于社会结构中的，而该社会结构就是人们生活中的社会网络。人们的经济行为在社会互动中发生，并深深地嵌入在由朋友关系、地缘关系、血缘关系、上下级关系，或者纯粹的经济关系等所构成的社会网络之中，人们可能更愿意选择与自己有血缘联结或有友谊的人建立生意关系，并将他们作为长期的合作者，而不是在完全自由竞争的公开市场上寻找交易伙伴（Uzzi，1996）。这种交易模式可能与从纯粹经济学视角所期望的模式不相一致。格兰诺维特指出，交换是经济领域里最基本的行为，而交换能够发生的基础条件是双方必须建立一定程度的信任，在以物易物的最原始交换中，双方必须首先相互了解，相信彼此有交换的诚意，然后才能进一步进行实质的交换。即使在以货币为媒介的现代社会交换中，交易双方也需要具有一定程度的信任感。如果信任感降到最低程度，在每一次的交易中，双方都必须在获得必要的监督保证之后才能进行，那么交易成本就会大大提高。② 这里，嵌入性概念暗指，经济交换发生于相识者之间，而不是发生于完全陌生的人们之间，与弱关系假设相比，"嵌入性"概念强调的是信任而不是信息，嵌入的网络机制是信任。格兰诺维特进一步把嵌入性分为两种类型：①关系性嵌入，即经济行动者是嵌入于其所在的关系网络中并受其影响和决定的，并按关系强度分为强、弱关系；②结构性嵌入，在更宏大层面上，行动者们所构成的关系网络是嵌入于由其构成的社会结构之中，并受到来自社会结构的文化、价值因素的影响或决定。③ 格兰诺维特在"嵌入性"概念中还引入了文化概念，高度评价了社会和文化对于

---

① Granovetter M. Economic action and social structure: the problemof embeddedness, American Journal of Sociology, 1985 (91): 481–510.

② 李正彪:《一个综述：国外社会关系网络理论研究及其在国内企业研究中的运用》，《经济问题探索》2004年第11期。

③ 文嫣1，杨友仁2，侯俊军等:《嵌入性与FDI驱动型产业集群研究——以上海浦东IC产业集群为例》，《经济地理》2007年第9期。

经济活动的重要性。①

第二,社会资本理论。法国社会学家皮埃尔·布迪厄(Pierre Bourdieu)是第一个对社会资本进行系统分析的学者。1980 年,皮埃尔·布迪厄在《社会科学研究》杂志上发表了题为"社会资本随笔"的短文,正式提出了"社会资本"(social capital)这一概念。布迪厄认为资本的表现形式除了赤裸裸的经济资本外,还包括社会资本和文化资本。其中,社会资本就是"实际的或潜在的资源的集合体,那些资源是同对某些持久的网络的占有密不可分的"。在布迪厄的资本类型框架中,经济资本是基础,而社会资本和文化资本对经济资本有依赖性。"社会资本理论的核心主张就是:社会关系网络创造了一种解决社会问题的有价值的资源,并向成员提供集体成员所拥有的资本。"一般认为,布迪厄开创了社会网络分析的社会资本研究。②

詹姆斯·科尔曼(James Coleman)从社会资本的功能来定义社会资本。科尔曼认为,社会资本是由个人拥有的、表现为社会结构资源的资本财产,由构成社会结构的要素组成,主要存在于人际关系和社会结构中,并为社会结构内部的个人行动提供便利。其表现形式有以下几种:①义务与期望;②信息网络;③规范与有效惩罚;④权威关系;⑤多功能社会组织和有意创建的社会组织等。如果人们在社会结构中承担的义务和期望越多,那么就拥有越多可以利用的社会资本。理性行动者之所以使他人对自己承担义务,是由于他人能够获得某种超过义务的利益;利用已存在的社会关系网络获取所需的信息非常重要,特别是在获取某些不容易通过公开渠道接触的内部信息方面,社会资本起着更重要的作用;规范对个人行动起着重要的作用,它通过奖励大公无私的行动、惩罚自私自利的行动,要求个体放弃自我利益而按公共利益行事,从而更容易实现某些行动目标;权威是个人拥有的控制他人行动的权力,当人们意识到解决共同性问题而需要相应的社会资本时,他们会在特定的条件下,把权威赋予某个代理人。科尔曼认为,在众多行动者共同享受同一利益,但单个行动者又都不愿为公共利益付出代价、想坐享其成的情形下,人们可以把行动的某些控

---

① 王剑峰:《创新网络的结构特征对集群创新的影响》,硕士学位论文,电子科技大学,2007 年。

② 陈柳钦:《社会资本及其主要理论研究观点综述》,《东方论坛》2007 年第 3 期。

制权授予具有超凡魅力的领导人,形成权威关系,来解决共生性问题,从而增进公共利益;科尔曼认为,组织的创立可以提高个体行动的一致性,产生更大的社会影响,从而使行动更为有效。① 詹姆斯·科尔曼是在理论上对社会资本给予了全面而具体的界定和分析的第一位社会学家。

罗伯特·普特南(Robert Putnam,1992)通过对意大利南方与北方长达数年的实证研究后从社会组织的角度指出社会资本是一种组织特点,如信任、规范和网络等,它是生产性的,能够通过对合作的促进而提高社会效率。普特南认为,社会资本是全社会所拥有的财富,而不再是某一个人拥有的资源,一个社会的经济与民主发展,都在很大程度受制于其社会资本的丰富程度(Putnam,1993,1995)。普特南认为,互惠规范和公民参与网络能够促进社会信任,这些都是社会资本,正是这些社会资本使得遵守规范的公民共同体能够解决他们的集体行动问题,从而更好地促进经济繁荣和民主治理。普特南还认为,社会信任、互惠规范以及公民参与网络之间是相互加强的。其中,社会信任是社会资本最关键的因素;互惠规范能够有效限制人们的机会主义行为,增加那些经历重复互惠的人之间的信任水平;稠密的社会交换网络将增加关系的重复和联系,从而增加社会信任水平。②

哈皮特和戈沙尔(Nahapiet & Ghoshal,1998)将社会资本划分为三个维度:一是结构维度(structure dimension),又称结构性嵌入,反映了行动者之间联系的整体模式,强调了社会关系网络的非人格化一面,分析的重点在于网络联系和网络结构的特点,用网络联系存在与否、联系的强度、网络的密度、中心与边缘、连接性等指标反映。二是关系维度(relational dimension),又称关系性嵌入,是指通过网络关系获得的资产,强调了社会关系网络的人格化的一面,与社会联系的行动者有关,表现为具体的、进行中的人际关系,是行动者在互动过程中建立的具体关系,分析的重点在于信任与可信度、规范与惩罚、义务和期望以及可辨识的身份等方面。三是认知维度(cognitive dimension),是指提供不同行动者间共同理解表达、解释与意义系统的那些资源,如语言、符号和文化习惯,在组织内还包括默会知识等。哈皮特和戈沙尔(Nahapiet & Ghoshal,1998)认为

---

① 郭劲光:《企业网络的经济社会学研究》,中国社会科学出版社2008年版,第171—172页。
② 同上书,第180—182页。

网络中的社会资本便利了个人在社会结构中的行动，同时有利于智力资本的获取与创造，进而提高企业的竞争力。Tsai 和 Ghoshal（1998）进一步通过组织内网络的一些经验数据初步验证了社会资本的三个维度之间的相关性，研究认为，结构维度和认知维度的社会资本对于关系维度的社会资本都具有较强的影响，而结构维度的社会资本对认知维度的社会资本只具有弱影响。①

美籍华裔社会学家林南（Lin Nan，2001）在发展和修正格兰诺维特的"弱关系力量假设"时从社会资源的角度提出了社会资本理论。强调"社会资本是投资在社会关系中并希望在市场上得到回报的一种资源，是一种镶嵌在社会结构之中并且可以通过有目的的行动来获得或流动的资源"。包含了三个方面的内容：①社会资本来源于社会网络或社会关系之中；②社会资本是一种可以带来增值的资源，不仅可以体现在货币、财产上，也可以体现在人力资本以及声望、信任、规范等上面；③社会资本不仅是嵌入在社会关系中的资源，也是人们为了获得各种效益的投资活动。林南认为社会资本的理论模型应该包括三个过程：一是社会资本的投资；二是社会资本的摄取和动员；三是社会资本的回报。林南从个人主义的视角发展了社会资本理论，并综合以往的研究成果，突出了社会资本的两个重要属性：关系性和生产性，为社会资本理论的发展和完善奠定了良好的理论基础。②

自从"社会资本"概念被引入学术研究以来，作为解释经济与社会发展的重要变量，社会资本表现出的强大解释力已经越来越多地得到了研究者的青睐。更多的专家和学者认识到，社会资本不仅会影响人力资本和智力资本的发展，而且会影响到企业和区域的知识创造、技术创新和经营绩效，甚至影响一个国家或地区的经济繁荣、社会的稳定和发展。它已被广泛地用来解释许多社会现象和一个区域或国家的经济繁荣。③

第三，罗纳德·博特（Ronald Burt）的结构洞理论。在格兰诺维特的强弱关系力量假设和嵌入性理论的基础上，罗纳德·博特认为行动者所在网络以及自身在网络中的位置是其竞争优势的重要来源。博特 1992 年发

---

① 陈柳钦：《社会资本及其主要理论研究观点综述》，《东方论坛》2007 年第 3 期。
② 同上。
③ 同上。

表的《结构洞》(Structural Holes)一文中指出,关系强弱跟社会资源、社会资本的多少没有必然的联系。社会网络表现为两种形式:一是网络中的任何主体与其他每一主体都发生联系,不存在关系间断现象,从网络整体来看就是"无洞"结构,这种形式只有在小群体中才会存在;二是社会网络中的某个或某些主体间发生直接联系,但与其他主体没有直接联系,从网络整体来看好像网络结构中出现了洞穴,因而称作"结构洞"。例如在 ABC 网络中,如果 AB 发生关系,BC 发生关系,但 AC 没关系,则 AC 就是一个结构洞,AC 如果要发生联系,必须通过 B。博特认为,B 与 A、C 的关系强弱并不重要,重要的是,假如 A、B、C 处于资源竞争的状态,AC 结构洞的存在为 B 提供了保持信息和控制信息的两大优势(Burt, 1992)。[1] 博特的"结构洞"是指由三人(以上)构成的封闭关系网络中,其中任何两个没有关系,则第三人就处于绝对控制信息的"结构洞"位置,可以带来信息利益与控制的利益,因为它会促使某些节点或组织出于自身目的,通过扮演"桥"(bridge)的身份,去填补这个空洞,发现两个团体间的商业机会、获取排他性的资源,并形成新的价值。[2] 博特(2000)同时指出,社会网络中扮演"结构洞"位置的行动者可能只有对那些在特定的社会情景中具有合法性的行动者来说是合适的,而那些被认为是外来者或来自非传统群体的行动者如果想扮演"结构洞"位置的角色,可能会因此受到惩罚,这些缺乏合法性的行动者可能不得不从跨越结构洞的"资助人"那里获得社会资本,而不是试图自己作为架桥的中间人来传递信息和资源。[3]

(四)基于资源依赖和新经济社会学基础上的企业网络思想

哈堪森(Hakansson)等基于资源依赖的思想和新经济社会学理论提出了影响网络组织结构的基本变量(行为主体、资源和活动关系)和网络的构成关系(企业、关系和网络),见图 2-2。[4] 哈堪森认为,网络模式是由于具有参与活动能力的行为主体,在主动或被动地参与活动过程中,通过资源的流动,形成了彼此之间正式或非正式的关系。其中,行为

---

[1] 张其仔:《社会资本论——社会资本与经济增长》,社会科学文献出版社 1997 年版。

[2] 杨友仁、侯俊军等:《嵌入性与 FDI 驱动型产业集群研究——以上海浦东 IC 产业集群为例》,《经济地理》2007 年第 9 期。

[3] 马汀·奇达夫、蔡文彬等:《社会网络组织》,中国人民大学出版社 2002 年版,第 66 页。

[4] Hakansson H. Industrial Technological Development: A network approach, London, 1987: 21.

主体是通过从事的活动和所控制的资源来定义的，不仅包括个人、企业或企业群，而且在更广的范围上包括政府、中介组织机构、教育和培训组织；网络中的活动包括网络中企业内部的传递活动、企业外部的交易活动，以及整个网络中行为主体之间的信息、知识、技术等生产要素流动的活动。哈堪森认为，"行为主体本身就是资源，与其他资源的明显区别在于，行为主体控制和转化交易，而其他资源仅仅是转化和交易的参与者。"①

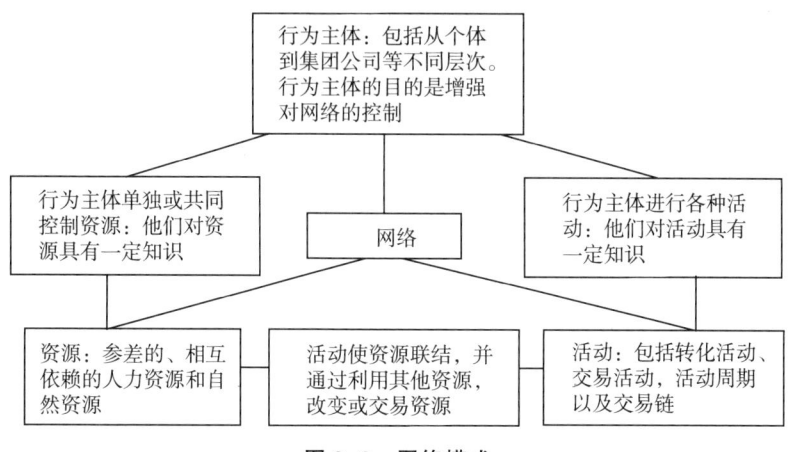

```
                    ┌─────────────────────┐
                    │ 行为主体：包括从个体 │
                    │ 到集团公司等不同层次。│
                    │ 行为主体的目的是增强 │
                    │ 对网络的控制         │
                    └─────────────────────┘
        ┌─────────────────┐         ┌─────────────────┐
        │ 行为主体单独或共同│         │ 行为主体进行各种 │
        │ 控制资源：他们对资│──网络──│ 动：他们对活动具有│
        │ 源具有一定知识   │         │ 一定知识         │
        └─────────────────┘         └─────────────────┘
   ┌──────────┐   ┌────────────┐   ┌────────────┐
   │资源：参差的│   │活动使资源联结│   │活动：包括转化活动、│
   │相互依赖的人│   │并通过利用其他│   │交易活动，活动周期 │
   │力资源和自然│   │资源，改变或交│   │以及交易链         │
   │资源       │   │易资源       │   │                  │
   └──────────┘   └────────────┘   └────────────┘
```

图 2-2　网络模式

同时进一步通过图 2-3 表示企业关系的多层次性。"从经济活动性质角度看，不同的活动结构，企业通过相应的活动链条（即不同活动结构之间的关系）联结成一定形式的网络形态；从经济活动主体（企业或企业内部部门）角度看，活动主体通过书面、口头至惯例达成契约，通过这种契约关系编制形成活动者网络；从资源分配的角度看，企业通过相互之间的关系（资源纽带）将处于网络中不同位置的资源进行交换，达到资源分配的目的，形成一个资源星座。"②

盖文启在哈堪森网络基础上将网络定义为："各种行为主体之间在资源交换和传递活动过程中发生联系的各种关系总和。这些关系有时是基于共同的社会文化背景和共同信任的基础上结成的非正式关系，有时是发生在市场交易或知识、技术等创造过程中的正式合作关系，并将上述思想采

---

① 盖文启：《创新网络——区域经济发展新思维》，北京大学出版社 2002 年版，第 46—48 页。
② 张旺军：《基于社会交易网络的长三角区域经济发展》，《经济地理》2008 年第 7 期。

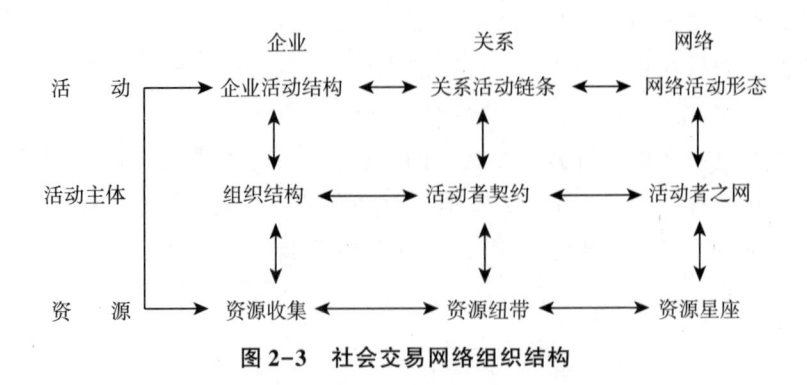

```
              企业            关系           网络
活  动  ┌→ 企业活动结构 ←→ 关系活动链条 ←→ 网络活动形态
        │      ↕              ↕              ↕
活动主体 ┼→  组织结构   ←→  活动者契约  ←→  活动者之网
        │      ↕              ↕              ↕
资  源  └→  资源收集   ←→   资源纽带   ←→  资源星座
```

图 2-3　社会交易网络组织结构

用网络表达方式概括了不同层面不同形式的网络联结特征，而各种层面或不同形式的网络又可以通过相互之间的资源（知识）流动、扩散而彼此联结。"①

王缉慈对新产业区现象进行了研究，认为"新产业区是一种企业集群现象，企业集群是一组在地理上靠近的相互联系的公司和关联的机构，它们同处在一个特定的产业领域，由于具有共性和互补性而联系在一起。"② 并从网络理论角度提出了区域创新网络的形成是企业集群发展的客观要求的命题，同时提出了区域创新网络的概念，认为"区域创新网络是指在一定地域范围内，各个行为主体（企业、大学、研究机构、地方政府等组织及其个人）在交互作用与协同创新过程中，彼此建立起来的各种相对稳定的、能促进创新的、正式或非正式关系的总和，进一步从网络的主要结点、关系链条和资源三大要素描述了成熟的典型的新产业区内区域创新网络的一般性构架"。由图 2-4 所示，学习活动是网络中各节点的关系纽带，网络中各行为主体都通过学习从对方身上获得自身创新所需要的互补性资源，进一步提高自身的创新能力。归纳了区域创新网络的特征：动态性、系统性、开放性、非中心化、本地化五方面。③ 该集群化网络强化了基于共同的社会文化背景所建立的人与人之间的非正式关系网络，可以更有效地传播和扩散隐含经验类知识，从而产生网络式创新价值的观念。

基于新经济社会学理论的思想，学者们对企业网络的治理进行了研

---

① 盖文启：《创新网络——区域经济发展新思维》，北京大学出版社 2002 年版，第 46—48 页。
② 王缉慈：《创新的空间——企业集群与区域发展》，北京大学出版社 2001 年版，第 76—78 页。
③ 盖文启：《创新网络——区域经济发展新思维》，北京大学出版社 2002 年版，第 46—48 页。

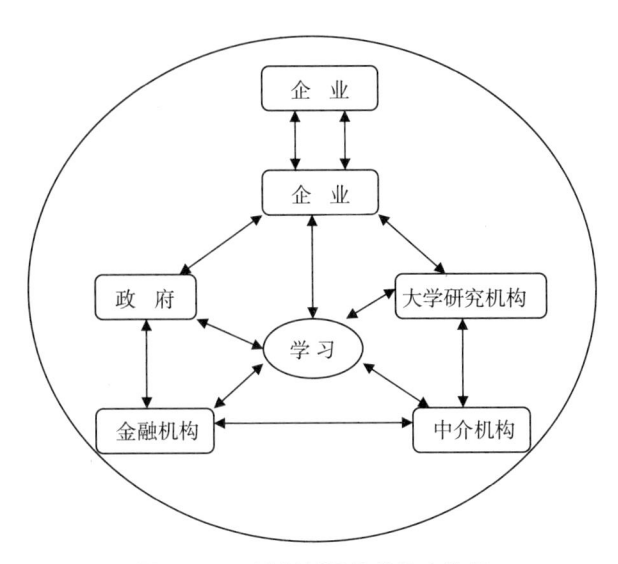

图 2-4　区域创新网络的基本构架

究。学者王大洲认为企业创新网络治理结构中包含正式契约和非正式契约，见图 2-5。正式契约和隐性契约之间既存在相互补充的关系，也存在相互推动的关系，还可能存在相互替代的关系。这两种契约的实施，除了正规的法律机制的约束之外，还有赖于社会机制的参与。这种社会机制主要源于社会文化，包括网络文化、声誉及限制性进入等。只有当正式契约和隐性契约在法律机制和社会机制的作用下得到了有效的执行，企业创新

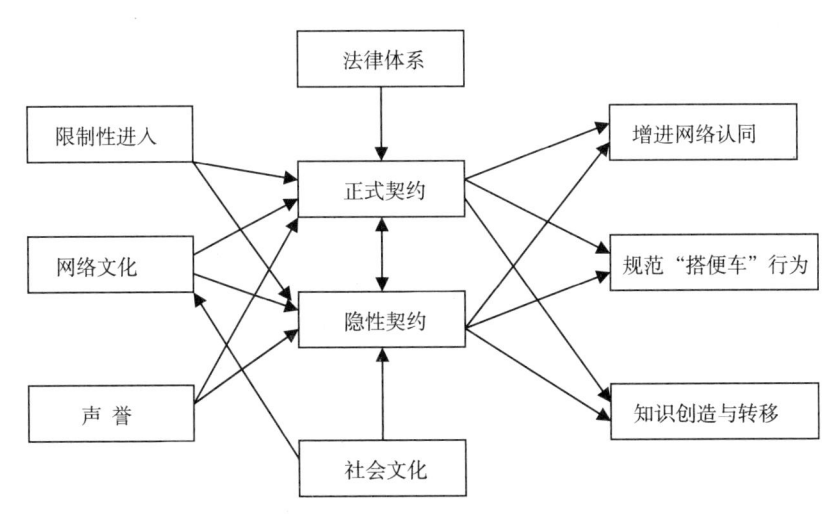

图 2-5　企业创新网络治理的一般机制

网络才能良性运行,从而达到增进网络认同、防范"搭便车"行为、实现知识的创造和转移等治理目标。①

尽管本研究所提出的体育赛事交易网络与一般意义上的企业网络有较大的差别,但该网络治理理论为本研究从正式契约和非正式契约两大主要要素论证降低商业性体育赛事交易网络交易成本的作用机制提供了有益的启示。

(五)企业网络理论引发的启示

基于对上述网络理论基本思想的梳理,提供给我们关于体育赛事交易网络问题认识方面的若干启示:

第一,基于交易成本和资源依赖基础上的企业网络思想的启示:企业网络形成的动力之一是为减少交易成本的需要,动力之二是对资源依赖的需要,而这种网络的形成需要建立在企业长期交换的关系基础上。一项大型体育赛事的运作需要投入大量的生产要素资源也同时产生大量的赛事产品资源,这就需要众多行业部门的共同努力和协作,这些众多的参与部门作为赛事交易主体也决定了一项体育赛事需要进行多项交易,从契约的角度可以认为大型赛事是由多个为达到同一目的的互补合同组成。② 无论是体育赛事的商品交易还是权利交易都存在着交易成本,尽可能降低交易费用,提高交易效率是降低赛事运作成本的重要方面,也是市场经济的重要目标。因此,当我们考虑体育赛事市场运作时,如果体育赛事各参与部门之间能够形成较稳定的合作网络,势必能大大降低交易成本,提高交易效率。

第二,基于经济行为是嵌入在社会结构中命题的启示:格兰诺维特的嵌入性概念的提出说明了"嵌入"的网络机制是信任,信任关系来自社会结构的制度、文化、价值因素,信任能极大地降低经济活动的交易成本。涉及体育赛事市场运作时,为了降低交易成本,提高交易效率,体育赛事各交易主体间的各种经济交易必定"镶嵌"在相应的社会结构中,各行为主体在既定的制度约束下反复博弈,在多次的竞争与合作中相互熟悉并建立起共同的文化和价值观。据此,当以网络的观点讨论商业性体育赛事交易网络的契约关系问题的时候,构建体育赛事的交易网络结构则是

---

① 王大洲:《企业创新网络进化和治理》,知识产权出版社2006年版,第52—54页。
② 李南筑等:《体育赛事经济学》,复旦大学出版社2006年版,第138页。

首先要考虑的问题；继而才有可能利用"嵌入理论"分析体育赛事交易主体之间形成的社会网络降低体育赛事交易网络交易成本的问题。

第三，基于"行为主体、资源和活动关系"三要素网络思想的启示：以哈堪森的网络模式定义，即"网络是由参与活动的行为主体，通过资源流动形成彼此之间正式或非正式的关系"为判据，在涉及体育赛事交易网络的问题时，确实可以观察到三类要素存在的客观事实，即众多的参与主体构成了赛事网络的行为主体，各行为主体控制着不同性质的资源，各类经济交易活动关系是多种多样的。由此，如何根据体育赛事的本质特征，梳理体育赛事各行为主体及其拥有的资源，并进一步讨论各类资源交易关系则是构筑体育赛事交易网络的核心问题。

第四，基于新产业区企业集群的区域创新网络思想的启示：具有地域根植性的企业集群，一方面各种企业在地理上的集聚，能够通过"知识共享"机制和"相互信任"机制，降低交易成本，放大经营绩效；另一方面由于根植于地域社会关系网络中，能够得到来自区域政府组织、金融机构、中介组织、民间组织、研究机构等的支持性服务，构建区域创新网络，获取社会资本。但是，体育赛事生产过程有其自身的特殊性，在体育赛事的生产过程中，除了竞赛场地、通信设施、交通条件等区域存量要素外，还有大量的运动员、裁判员、赛事经纪人以及各类产品相关的技术人员，这些生产要素是高流动性的，可能来自世界各地，具有明显的非地域根植性，那么如何通过社会资本建立体育赛事各参与主体之间的"知识共享"机制和"相互信任"从而降低经济交易过程中的交易成本？这些必将是在讨论体育赛事交易网络优化中直面的问题。

各种企业网络理论思想为本研究从网络的角度研究商业性体育赛事的经济现象提供了重要的理论依据。

## 二 交易费用理论

### （一） 交易费用的内涵

最早关注到交易费用问题的是科斯。科斯在1937年发表的论文中指出，市场并不是万能的，它的运行是有成本的，或者说"使用价格机制是有代价的"。这种代价包括如下几点：

第一，通过市场价格机制最明显的成本就是发现相对价格的成本，包括获取市场信息、分析处理市场信息的成本，寻找交易对象、了解市场价格的成本。

第二，每一笔交易的谈判和签约的费用。在市场上找到交易对象后，还要与对手进行谈判，了解对方的底牌和信誉情况，双方讨价还价等。

第三，"利用价格机制也存在着其他方面的不利因素（或成本）"。科斯列举了签订长期的契约虽然节省了因较多的短期合同而需要的部分费用，但由于预测方面的困难，有关物品或劳务供给的契约期限越长，实现的可能性就越小，不确定性是根本原因。

第四，企业内部组织交易也是有成本的。[1]

科斯认为，交易费用是获得准确的市场信息所需要付出的费用，以及谈判和经常性契约的费用。[2]

继科斯指出交易成本存在的现象及定义以后，以威廉姆森为代表的不同的经济学家对交易费用进行了论述。威廉姆森在阿罗的基础上进一步发展了交易费用的思想，认为"交易费用是经济系统运转所要付出的代价或费用"，并形象地将其比喻为"经济世界的摩擦力"，包括两部分：一是事先的交易费用，即为签订契约、规定交易双方的权利、责任等所花费的费用；二是事后的交易费用，即签订契约后，为解决契约本身所存在的问题，从改变条款到退出契约所花费的费用。事后交易费用包括：①当交易偏离了所要求的准则而引起的不适应成本；②为了纠正事后的偏离准则而引起的争论不休的成本；③伴随建立和运作管理机构而产生的成本，管理机构也负责解决交易纠纷；④安全保证生效的抵押成本。[3] 格兰多里教授研究认为，威廉姆森所提出的事前交易成本还包括那些搜寻拥有资源的交易方所花费的成本，因为这无法在单个公司的边界内有效地进行。在对要求达到质量标准以及可能的最低成本的所需商品的搜寻过程中，一家公司寻找可靠供应商的过程可能产生相当大的成本。大量的例子证明，交易成本经济学的研究者将这些搜寻成本都归为交易成本。[4]

（二）交易费用存在的原因

威廉姆森进一步指出，交易费用存在取决于三个因素：资产的专用

---

[1] 国彦兵：《新制度经济学》，立信会计出版社2006年版，第146页。

[2] 卢现祥：《西方新制度经济学》，中国发展出版社2003年版，第4页。

[3] 同上书，第5页。

[4] ［意大利］安娜·格兰多里：《企业网络：组织和产业竞争力》，中国人民大学出版社2005年版，第280页。

性、交易的不确定性、交易的频率。资产的专用性是指"在不牺牲生产价值的条件下，资产可用于不同用途和由不同使用者利用的程度"。① 一项资产的专用性与这一资产用于其他用途或由不同使用者利用时其生产价值的损失程度成正比，损失程度很大时，为专用性资产，这类资产是为特定交易或协议服务而投入的，如果对方毁约会给资产所有者造成较大的成本损失。因而，资产的专用性越强，则潜在的交易费用就越大；交易的不确定性是指当事人因内外部环境的影响以及合同、协议的不完全性而导致交易中的机会主义行为。不确定性主要表现为：①市场的不确定性；②知识供给的不确定性；③对事物评介的不确定性。这种不确定性的存在使得人们无法准确预测未来发生的所有情况，为了减少这类不确定性，于是就会产生成本。交易的不确定性越大，交易费用越大；交易频率越高，交易费用越大。②

（三）交易费用降低的因素

在新制度经济学家看来，制度和技术是降低交易费用的主要力量。如诺思所说："制度所提供的交换结构，加上所用的技术决定了交易费用与转化费用。"③ 制度的一项重要功能就是降低交易费用。诺思指出，随着人类交易形式变得越来越复杂，制度必须随之变化，其目的就在于降低交易费用。科斯第三定理提出了一个重要的思想：在交易成本大于零的情况下，产权的清晰界定将有助于降低人们在交易过程中的成本，提高经济效益。④ 技术对交易费用降低所起的作用主要体现在它可以节省交易的信息搜寻费用。⑤

交易费用理论为本研究明晰商业性体育赛事的交易成本定义及产生原因，进一步从正式契约和非正式契约两大要素论证其通过抑制赛事交易方的机会主义行为、降低赛事不确定性，进而降低交易成本的作用机制提供了理论依据。

---

① ［美］威廉姆森：《经济组织的逻辑》，载《企业制度与市场组织》，上海三联书店1996年版，第70页。
② 卢现祥：《西方新制度经济学》，中国发展出版社2003年版，第11—12页。
③ ［美］诺思：《制度、制度变迁与经济绩效》，上海三联书店1994年版，第46页。
④ 李南筑等：《体育赛事经济学》，复旦大学出版社2006年版，第131页。
⑤ 国彦兵：《新制度经济学》，立信会计出版社2006年版，第168—169页。

### 三 委托—代理理论

契约经济学理论认为契约是不完全的,其不完全的原因在于人的有限理性、交易费用的存在、语言使用的模糊性以及不对称信息,其中不对称信息是导致契约不完全的重要原因。① 不对称信息是英国剑桥大学教授詹姆斯·莫里斯(James A. Mirrless)和美国哥伦比亚大学教授威廉·维克瑞(Willian Vickrey)在信息经济学中提出的重要理论,指在日常生活中,由于某些参与人拥有另一些参与人不拥有的信息,由此造成的不对称信息下交易关系和契约安排的经济理论。信息不对称可以从时间和内容两个角度划分。从时间划分,非对称性可能发生在签约前后,分别称为逆向选择(事前非对称)和道德风险(事后非对称)。逆向选择情况下,具有信息优势的一方有事前机会主义倾向;道德风险情况下,具有信息优势的一方有事后机会主义倾向。从内容看,有的是隐藏信息的机会主义(代理人有委托人所不知的信息),有的是隐藏行为的机会主义(代理人的努力程度不为委托人所知)。② 契约经济学研究的正是经济主体如何通过特定的契约安排来解决信息不对称问题,委托—代理理论是契约经济学的主要内容之一,研究的是在利益相冲突和信息不对称的情况下,委托人如何设计最优契约激励代理人。詹森和麦克林(W. G. Mecking)认为,委托—代理关系主要研究的是一个或多个行为主体根据一种明示或隐含的契约,指定、雇用另一些行为主体为其服务,同时授予后者一定的决策权利,并根据后者提供的服务数量和质量对其支付相应的报酬。授权者就是委托人,被授权者就是代理人。③ 据此,信息经济学的所有模型都认为可以在委托—代理理论的框架下分析,并归纳了不同模型的基本特征:④

(1)隐藏行动的道德风险模型:签约前信息是对称的;签约后,代理人选择行动(如工作努力还是不努力),"自然"选择"状态";委托人只能观测到结果,而观测不到代理人的行动本身和自然状态本身。委托人的方法是通过设计一个激励契约以诱使代理人从自身利益出发选择对委托

---

① 国彦兵:《新制度经济学》,立信会计出版社2006年版,第238页。
② 张维迎:《博弈论与信息经济学》,上海人民出版社2004年版,第236页。
③ M. Jenson and W. H. Mecking, 1976, Theory of the Firm: Managerial Behavior, Agency Cost and Managemeng Ownership Structure. Journal of Economic History, No. 1, p. 307.
④ 张维迎:《博弈论与信息经济学》,上海人民出版社2004年版,第236页。

人最有利的行动。

（2）隐藏信息的道德风险模型：签约前信息是对称的；签约后，"自然"选择"状态"；代理人观测到自然的选择，然后选择行动（如向委托人报告自然的选择）；委托人观测到代理人的行动，但不能观测到自然的选择。委托人的方法是设计一个激励契约以诱使代理人在给定自然状态下选择对委托人最有利的行动（如真实地报告自然状态）。

（3）逆向选择模型：自然选择代理人的类型；代理人知道自己的类型，委托人不知道（因而信息是不完全的）；委托人和代理人签订契约。一个简单的例子是卖者和买者的关系：卖者（代理人）对产品的质量比买者（委托人）有更多的知识。

（4）信号传递模型：自然选择代理人的类型；代理人知道自己的类型，委托人不知道；为了显示自己的类型，代理人选择某种信号；委托人在观测到信号之后与代理人签订契约。

（5）信息甄别模型：自然选择代理人的类型；代理人知道自己的类型，委托人不知道；委托人提供多个契约供代理人选择，代理人根据自己的类型选择一个最适合自己的契约，并根据契约选择行动。

其中，信号传递和信息甄别是解决逆向选择问题的两种不同（但相似的）方法。[①]

委托—代理理论为本研究从正式契约的角度提出商业性体育赛事交易网络的治理机制提供了理论的支持。

企业网络理论、交易费用理论、产权理论、委托—代理理论等为本研究的论证提供了理论依据。企业网络理论为本研究从"行为主体、资源和活动关系"三要素构建商业性体育赛事的交易网络结构以及从正式契约和非正式契约两大主要要素构建商业性体育赛事交易网络的契约关系提供了理论支持，同时也为本研究从社会资本角度构建非正式契约指标体系并进一步论证其降低交易成本的作用机制提供了理论依据；交易费用理论为本研究明晰商业性体育赛事的交易成本定义、提出以降低交易成本作为商业性体育赛事交易网络契约关系的目标提供了理论依据；产权理论为本研究从产权交易的角度讨论降低体育赛事交易网络交易成本的途径和方法提供了理论的支持；委托—代理理论为本研究构建正式契约指标体系并进一步

---

[①] 张维迎：《博弈论与信息经济学》，上海人民出版社2004年版，第236页。

论证其降低交易成本的作用机制提供了理论的支持。

## 第二节 研究回顾

### 一 体育赛事概念

(一) 几种观点

随着社会的发展，运动竞赛逐渐在社会、经济、文化等多种因素影响下呈现出文化和产业价值，其内涵和外延已发生了很大的变化。从现有文献来看，对体育赛事的界说主要有以下几类：

第一，"运动竞赛"说。有的学者从体育与运动学的角度将体育赛事定义为："以人体运动为载体，用比赛决定胜负，最终给出公开排名的事件。继而又从经济学角度将体育赛事定义为：以人体运动为载体，用比赛决定胜负，最终给出公开排名，存在参与主体自主调节资源配置的事件。该类事件由10个基本要素构成：比赛项目、竞技者、裁判、承办方、观众、资本、赛场、技战术、举办时间和举办地点。并把体育赛事的本质属性总结为五个：运动、比赛、表演、交易和事件"。[①]

第二，"社会文化"说。另有学者基于文献研究和专家调查，对体育赛事的属和种差进行了判断，认为，"体育赛事是一种具有项目管理性质的特殊事件，其规模和形式受规则、习俗和传统影响，具有组织文化背景和市场潜力，提供竞赛产品和相关服务，迎合不同参与体分享经历的需要，达到多种目的，对社会和文化、自然和环境、政治、旅游和经济各个领域产生冲击影响。包括超大型、大型和一般赛事。并认为体育赛事有如下特征：①竞赛性；②文化性；③项目性；④复杂性；⑤目的和目标多样性；⑥市场产品性等"。[②] 王守恒也表达了类同的观点，认为："体育赛事是一种提供竞赛产品和相关服务产品的特殊事件，其规模和形式受竞赛规则、传统习俗和多种因素的制约，具有项目管理特征、组织文化背景和市场潜力，能够迎合不同参与体分享经历的需求，达到多种目的和目标，对社会和文化、自然和环境、政治和经济、旅游等多个领域发生冲击影响，

---

① 李南筑、袁刚：《体育赛事经济学》，复旦大学出版社2006年版，第18页。
② 叶庆晖：《体育赛事运作研究》，博士学位论文，北京体育大学，2003年。

能够产生显著的社会效益、经济效益和综合效益"。① 并归纳了体育赛事的六大特征：①文化性特征；②项目性特征；③产品的多元性特征；④目的的多元性特征；⑤风险性特征；⑥资源的集约性和互动性特征。②

第三，"经济管理"说。还有一些学者在"社会文化说"基础上结合过渡阶段体育赛事的市场化特征，认为，"体育赛事是指具有市场营销、项目管理、组织文化背景特征，受运动项目、竞赛规则以及社会经济等多种因素制约的，能提供体育竞赛产品和相关服务产品，以满足体育消费多种需求的特殊活动。并根据"周期与主体"交替主导原则，将体育赛事分为五种类型：周期性综合赛事、周期性单项赛事、联赛、临时性赛事、主体参与型赛事"。③ 肖林鹏等认为，体育赛事是对以体育比赛为核心的一系列活动的总称。体育赛事是一项复杂的社会活动，它不仅涉及门票促销、运动员包装、媒体推广、赞助和广告策划、标志品开发等众多活动，还包括体育比赛的筹备、规划、实施、控制及收尾等各项活动。④

第四，"产业经济"说。有学者认为，"体育产业是以'活劳动'的形式向社会提供各类体育运动服务或劳务的行业集合。同时将竞技运动观赏服务业定义为：以运动员、教练员、裁判员、竞技科技人员和赛事运营者等为生产者，以各类运动设备为投入品生产可供人们观赏的各类人体运动的动作组合产品的生产部门集合"。⑤ 可以看出，从产业经济学角度分析，体育赛事的属性是一种生产活动，"以运动员、教练员、裁判员、竞技科技人员和赛事运营者等为生产者，以各类运动设备为投入品，生产可供人们观赏的各类人体运动的动作组合产品"是体育赛事的主要特征。

（二）述评

持"运动竞赛说"的学者对体育赛事的认识主要基于两方面的考虑：①将体育赛事作为人体运动的竞争性活动，其本质特征是人体运动，有别于其他活动，如工作、学习、休闲等；②竞赛的本质特征是显示人体运动

---

① 王守恒：《北京体育赛事管理与营销研究报告》，同心出版社 2005 年版，第 10 页。
② 王守恒、叶庆晖等：《体育赛事管理》，高等教育出版社 2007 年版，第 40—42 页。
③ 王子朴、杨铁黎：《体育赛事类型的分类及特征研究》，《上海体育学院学报》2005 年第 29 期。
④ 肖林鹏、叶庆晖：《体育赛事项目管理》，北京体育大学出版社 2005 年版，第 54 页。
⑤ 丛湖平：《体育产业与其关联产业部门结构关联变动机制的研究》，《体育科学》2002 年第 9 期。

的竞争性活动能力大小,并予以公开昭示。因此,人体运动和公开竞赛是体育赛事的本质属性。① "运动竞赛说"对体育赛事的理解,若仅从人体运动本身的自然属性来看尚有一定道理的话,那么从人及人的社会活动的角度来看,我们无法否认这种理解的外延远不能覆盖体育赛事各种元素,以至于难以合理地抽象出其本质属性。正因为如此,有些学者,认为"以运动竞赛为本质属性所定义的体育赛事,只是停留在对赛场意义上比赛的定义,没有把体育运动竞赛所涉及的赛场之外的因素包括进去,没有反映出现代体育运动竞赛的特点"。② 这些质疑是基于社会发展过程中体育竞赛活动的制度、文化以及社会价值及其呈现形式的变化而产生的。因此,导出体育赛事外延延展而必将引起其内涵变化的命题。从逻辑学的角度看,"运动竞赛"是"体育赛事"的子集。

持"社会文化说"的学者主要是从"体育赛事的社会文化、组织文化以及其所具有的社会文化价值"的角度认识体育赛事。我们认为,体育赛事的社会文化价值已被历史所见证。自人类将维持生存和繁衍的人体运动技能从狩猎和争夺中抽象出来,并以"古奥运会"等形式展现的时点开始,这种人的活动逐渐被提升到"符号"和"精神"层面,通过这类"符号"和"精神"的传递和扩散,影响着一代又一代的人类精神。我们无法否认体育赛事的文化价值在社会的现代化发展中愈加凸显的事实。但是,当需要审视体育赛事在当下的含义时,"社会文化说"仍存在角度定义问题。

持"经济管理说"的学者主要从现代体育赛事的市场化运行特征出发,强调了组织和运作是体育赛事成功的关键因素,并在体育赛事的定义中强调了"市场营销、项目管理"等特征。以逻辑原理来判断,我们认为,将体育赛事的主要特征体现在"市场营销、项目管理"上会泯灭体育赛事的本质特征。如各种大型演出也具有"市场营销、项目管理"的性态,也即"市场营销、项目管理"并不能成为体育赛事的本质特征。

持"产业经济说"的学者在审视体育赛事定义时,有两个重要基点:①体育赛事是体育产业的重要组成部分。在体育产业化、市场化日趋成熟的背景下,存在无论公益性还是商业性体育赛事均采用市场化运作方式的

---

① 李南筑、袁刚:《体育赛事经济学》,复旦大学出版社2006年版,第18页。
② 王守恒、叶庆晖:《体育赛事管理》,高等教育出版社2007年版,第40—42页。

事实；②体育赛事已成为一项具有典型投入—产出性的生产活动。经济学理论认为，投入品指的是生产物品和劳务的过程中所使用的商品和劳务。产出是指生产过程中创造的各种有用物品和劳务，它们用于消费或进一步用于生产。因此，在体育赛事中的运动员、教练员、裁判员、竞技科技人员同各类运动设备一样都是投入品，而其产出不仅包括可供人们观赏的各类人体运动的动作组合服务，同时还包括一系列可用于再生产的衍生产品如电视（含网络）转播权、广告权、标记特许使用权等。"产业经济说"以体育赛事生产活动为线索，以特定投入品和产出为主要特征揭示了体育赛事区别于其他活动的本质属性。

研究概念均有其特定指涉的本质内涵和相对明晰的外延结构，也就是说，研究概念的产生均应以特定的有形现象或抽象内容为基础，以高度提炼的方式实现一定的概括。[①] 尽管"运动竞赛说""社会文化说"和"产业经济说"不能完全涵盖当今体育赛事复杂、综合性特殊活动的特征事实，但其均从某一特定的视角提炼其含义，从而确定相应的论域，可以认为具有一定的合理性。基于上述认识，同时又由于本研究是从产业经济学的视角探讨体育赛事交易网络问题，故在"产业经济说"的基础上，给出本研究的体育赛事定义，即以赛事组委会为生产者，以运动员、教练员、裁判员等劳动和各类运动设备等资本为投入品，生产可供人们观赏的各类人体运动的动作组合产品及其衍生产品的一种有组织、有目的生产活动。

有学者将体育赛事按社会属性分为公益性体育赛事、准商业性体育赛事和商业性体育赛事三种类型。其中，公益性体育赛事是指政府或社团（非营利组织）等组织的体育赛事活动，其目的是促进国家和社会体育事业的发展，包括竞技性体育赛事和群众性体育赛事。公益性体育赛事又可以分为周期性综合赛事（如奥运会、亚运会、全运会、城运会、大运会等）、周期性单项赛事（如世界杯足球赛、世界田径锦标赛等）和参与性体育赛事等。准商业性体育赛事主要由社团组织或政府与民营联合承担，政府与民营企业之间建立良好的战略伙伴关系。商业性赛事是企业或职业体育联盟等商业性组织以利润最大化为目的（营利性组织）的体育赛事。包括职业型体育赛事（NBA等美国四大职业联赛、意甲、英超、西甲

---

① 丛湖平：《体育产业若干界说的辨析及相关问题的讨论》，《中国体育科技》2001年第12期。

等)、一次性商业赛事(如"龙马之战"、曼联与国安之战、中巴之战等)。① 本研究讨论的是商业性体育赛事,是指以运动员、教练员、裁判员等劳动和各类运动设备等资本为投入品,生产可供人们观赏的各类人体运动的动作组合产品及其衍生产品,从而实现经济利益最大化为目的的,同时又是获取经济利润的一种有组织、有目的生产活动。简单地说,是以获取经济利润最大化为主要目的的体育赛事生产活动。

## 二 体育赛事产品特性

现代经济理论认为,社会产品从形态上可划分为实物产品和服务产品。第一、第二产业主要生产实物产品,第三产业主要生产服务产品。体育属于第三产业,体育部门提供的产品主要是体育服务。体育服务指的是由体育劳动者(主要是教练员、运动员、健身指导员、教师、管理人员等)创造的,向社会、个人提供用以满足改善和提高人的素质需要的非实物形态的劳动成果。其内容主要包括体育竞赛表演、体育健身指导与咨询、体育康复与保健,以及体育场地服务等。② 体育赛事产品属于非实物形态的服务产品的性质已被学者们所认可(体育赛事的衍生产品——纪念品除外)。人们对体育赛事产品的认识大多是从区别于实物产品的角度进行研究的。大致从以下几个方面来讨论。

### (一) 体育赛事服务产品的商品性特征

政治经济学把商品界定为:用来交换的劳动产品,具有使用价值和价值。学者曹可强认为,体育服务产品能够供人们观赏和娱乐,使之赏心悦目、心旷神怡,还可以满足大众体育健身需求,改善和提高人的素质,进而促进社会物质文明和精神文明的进步,因此,体育服务产品具有使用价值;体育服务产品主要是以活劳动的形式提供给消费者,所以,该产品的生产消耗了体育劳动者的脑力和体力,所以具有价值性。而当这种具有使用价值和价值的体育服务产品进行市场交换时,就成了商品。③ 因此,我们认为,无论是体育赛事生产可供人们观赏的各类人体运动的动作组合产

---

① 杨铁黎:《转型期我国体育赛事市场化运作特征与对策研究》,北京体育大学出版社2008年版,第12—18页。

② 曹可强:《体育产业概论》,复旦大学出版社2004年版,第35页。

③ 同上。

品还是衍生产品,当其进行市场交换时,都是一种商品。

(二) 体育赛事服务产品生产和消费的时序性特征

不少研究资料表明,体育服务产品的生产与消费同时发生,具有同时性和不可分性的特征。学者李南筑等认为,服务是由服务者以某种形式直接作用于服务对象而产生,没有服务对象也就不存在服务,因而服务的生产过程和消费过程是同一时间发生的,与有形产品,如冰箱、汽车需先生产再消费不同。[①] 学者曹可强认为,体育服务产品的生产和消费是在同一时间、同一地点进行的,具有观赏价值的精彩的体育表演、体育竞赛过程,既是体育工作者生产服务产品的过程,也是观众消费体育服务产品的过程,两个过程同时进行,活动一结束,其服务产品的生产和消费也就停止了。[②] 我们认为,体育赛事作为一种服务类产品,一般情况下确实具有所有服务类产品的共性,即生产和消费的同时性。但作为一种特殊的商品,它又有自身的特性,体育赛事产品的生产和消费可以同时发生也可以有先后。如现场观众观看体育比赛无法使生产和消费分离,但由于现代技术的支持,人们可以用录像设备将竞技比赛的全过程储存下来,我们可以通过观看录像或电视转播等形式消费体育赛事产品,现代技术使得体育产品生产和消费的可分离性得以成立。[③] 又如,赞助商购买了体育赛事广告权后可以根据事先契约的规定在赛前或赛后的规定时间内使用。但是,尽管有些体育产品随着现代技术的发展已经具有生产和消费的可分性,但绝不可能使生产和消费不可分性消失,因为人的需要是逐渐提升的,人的社会性需要是人类不可能消失的。人们观看现场体育比赛在很大程度上是在体验赛场群体的气氛,是在群体氛围的互动中获得心理的满足,而这种群体氛围在观看比赛录像过程中是无法感受到的。我们经常可以看到大量球迷不惜重金,到处赶场为自己喜欢的球队呐喊、助威,与其他观众共享赛场的愉悦。因此,我们认为体育赛事服务产品生产和消费的时序性表现为可分性与不可分性共存的特征。

(三) 体育赛事服务产品的无形性及价值的难以描述性特征

服务产品不同于实物产品的最大区别就是产品的无形性。体育赛事服

---

[①] 李南筑、袁刚:《体育赛事经济学》,复旦大学出版社2006年版,第33页。
[②] 曹可强:《体育产业概论》,复旦大学出版社2004年版,第35页。
[③] 丛湖平:《体育经济学》,高等教育出版社2004年版,第19页。

务产品不具有实物形态,如长度、重量、空间体积等,其形态不固定,也不可触摸。正是这种无形性特征,使得体育赛事服务产品很难用一般商品的数量和质量形式来进行描述。数量和质量是衡量产品的重要条件,数量是衡量产品的尺度,质量是衡量产品的内在素质和外观形态的综合。体育赛事产品作为一系列无形资源应通过无形资源评估方法对其价值大致进行描述。已有文献显示,学者们基本认同该特征。[①]

(四)体育赛事服务产品质量的不确定性特征

资料显示,众多学者提到了体育赛事服务产品质量的不确定性特征。学者曹可强提出,体育赛事服务产品是由各种各样有差异的人创造的,今天的一场足球比赛与上星期或下星期将要举行的比赛是有显著区别的,即使是相同的比赛队员、相同的场地,仍有许多不可控因素在影响着比赛的过程,如天气、运动员的体能、竞技状态、观众的反应、比赛时两个比赛队、对手间的相互认识程度等,所有这些因素都影响着比赛的结果和观众对比赛过程的满意度。再者,观众在消费体育赛事产品时的心态、周围环境等条件的差异,也影响到对体育赛事服务产品质量的不同评价。[②] 学者李南筑等指出,体育比赛不同于文娱演出通常有剧本,它只有比赛规则,在规则内竞技者可以任意发挥,因此体育比赛无论过程和结果都具有不确定性,因此产生强烈的悬念,从而提高了观众的兴趣。[③] 也许正因为体育赛事本身的可观赏性、结果的不确定性,使其成为了世界上最能吸引世人眼球的社会活动。

(五)体育赛事服务产品的公共性和私人性兼有的特征

从经济学的角度来看,萨缪尔森就是较早对公共产品进行概念界定,并试图明确划定公共产品与私人产品的边界,得出公共产品应该由政府提供、私人产品应该由市场分配结论的经济学家。在其1954年出版的《公共支出纯理论》中把公共产品定义为:每个人对这种产品的消费,都不会导致其他人对该产品消费减少的产品。公共产品具有两个主要的特征:非竞争性和非排他性。非竞争性是指"一个人对公共物品的消费(或享受)并不会减少其他人对这种商品的消费",非排他性是指"要排除任何人享

---

① 曹可强:《体育产业概论》,复旦大学出版社2004年版,第35页。
② 同上。
③ 李南筑、袁刚:《体育赛事经济学》,复旦大学出版社2006年版,第33页。

受一种公共产品的利益要花费非常大的成本"。① 学者们根据经济学中公共产品的"非竞争性"和"非排他性"特征，将体育赛事服务产品定性为公共性和私人性兼有的特征。如学者李南筑等认为，体育赛事的两个基础性产品：现场表演和直播表演都属于公共产品，而衍生产品绝大多数属于私人产品，如电视转播权、冠名权、冠杯权、队服广告、场地广告、明星出场权、明星广告权等；② 如单勇等认为，体育产品具有私人产品、公共产品和私人与公共产品兼有的属性；③ 杨松年认为，体育赛事服务产品中有部分是私人产品、部分是公共产品，相当部分是准公共产品。④ 我们认为，无论何种性质的体育赛事（按体育赛事的社会属性可以分为公益性体育赛事、准商业性体育赛事和商业性体育赛事三种类型），用市场化的手段进行运作已成为一种规律，通过支付门票现场观看体育赛事精彩表演从而获得精神的享受需要已逐渐成为人们生活方式的一个部分，而观众支付门票费用的经济代价，以及因为观众过多而产生场馆座位的"拥挤现象"所表现出的"竞争性"和"排他性"，表明体育赛事现场表演无疑是一种私人产品。尽管目前我国一些体育行政人员、学者在很大程度上仍将体育产品作为公共产品或私人与公共产品兼有的观点来认识体育产品的属性，但体育产品的私人产品性质会伴随市场机制的不断完善逐渐凸显出来。

上述对体育赛事产品特征的研究为本文根据商业性体育赛事的本质属性构建交易网络结构并进一步提炼其网络特征、讨论各种经济交易关系提供了理论基础。

## 三 体育赛事的经济学理论解释及相关研究

### （一）体育赛事的产业经济学解释

从产业经济学角度研究体育赛事，国内最有代表性的学者是丛湖平教授。体育产业基本结构的生成、扩展、变异和置换都实现于形态各异的内外要素的变动中，尽管变动要素很多，但其生成、扩展的变动模式是遵循

---

① 杜万松：《公共产品：边界迷局及其破解》，《福建行政学院学报》2010年第3期。
② 李南筑、袁刚：《体育赛事经济学》，复旦大学出版社2006年版，第71—83页。
③ 单勇、徐晓燕等：《试论体育服务产品的基本特征》，《浙江体育科学》2002年第4期。
④ 杨松年：《论体育服务产品的性质、特征和类型》，《福建体育科技》2002年第10期。

一定关联关系演进的。因此，对体育产业与其关联产业的结构关联机制问题的研究，一是便于把握各类产业部门的性质、地位和作用；二是便于人们认识产业间增长型传导路径和传递机制。① 基于这样的考虑，丛湖平教授在其《体育产业与其关联产业部门结构关联变动机制的研究》中，运用规范研究的范式首先从产业经济学角度将竞技运动观赏服务业定义为："以运动员、教练员、裁判员、竞技科技人员和赛事管理者等为生产者，以各类运动设备为投入品生产可供人们观赏的各类人体运动的动作组合产品的生产部门集合"；② 并进一步归纳了竞技运动观赏服务产品的投入品以及消费主体的关系图（见图2-6）；在此基础上，作者以郝希曼、方早、邬义钧等学者的产业关联理论为依据，根据体育赛事的本质属性构建了竞技运动观赏服务业与其前后向关联产业部门的结构关联经验模型，认为建筑业、机械制造业、运动用品加工业以及其他一些产业部门是竞技运动观赏服务业的后向关联产业部门，居民个体消费主体、媒体业、博彩业等是竞技运动观赏服务业的前向关联产业部门（见图2-7）；进一步，作者依托供需理论分析了前后向三大产业部门间的关联变动传导机制，认为"竞技运动观赏服务业总量的增加，取决于其前向关联产业需求的增加，而总量的增加又会有效地刺激其后向关联产业的总量的扩展，它们之间的关联变动形成一个链式反应系统，这种产业间连锁反应构成了结构关联的传导机制"。③ 最后，选择人均收入水平和制度两大变量讨论了其对竞技运动观赏服务业结构关联变动传导机制的影响。

依托以上研究成果，丛湖平教授在其《论我国东部省份体育产业区域发展模式的构建》中，结合我国东部省份三大体育产业"集化区"的实际情况，用规范研究的范式，提出了"京—津"地区以体育竞赛观赏服务业作为主导产业部门、"沪—江—浙"地区以商业性体育赛事服务和健身休闲服务为分区块主导产业、"穗—深—珠"区域以商业性体育赛事服务和健身休闲服务业为双重主导的产业的发展战略设想。

唐晓彤在其硕士论文《大型体育赛事服务对经济发展波及效应的理论

---

① 丛湖平：《体育产业与其关联产业部门结构关联变动机制的研究》，《体育科学》2002年第9期。

② 同上。

③ 同上。

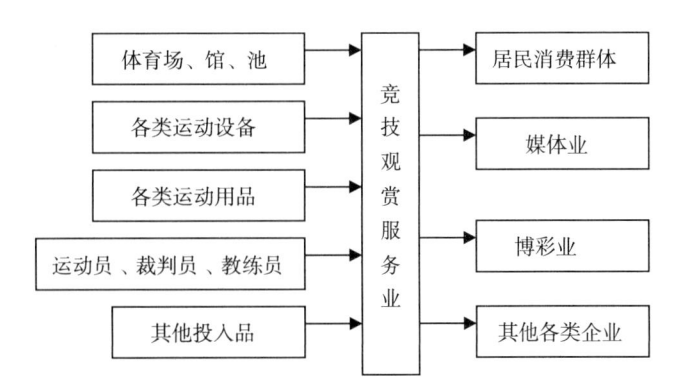

图 2-6　竞技观赏服务业的投入品及消费的主体

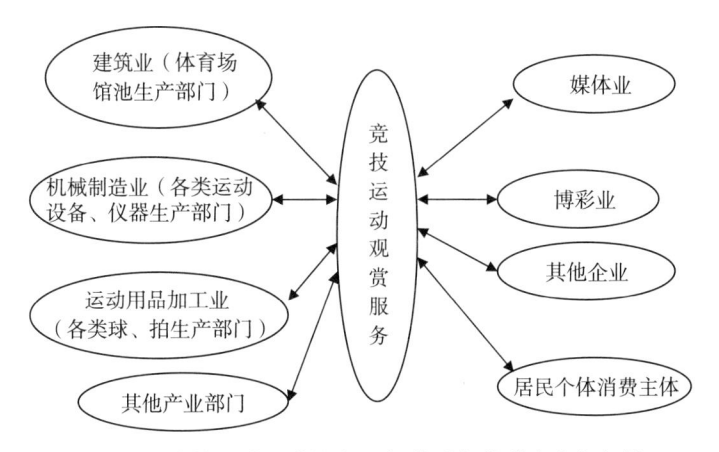

图 2-7　竞技运动观赏服务业与前后向关联产业部门的
结构关联经验模型图（在资料基础上改变）

研究》中，运用"竞技运动观赏服务业与前后向关联产业部门的结构关联经验模型"的思想，采用演绎、例证等研究方法，建立了国家级各类综合性的运动会和洲际、世界性的各类综合性的运动会或由世界体育组织举办的有较大影响的单项赛事，诸如：全运会、亚运会、奥运会、世界杯足球赛、欧洲杯足球赛等大型体育赛事与其前、后向直接波及产业部门的逻辑模型（见图 2-8）。与原模型不同的是，图 2-8 所显示的模型中的后向波及产业部门中增加了如基础设施、环保业、服务业等大型公益性体育赛事所需要的间接投入品生产部门。我们认为，对该研究所指涉的大型公益性体育赛事的承办城市而言，增加这些属于间接投入品的固定投入具有一定的合理性。

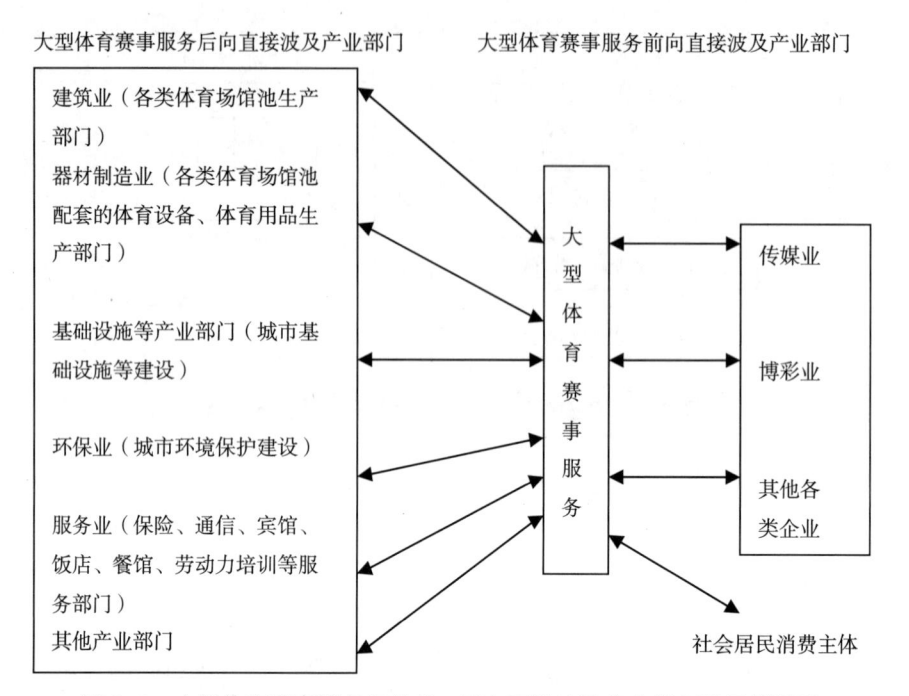

**图 2-8　大型体育赛事服务与其前、后向直接波及产业部门的逻辑模型**

资料来源：唐晓彤：《大型体育赛事服务对经济发展波及效应的理论研究》，硕士学位论文，浙江大学，2005年。

图 2-6、图 2-7 以及在此基础上所构建的图 2-8 模型确实为我们明确了体育赛事生产所需要的重要投入品生产部门以及体育赛事产品及其衍生产品的重要消费部门，从而为体育赛事的深入研究尤其是体育赛事资源的合理配置提供了基本的理论框架，也为本研究从网络理论的角度以"投入—生产—产出"为线索讨论体育赛事交易网络各类参与主体及其所拥有的资源结构，再进一步以各类参与主体的资源交易关系为基础建立网络结构提供了基本的研究思路。但笔者认为该解释模型也有其不足之处，首先表现为图 2-7、图 2-8 所显示的竞技运动观赏服务业的后向关联产业部门中均缺少如运动员、教练员、裁判员、工作团队等作为劳动类重要投入品资源的生产部门所属的行业部门；其次还表现为以上两种理论模型均缺乏实证论证的不足，因为我们认为科学的研究方法通常是由逻辑推理和实证调查两部分组成的，在研究的实际操作中，仅仅运用逻辑推理来构建理论和假设是远远不够的，我们还必须通过观察和实证的数据来进行对假设的验证。

(二) 体育赛事的制度经济学解释

"从经济学角度看，体育赛事本身的特点，相对于其他竞争性行业具有更多的市场失灵和制度约束，因此传统的新古典经济理论已无法提供令人满意的答案"，基于这样的考虑，李南筑等学者从新制度经济学视角对我国那些存在参与主体通过交易自主调节资源配置的体育赛事的经济现象进行了分析和解释，主要从以下几个方面展开讨论。

(1) 从不完全信息经济的角度。制度经济学剔除了新古典经济学信息完全的假设，从信息不对称的假设出发来解释经济现象。不对称信息理论是英国剑桥大学教授詹姆斯·莫里斯（James A. Mirrless）和美国哥伦比亚大学教授威廉·维克瑞（William Vickrey）在信息经济学中提出的重要理论。不对称信息是信息经济学的核心概念之一，指在日常经济活动中，由于某些参与人拥有另一些参与人不拥有的信息，由此造成的不对称信息下的交易关系和契约安排的经济理论。[1] 从信息的不对称发生的时间来看，发生在当事人签约之前的非对称性信息会导致"逆向选择"（adverse selection）的可能，而发生在签约之后的非对称信息会导致"道德风险"（moral hazard）和"敲竹杠"的可能。"逆向选择"是指由于信息不对称而造成的市场失灵，其现象是"劣币驱逐良币"，即质量不好的商品把质量好的商品驱逐出市场；"道德风险"是指买卖双方在签约后，其中一方有意隐瞒自己的行为，以致造成对方的损失，从而导致市场失灵的现象，在体育赛事中，可以表现为"如合同未写明，就派后备队员上场，如果写明了就尽量减少主力球星上场时间，或即使上场也不卖力"等现象；"敲竹杠"是指由于资产专用性引起的机会主义行为，可以表现为当体育赛事的承办合同签订后，如果当地只有一家适用的球场，球场的拥有者便可以向承办方"漫天要价"的行为。这种由于信息的不对称带来的市场失灵和机会主义行为造成体育赛事产权交易的复杂性，使得交易成本大大增加。[2]

(2) 从交易费用的角度。最早关注到交易费用问题的是科斯。科斯在1937年发表的论文《企业的性质》中首次提出了交易存在费用的问题，指出市场并不是万能的，它的运行是有成本的，或者说"使用价格机制是有代价的"。科斯认为这种代价有以下几条：①通过市场价格机

---

[1] 国彦兵：《新制度经济学》，立信会计出版社2006年版，第100—108页。
[2] 李南筑等：《体育赛事经济学》，复旦大学出版社2006年版，第90—110页。

"组织"生产的最明显的成本就是发现相对价格的工作。它包括获取市场信息的费用，分析处理市场信息的成本，寻找交易对象及了解市场价格等的费用。②市场上发生每一笔交易的谈判和签约的费用。在市场上找到交易对象后，还要与对手进行谈判，了解对方的底牌，考虑对手的信誉情况，与对方讨价还价等，这是交易进行所必须支付的费用。③"利用价格机制也存在着其他方面的不利因素（或成本）"。科斯列举了签订长期的契约虽然节省了因较多的短期合同而需要的部分费用，但由于预测方面的困难，有关物品或劳务供给的契约期限越长，实现的可能性就越小，不确定性是根本原因。④企业内部组织交易也是有成本的。① 总的来说，科斯认为，交易费用是获得准确的市场信息所需要付出的费用，以及谈判和经常性契约的费用。② 继科斯指出交易费用存在的现象及定义以后，众多的经济学家对交易费用进行了论述。马修斯（1986）认为：交易费用包括事前准备合同和事后监督及强制合同执行的费用，与生产费用不同，它是履行一个合同的费用。

李南筑等学者采用马修斯的思想，以商业性足球比赛为例，对体育赛事交易费用的具体内容进行了研究，并进一步讨论了商业性体育赛事的交易特征。认为体育赛事交易费用具体包括以下内容：在第一阶段，几乎全部是为获取和处理信息而支付的费用，包括通信费、差旅费、调研费、经纪人费及从事合同准备工作的人员工资等；在交易的第二阶段，主要是为确定合同条款而支付的费用，包括为起草合同，完备合同条款和保证合同执行而支付的费用（如律师费、公证费、中介费、担保费、保证金），也包括销售代理费；第三阶段是履约和执行阶段，主要包括监督合同履行而支付的监督和纠偏费用；第四阶段主要是赛事的评估费。并估计除第三阶段的交易费用因为弹性大而难以评估外，其他三个阶段的交易费用约占赛事总成本的15%—30%。③ 认为体育赛事的交易特征体现在以下几个方面：①在一项体育赛事中需要进行多项交易。从契约的角度可以认为赛事由多个达到同一目的的互补合同组成。②在一项体育赛事中存在多种差异较大

---

① 国彦兵：《新制度经济学》，立信会计出版社2006年版，第146页。
② 卢现祥：《西方新制度经济学》，中国发展出版社2003年版，第4页。
③ 李南筑、曲怡、黄海燕等：《商业性体育赛事的产权交易特征和交易费用分析》，《上海体育学院学报》2005年第3期。

的商品。其交易对象既有消费品（如门票、纪念品），又有投资品（如广告牌使用权、冠名权、电视转播权）；既有所有权交易（如门票、纪念品），又有经营权交易（如承办权、票务权、推广权）；既有付费提供的排他性消费服务（现场看球），又有免费提供的非排他性消费服务（如电视直播）。不论是商品交易还是权利交易，广义都属于产权交易。③体育赛事的交易主体多。④商业信用交易居多。商业性体育赛事除个别交易（如开赛前的门票销售、纪念品销售）外，均是先订合同和付款后服务的信用交易。订合同和付款时比赛尚未进行，比赛能否如期进行、效果如何只能凭经验的推测和签约公司的信用而定。⑤比赛的服务时间是不可以更改的。体育赛事服务能力的形成，服务和消费是在同一时间完成的，此前签订的合同均需在此段时间内全部兑现。这也与体育比赛是一种"注意力经济"有关，比赛结束所有的权利就自动结束，不复存在。①

在上述研究的基础上，为了提高交易效率，降低交易成本，根据"建立归属清晰、权责明确、保护严格、流转顺畅"的现代产权制度思想，研究者进一步提出了商业性体育赛事作为一类特殊的复杂交易，其交易方式应该由目前存在的"行政性"和"一对一"的分散交易向集中交易的形式转变的观点。其中，分散交易指的是自然形成的一种交易方式，指买卖双方独自进行信息沟通洽谈，最终成交的一种私下的交易方式。集中交易是指买卖双方在特定的商品或产权范围内，在交易资源相对集中的条件下进行的交易。② 最后，研究者尝试性地提出了"实现体育产权集中交易的两种路径：一是体育界自建一个独立的体育产权交易中心，二是借助于现有的成熟的交易平台——产权交易所"的制度创新观点。③

（3）产权经济学理论。科斯第三定理提出了一个重要的思想：在交易成本大于零的情况下，产权的清晰界定将有助于降低人们在交易过程中的成本，提高经济效益。④ 著名制度经济学家巴泽尔认为，资产属性的产权往往落入那些最倾向于影响该资产属性所能产生的收入流的人手里。根

---

① 李南筑、曲怡、黄海燕等：《商业性体育赛事的产权交易特征和交易费用分析》，《上海体育学院学报》2005年第3期。

② 李南筑等：《体育赛事经济学》，复旦大学出版社2006年版，第145页。

③ 黄海燕、曲怡等：《我国体育产权的交易方式和发展趋势》，《上海体育学院学报》2006年第2期。

④ 李南筑等：《体育赛事经济学》，复旦大学出版社2006年版，第131页。

据这种思想，研究者以我国职业联赛为例，提出我国职业联赛无形资产的最终产权应该划归各个职业俱乐部所有的观点。①

体育赛事的产权交易会涉及一系列互补性较强的合同，同时由于信息的不完全带来的"逆向选择""道德风险"和"敲竹杠"等问题造成体育赛事产权交易的复杂性和市场失灵，使得交易成本大大增加。在作出上述判断的基础上，研究者运用交易费用理论和产权理论的思想，归纳了体育赛事交易成本的具体内容及交易特征，并进一步提出了通过明晰产权、实现体育产权集中交易等制度创新手段以降低交易成本、提高体育赛事经济效益的思想。该研究为我们分析、解释体育赛事经济现象提供了新的视角以及若干可以借鉴的地方，如体育赛事的交易费用问题、体育赛事参与主体的产权明晰问题、体育赛事产权交易方式创新问题等。当本研究运用网络的视角研究体育赛事经济效益问题的时候，交易费用是衡量网络是否有效的重要标志，上述研究对我们讨论如何从产权的视角降低整个网络运作的交易费用提供了有益的启示。

### （三）体育赛事的网络经济学解释

国外文献资料显示，已有学者运用网络的理论研究体育赛事有关现象，内容主要涉及赛事组织机构、媒体、合作赞助商、观众这些参与主体之间的关系。如 Rami Olkkonen（2001）运用 Hakansson（1987）的三要素网络的理论框架，通过个案研究的方法以诺基亚和国际滑雪联盟之间的赞助安排为案例，讨论了该赞助网络中赞助商、体育赛事、媒体和普通大众各参与主体分别所拥有的资源以及它们之间各种直接和间接的作用关系。文章表明了从传统的营销渠道为背景拓展到用网络的方法为理论框架分析由运动、媒体和商业领域的参与者形成的赞助网络的适用性。②

Rosita Wolfe（2002）将网络理论作为研究框架和方法应用到运动、媒体和赞助商关系上。以爱尔兰为研究背景，以51位分别来自重要部门和专家团体的赛事组织机构、媒体、赞助商和精通赛事的重要成员为被访者，运用调查观察和定性研究的方式，通过对这些调查者在国家运动主管团体、媒体和合作赞助商之间的作用力和依赖关系方面的认识的调查获得重要信息，提出

---

① 李南筑等：《体育赛事经济学》，复旦大学出版社2006年版，第218页。

② Rami Olkkonen. Case study: The network approach to international sport sponsorship arrangement. Journal of Business & Industrial Marketing, 2001 (16): 309-329.

了该网络的交易关系模型，并进一步提出了政策、经济、科技和社会将会对该网络中权利的平衡产生影响的观点，文章进一步指出了交易伙伴之间建立以信任为基础的长期合作关系以及网络中不同参与主体之间形成的力的平衡对成功运作体育赛事网络的重要性，如可口可乐和奥林匹克运动会之间所建立的长期的赞助合作关系。[①] 但作者对此没有作进一步的讨论。

国内用网络的理论和方法对体育赛事进行研究的文献还尚未见报道。但有学者对体育赛事运作过程中的若干参与主体之间的互动关系进行了讨论，内容主要涉及赛事主办方、媒体和受众三者之间的传播关系以及体育赛事、体育赞助商、媒体、中介和受众等几大参与主体之间的体育赞助关系。

付晓静在《论体育赛事传播的三角模式》中运用规范研究的范式，探讨了主办方、媒体和受众各自的角色及彼此之间的互动关系，认为主办方是体育赛事的发起者与组织者，运用各种手段为媒体和受众提供服务；媒体作为主办方与受众的中介，利用自身专业化的传播平台对体育赛事进行传播，又是大众舆论的收集者，承担着监督比赛进程的责任；受众是体育赛事的关注者与信息的接收者，受众的关注度反过来也会影响媒体与主办方的商业收益。这三种力量在传播过程中相互影响、相互制约，只有当媒体、主办方、受众三方在平衡与互动的基础上充分发挥各自的功能，才能促成体育赛事的有效传播。[②] 论文虽然在一定程度上为我们解读了体育赛事主办方、媒体和受众三大主体在传播模式中各自的角色及彼此之间的互动关系，但作者提出的观点缺乏相应的理论支持，显得较为主观，尽管文中也列举了不少中国体育赛事传播过程中的事例加以论证。

蔡俊五等学者认为体育赞助的体系是一个复杂的系统工程，由赞助方——企业、被赞助方——体育部门、中介方——体育经纪人和传媒方四个部分组成，各个部分各有各的作用和利益追求，相互交织在一起，形成一个休戚相关、利害与共的整体（见图2-9）。只有这四个部分拧成一股绳，坚持互惠互利原则，精诚团结，密切配合，体育赞助活动方能顺利进行，各方的利益追求才能如愿以偿。[③] 但我们从图2-9所反映的关系图可以看

---

① Rosita Wolfe. The sports network: insight into the shifting balance of power. Journal of Business Research, 2002（55）：611-622.

② 付晓静：《论体育赛事传播的三角模式》，《体育文化导刊》2007年第1期。

③ 蔡俊五、赵长杰：《体育赞助——双赢之策》，人民体育出版社2001年版，第38—44页。

到，体育赞助系统是由赞助方、被赞助方、中介方、媒体、目标受众还有赛事六大主体组成，其中目标受众作为体育赞助系统中真正的"上帝"必定是该系统中重要的组成部分，不明白作者为什么把它排斥在整个系统之外。另外，"赛事"作为被赞助方所拥有的资源，作为一个独立的概念出现在关系图中，混淆了它与被赞助方之间的从属关系。

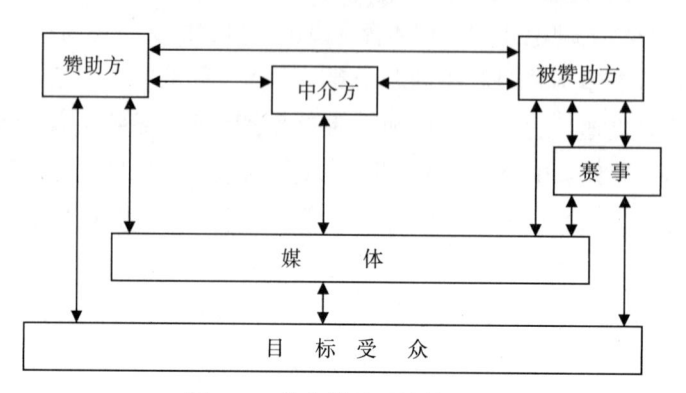

图 2-9　体育赞助系统关系图

孙晓强在《体育赞助营销：整合的观点》中将体育赞助看成一个整体的系统，认为体育赞助系统主要由五大因素构成，即赞助方、被赞助方、中介方、体育赛事、大众传媒。这五大因素相互依存、相互制约。该系统也不断地与变化的外界环境发生作用，从外界输入资金、运动员、教练员、运动器材、信息等各种资源，输出的主要是体育赛事产品。整个系统的目的就是在满足目标受众的同时，达到多方共赢（见图2-10）。[①] 论文尽管为我们呈现了这样一个体育赞助的系统结构图，但作者提出的观点缺乏理论的支持，而且文章也没有进一步介绍该系统中各部分之间究竟存在着怎样的作用关系。

学者刘金利在其博士论文《体育赞助的产权制度研究》中认为体育赞助作为一个体系，应该包括体育组织或个人的体育部门、赞助商、媒体、体育中介和受众五大主体，其中体育部门、赞助商和受众是交易的必然组成主体，三者构成交易主要框架，而媒体和中介属于可能参与主体，并不是一定的必然组成。[②]

---

① 孙晓强：《体育赞助营销：整合的观点》，《云南财贸学院学报》2003年第6期。
② 刘金利：《体育赞助的产权制度研究》，博士学位论文，浙江大学，2008年。

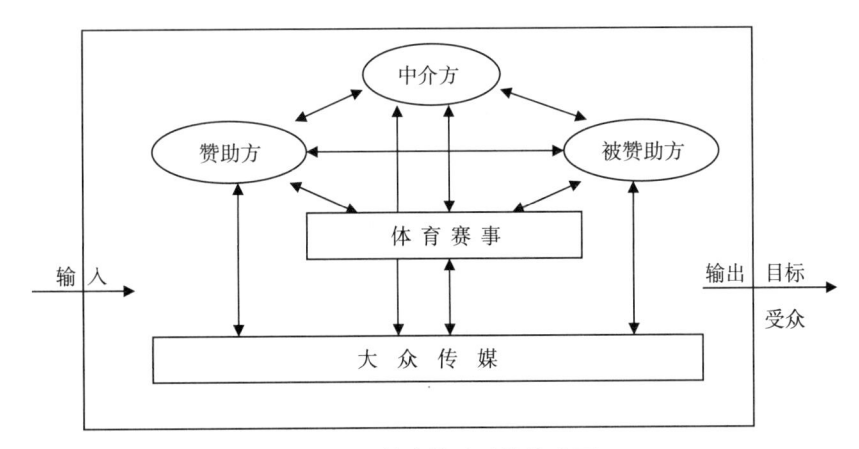

图 2-10 体育赞助系统构成图

上述研究对我们认识和了解体育赛事各参与主体之间的关系有一定的帮助，特别是国外的文献对我们用网络理论来构建体育赛事网络并进一步解释体育赛事的竞争力问题具有很大的启发性。

### 四 现有的研究局限及未来的研究方向

尽管人们已经尝试运用经济学相关理论来解释体育赛事，并也取得了一定的成果，但这些研究无疑是初浅的，还很不完善。体育赛事所呈现出来的各种经济现象驱使人们去研究和探索现象背后所具有的规律，而综合运用产业经济学理论、制度经济学理论、网络经济学等相关理论构建能解释体育赛事经济现象的本学科理论，无疑是研究体育赛事的学者们未来努力的方向。对商业性体育赛事而言，如何能够最大限度地降低赛事运营者与众多的投入品提供者以及赛事产品的消费者在各种产权交易过程中的交易成本以提高赛事的竞争力，必定是赛事运营者所要重点考虑的。现有研究对体育赛事的认识大都是零散和局部的，迄今为止，系统地进行体育赛事交易网络的研究还尚未见报道，更没有涉及赛事交易网络的交易成本问题。而国内的文献所涉及的对体育赛事若干关系的讨论大多缺乏相应的理论支持，缺乏案例的佐证，得出的结论显得较为主观和随意。基于上述考虑，本研究选择这样一个主题，试图能构建并完善体育经济学知识体系中商业性体育赛事竞争力的理论框架，也为我国城市商业性体育赛事竞争力的培育和提升提供理论的参考依据。

# 第三章

# 商业性体育赛事交易网络结构及特征

通过对相关理论以及已有文献的梳理，我们发现，当我们解释商业性体育赛事竞争优势的时候，运用网络的分析方法及相关理论解释降低商业性体育赛事交易成本、促进资源整合的途径与方式是一个重要的分析角度。而构建体育赛事的交易网络结构则是首先要考虑的问题。从上文研究可知，体育赛事产品作为一类非实物形态的服务产品，不仅其性质区别于实物产品，而且还具有区别于一般服务产品的很多特征，如产品生产和消费的时序性、产品的无形性及价值的难以描述性、产品质量的不确定性等特征；同时，体育赛事作为一项大型生产活动，需要众多行业部门的共同努力和协作，这些行业部门包括运作主体（主办组织或主办、承办、协办组织三者的合成，本质上是体育赛事管理者）、主办社区（政府、交通、安全和卫生部门等）、赞助商和经费提供者、供应商、媒体（广播、电视、报纸和网络）、工作团队（受酬职员、志愿者）、参与者（俱乐部、运动员、教练员和裁判员）与观众等，[①] 这就意味着赛事运营者需要同众多的行为主体发生多种不同性质的交易；另外，体育赛事交易网络中的大部分人力资本要素，可能来自世界各地，具有不同的文化背景，这种非根植性的特征与新产业区、集群化网络所具有的强烈地域根植性的特征有明显的差别。因此，在构建并提炼商业性体育赛事交易网络及其特征时应充分考虑体育赛事的本质属性。

以哈堪森的"行为主体、资源和活动关系"三要素网络思想作为构建商业性体育赛事交易网络结构的理论依据。基于哈堪森和盖文启的网络定义以及本研究对商业性体育赛事的内涵界定，将本研究的商业性体育赛

---

① 肖林鹏等：《体育赛事项目管理》，北京体育大学出版社2005年版，第67页。

事交易网络定义为：在商业性体育赛事运营过程中，各类行为主体进行各种资源或产权交易的结构关系总和。包括投入品提供者、运营者网络和运营者、消费者网络。美国经济学家列昂惕夫的投入产出模型是分析产业结构的一种重要工具，其基本的思路是：为获得一定的产出，必须有一定的投入，国民经济各个部门间在投入和产出上存在极其密切的生产技术和经济联系。① 借鉴这种思想，本研究将商业性体育赛事交易网络的三要素（行为主体、资源和活动关系）根据体育赛事的属性，按投入—生产—产出的业务活动结构进行分类。在本章节中，首先基于哈堪森的三要素（行为主体、资源和活动关系）网络思想，构建了商业性体育赛事交易网络的结构；进一步在此基础上讨论了网络的特征。

## 第一节 商业性体育赛事交易网络的结构

基于哈堪森的三要素（行为主体、资源和活动关系）网络思想，首先以"投入—生产—产出"活动为线索讨论了各类赛事参与主体及其所拥有的资源结构，并以各类参与主体的资源交易关系为基础讨论了投入品提供者、赛事运营者和产品消费者三者间的产权交易关系，最后构建了商业性体育赛事交易网络的结构。

### 一 商业性体育赛事交易网络的参与主体及资源结构

第一，商业性体育赛事投入品提供主体及资源结构。体育赛事投入品指的是体育赛事生产过程中所使用的商品和劳务。投入品提供者是指拥有和控制体育赛事投入品资源、能够独立承担法律责任的个人和组织。萨缪尔森将投入品划分成三大基本范畴：土地（自然资源）、劳动和资本。② 土地（自然资源）在体育赛事中可以理解为建造体育场、馆、池的土地，还有空气、河流等环境资源。商业性体育赛事从节约成本的考虑，往往不会大动干戈地去审批土地建造大型的体育场馆，对环境资源的要求也远远小于大型公益性赛事，因此，在考虑商业性体育赛事的投入品时，土地（自然资源）要素可以忽略不计。根据体育赛事投入品的基本特征，可以

---

① 李悦：《产业经济学》，中国人民大学出版社2000年版，第100页。
② [美] 保罗·萨缪尔森：《经济学》，华夏出版社1999年版，第6页。

构划商业性体育赛事生产过程中所使用的重要投入品及其提供者结构。如图 3-1 所示，商业性体育赛事投入品中的劳动包括运动员、教练员、裁判员、后勤工作团队等，其中运动员和教练员主要由俱乐部等与运动员、教练员签订劳资关系、拥有其使用权的部门提供，当然，除了俱乐部形式，还有的运动员归国家所有，如我们国家那些没有设置俱乐部的运动项目的队员，还有的运动员的所有权归个人所有，如李娜等（本研究不讨论运动员、教练员与俱乐部之间的劳资关系，将其作为一个利益整体看待）；裁判员主要由项目所属单项协会提供（也有的裁判由赛事运营者自己聘请）；后勤工作团队包括安保、交通、餐饮、医务、运输等大量的赛事后勤人员，由工作团队所在的组织或个人提供。这里的资本指的是体育场馆、设备、用品等物质资本，其中一些规范的、大型的体育场馆基本上归当地体育政府部门所有，因此政府通常拥有场馆的所有权，一些体育设备、用品基本与体育场馆配套。国内外研究资料表明，为了补偿大型体育场馆日常管理、成本折旧等所需要的巨额开支，各国政府通常采取承包管理（政府拥有场馆所有权，通过招标、谈判、协商、聘任后，将场馆的管理权和经营权在一定时期内移交给某一公司、社团或个人全权管理，场馆运作经费自足自支）、资本多元化的现代企业管理（政府以其场馆的投资作为股份，再吸纳其他社会资本进行融资扩股，作为场馆经营开发后期投入，成立拥有场馆产权和经营权的独立的现代企业，一个独立的法人实体）等管理方式。[①] 因此，大型体育场馆的经营权和管理权通常在一定时期内由政府转让给相关市场经营主体。

第二，商业性体育赛事运营者及产品结构。商业性体育赛事运营者是指在商业性体育赛事运作过程中集组合、配置资源、市场营销为一体并由若干成员组成的系统。商业性体育赛事运营者一般有两种类型，一种是集出资和运作于一体的独家生产部门；另一种是由出资方和运作方多家经营主体合作而成的生产部门，如 NBA、欧洲五大联赛都由联盟作为其生产部门，2009 年 8 月 8 日在奥运鸟巢举行的意大利超级杯赛由合力万盛国际体育公司独家经营，而金意陶·切尔西 2008 年中国广州挑战赛则是由金意陶和广州嘉祺体育发展有限公司合作举办。体育赛事无疑是体育赛事

---

① 余惠清、张宏等：《浅析大型体育场馆的经营和管理》，《广州体育学院学报》2002 年第 3 期。

## 第三章　商业性体育赛事交易网络结构及特征

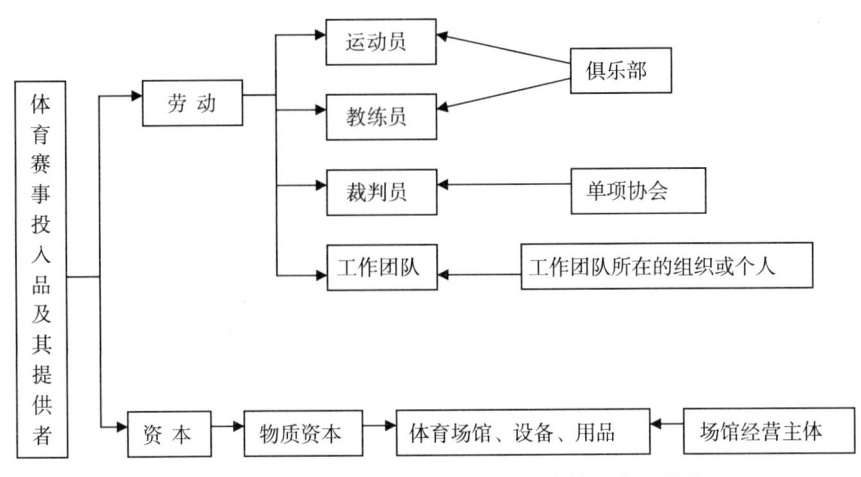

**图 3-1　商业性体育赛事投入品提供主体及资源结构**

运营者所拥有的、可用于市场交易的资源。商业性体育赛事资源是指体育赛事生产过程中创造的人体运动组合的观赏性服务以及可用于再生产的衍生资源。其中，体育赛事的基础性产品是竞赛表演，衍生资源包括广告权（包括球队冠名权、赛事冠杯权、赛事场地广告牌使用权、队服不同部位的广告使用权等）、符号特许经营权（包括会徽、队徽、吉祥物、明星肖像权等）、转播权等（全球、全国、地方比赛实况的电视包括网络直播节目），[①] 见图 3-2。

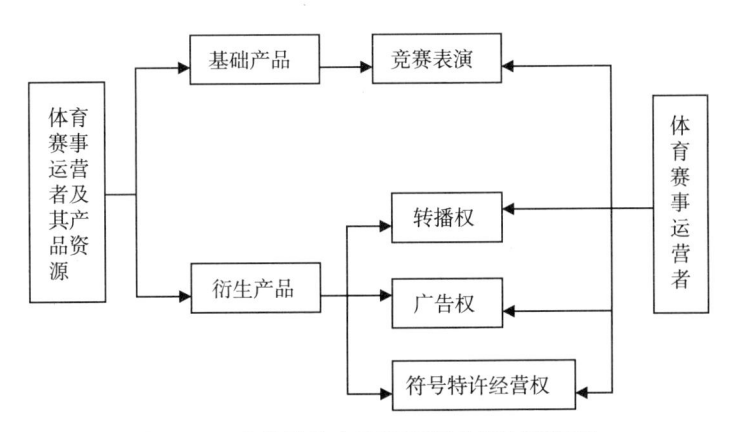

**图 3-2　商业性体育赛事运营者及产品资源**

---

① 刘清早：《体育赛事运作管理》，人民体育出版社 2006 年版，第 107 页。

第三，商业性体育赛事的消费主体及资源结构。体育赛事的消费主体包括体育竞赛表演的观赏者和将体育赛事各类衍生资源作为其再生产投入品的生产部门。包括现场观众、博彩企业、媒体、赞助商以及各类使用赛事符号的企业等（见图3-3）。现场观众通过购买门票消费以满足其娱乐需要；博彩企业是提供满足人们博弈心理需要的服务性行业，将竞技表演作为投入品能获得较高的比较利益，故欧美有些发达国家的博彩业常常支付巨额费用将体育赛事作为其再生产的投入品；媒体业是将社会各类事物进行传播服务的行业，为了获得最大利润，总是最大限度地寻求收视率高的载体（传播内容），以获取更多的广告收入，实现高效率的再生产。在电视转播的起始阶段，体育赛事作为一种公共资源，所有电视媒体都可以对其进行免费转播。直到1941年，美式足球联盟第一次出售其冠亚军决赛的转播权，开创了世界上最早出售体育赛事电视转播权的纪录。[①] 目前，竞赛表演作为媒体业再生产投入品的"载体"价值得到了快速提升，已成为各家媒体不惜重金竞争转播专有权的对象。在我们国家，体育赛事转播权的开发通常有付费购买和以广告时段置换等方式，基于媒体的广告时段有其较明确的货币标价，因此本研究将媒体作为体育赛事产品的消费主体时所拥有的资源统称为货币。[②] 赞助商通过向体育赛事提供货币、物

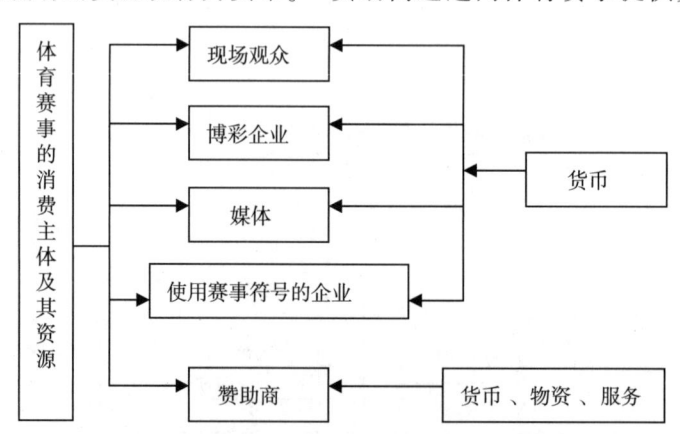

**图3-3 商业性体育赛事的消费主体及资源结构**

---

[①] 胡乔：《我国体育赛事电视转播权有效开发的策略思考》，《湖北师范学院学报》（哲学社会科学版）2011年第2期。

[②] 丛湖平：《体育产业与其关联产业部门结构关联变动机制的研究》，《体育科学》2002年第5期。

资、服务等支持，获取广告权以达到扩大和加强与目标受众之间的沟通，提高企业品牌的知名度、美誉度以及顾客对企业品牌的忠诚度等目的；各类企业以货币交换的方式取得体育赛事符号使用权，通过生产有赛事符号的产品获得经济利益。

## 二 商业性体育赛事交易网络参与主体间的交易关系

制度经济学认为，商品的交换实际上是产权的交换。当一种交易在市场中议定时，就产生了两束权利的交换，正是权利的价值决定了所交换的物品的价值。[①] 产权的基本内容可以分为四大类：所有权、使用权、处置权和收益权。[②] 康芒斯认为，交易是人和人之间对自然物的权利的出让和取得的关系，是所有权的转移，交易的过程有谈判、有争执。并进一步把交易分为三种基本类型：买卖交易，即平等人之间的交换关系；管理的交易，即上下之间的交换关系；限额的交易，指政府对个人的关系。为进一步明确体育赛事交易网络结构特征，基于上文的分析，我们从制度经济学的角度讨论体育赛事运营者、投入品提供者网络和生产者、产品资源消费者网络中各参与主体之间不同的交易关系。

（一）体育赛事运营者与投入品主体间的交易关系

体育赛事投入品提供者（俱乐部、裁判单项协会、体育场馆经营主体、后勤工作团队所属组织或个人）与体育赛事运营者交易关系见图3-4。其中体育赛事运营者处于网络的中心位置。下面分别讨论各种交易关系。

在商业性体育赛事举办过程中，体育赛事运营者和俱乐部等主体之间存在着运动员、教练员等投入品资源的一系列交易。商业性体育赛事主要是以营利为目的而组织的竞赛，运动员的竞技表演能力直接决定了观众、赞助商、媒体等消费主体的行为选择，而教练员的训练、指挥能力直接决定着运动员的赛场表演。一般而言，运动员、教练员这种资源的提供者大都是俱乐部，俱乐部通过支付工资和酬金的方式与运动员、教练员建立交换的契约关系，获得运动员财产的使用权、管理权和支配权，体育赛事运

---

① 卢现祥：《西方新制度经济学》，中国发展出版社2003年版，第154页。
② 国彦兵：《新制度经济学》，立信会计出版社2006年版，第141页。

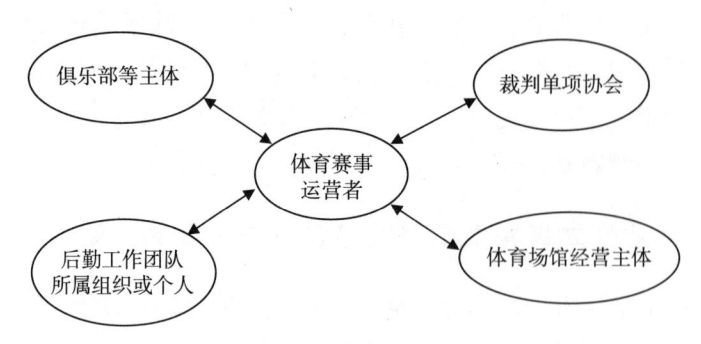

图 3-4　商业性体育赛事运营者、投入品提供者网络

营者通过支付运动员、教练员出场费的方式与俱乐部签订运动员、教练员参赛合同，获得其财产的使用权。体育赛事运营者与俱乐部之间的交易属于市场的买卖交易。

　　裁判员等技术官员是竞赛活动中的执法队伍和监督队伍，是保证竞赛公正、公平进行的重要力量。一般而言，裁判员由单项协会提供，单项协会担任着裁判员的管理和培训工作，体育赛事运营者通过支付裁判员出场费的方式与单项协会签订裁判员合同，委托裁判员执行裁判工作，此时，赛事运营者与裁判员之间是一种间接的委托—代理关系。赛事运营者与单项协会之间的交易属于管理的交易。

　　体育赛事的举办需要标准的体育场馆和设备、用品等物质资本，这些物质资源的完善与否直接影响着赛事的举办成功与否。一般来说，大型体育场馆的投资以政府为主，因此政府通常拥有场馆的所有权。研究表明，为了补偿大型体育场馆日常管理、成本折旧等所需要的巨额开支，各国政府通常采取承包管理（政府拥有场馆所有权，通过招标、谈判、协商、聘任后，将场馆的管理权和经营权在一定时期内移交给某一公司、社团或个人全权管理，场馆运作经费自足自支）、资本多元化的现代企业管理（政府以其场馆的投资作为股份，再吸纳其他社会资本进行融资扩股，作为场馆经营开发的后期投入，成立拥有场馆产权和经营权的独立的现代企业，一个独立的法人实体）等管理方式。[①] 体育赛事运营者通过支付场馆租金的方式与场馆经营主体签订一系列租赁合同以获得场馆以及附带的一些体

---

① 余惠清、张宏等：《浅析大型体育场馆的经营和管理》，《广州体育学院学报》2002 年第 3 期。

育设备、用品的使用权。这种交易属于市场的交易。

无论由政府部门提供的安保、交通等后勤服务，还是由市场主体提供的安保、交通还有诸如餐饮、医务、运输等大量的赛事后勤工作，体育赛事运营者通过支付薪酬的方式与工作团队所属部门或个人建立契约关系以换取工作人员的服务。其交易类型属于市场形式的买卖交易。

当然，在我们国家，大型体育赛事必须获得国家体育主管部门、地方政府的审批，赛事运营者提出承办权申请后，政府相关部门会根据该赛事对城市影响力的程度以及公共资源配置的情况决定是否给予批准，赛事运营者通过支付相应的主办费和保证金获得承办权，并签订一系列赛事承办合同。因为本研究讨论的是市场交易关系，而政府不属于市场主体，因此本研究不讨论承办权合同问题。

(二) 体育赛事运营者与消费主体间的交易关系

体育赛事产品及资源消费主体（现场观众、赞助商、媒体、博彩企业、使用赛事符号的企业等）与体育赛事运营者的交易关系见图3-5。其中体育赛事运营者处于网络的中心位置。下面分别讨论各种交易关系。

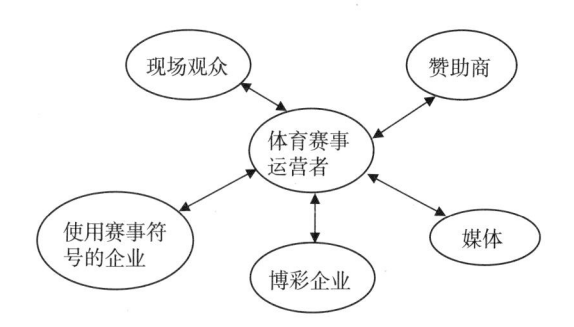

**图 3-5 商业性体育赛事运营者、消费者网络**

体育赛事的基础产品是竞赛表演，赛场内的现场观众是竞赛表演的重要消费群体，门票是观众进入赛场观看现场比赛的凭证，能否吸引到一定数量的现场观众，是赛事主办方获得经济利益并衡量赛事是否成功运作的关键因素之一（在我国，体育赛事的现场观众由两类人员组成，一类是通过购买门票的方式进入比赛现场的，另一类是通过获得赠票的方式进入比赛现场的）。消费者通过货币支付形式购买不同级别的门票获得进入比赛现场观看竞技表演的权利，从而达到娱乐的目的。门票的设计方案上规定了门票销售方和购买方的权利和义务。研究显示，门票销售情况的好坏不仅取决于比赛竞技水平高低，还受到赛事的娱乐功能、销售渠道、门票价格制定等诸多原因的影响，甚至社会环境中的各种经济、政治、文化等因素都会制约门票的销售情况。① 体育赛事运营者通常会花费大量的时间、精力进行市场调研，了解目标消费者的需求和购买心理，然后进一步制定门票的分类策略、销售时间和销售网点策略、定价策略以及门票的销售方式等。其中门票的销售方式一般有六种：①直接邮寄；②电话预订；③电视导购；④直接销售；⑤委托代理销售；⑥多种方法结合销售。② 赛事运营者与现场观众的这种交易属于市场的买卖交易。

商业性体育赛事还有一系列基础产品的衍生产品，包括广告权（包括球队冠名权、赛事冠杯权、赛事场地广告牌使用权、队服不同部位的广告使用权等）、转播权、符号特许经营权等（包括会徽、队徽、吉祥物、明星肖像权等的使用）。广告权的消费主体是各类赞助商。赞助商以货币、物资或服务通过产权交易的方式获得体育赛事运营者所让渡的各种使用权，以此作为再生产投入品实现提升企业品牌知名度、美誉度以及顾客对企业品牌的忠诚度等目的；体育赛事运营者通过出售这些权利来获取经济利益。体育赛事运营者与赞助商的交易方式主要有以下几种：①采用网站及发布会的形式公开征集；②向有意向并具备赛事赞助条件的企业定向征集；③采用拍卖的形式；④由政府牵线搭桥。其中前三项交易方式的类型都属于买卖交易，最后一种交易方式带有限额交易的性质。

电视转播权也是体育赛事基础产品的衍生产品。体育赛事电视转播权一般分为三个部分，即新闻报道权、赛事集锦权和赛事实况转播权。电视机构凡是播出 3 分钟以上的赛事画面，就要购买新闻报道权；集中播出 15 分钟以上的集锦画面，就要购买赛事集锦权；对赛事实况进行转播，就要购买赛事实况转播权。③ 媒体以支付电视转播费或提供相应等价的广告时段作为交换以契约的方式获得体育赛事电视转播权，体育赛事运营者通过出售电视转播权获取经济利益。在一个健全的环境中，质量高、观赏性强的赛事转播会吸引大量观众，观众收视率的提高又为电视台吸引了大

---

① 刘清早：《体育赛事运作管理》，人民体育出版社 2006 年版，第 107 页。
② 肖林鹏、叶庆晖：《体育赛事项目管理》，北京体育大学出版社 2005 年版，第 54 页。
③ 刘清早：《体育赛事运作管理》，人民体育出版社 2006 年版，第 107 页。

量的广告客户,而电视的介入使体育赛事本身得到更大范围的推广,又为赛事吸引了大量的赞助商。① 资料显示,2010年温网扣除各种开支后的利润高达3100万英镑,过去四五年间的平均盈利在2500万—3000万英镑,而其中大约一半的收入都来自将赛事转播权出售给世界各地的媒体,2011年全球共有185个国家和地区转播了该赛事,CCTV-5因为没有购买转播权,无权转播温网,但一些地方台如五星体育、北京体育台、广东体育台都从ESPN手中购买了温网的转播权。② 美国社会学者杰·克里(Jay Coakley)对体育和媒体二者之间的关系用了一个概括和形象的术语加以形容"共生关系"(symbiotic):"作为社会非常重要的组成部分,体育与传媒一直依靠着共同成长。没有彼此,他们可以存活,但不是现在这个样子了。"③ 尼尔森公司(调查电视节目收视率的公司)2010年3月2日公布的统计结果显示,美国全国广播公司(NBC)在对温哥华冬奥会持续17天的转播中,共有1.9亿美国人收看了NBC或其下属的有线电视频道,收看28日举行的冬奥会闭幕式的观众人数高达2140万人。NBC负责体育与奥运的高管迪克·艾伯索尔说,这再一次证明重大体育比赛对电视收视率所产生的拉动。④ 体育赛事运营者与媒体企业的交易方式主要有以下几种:①买卖双方相互协商购买;②广告置换;③招标;④集中销售;⑤中介机构委托代理;⑥"一揽子"计划等销售渠道及促销方式等。⑤ 以上几种方式都属于市场的买卖交易。

在我们国家,尽管一直以来赛事转播权受制于央视垄断,导致竞技体育大头的收入缺失,但人们也早已关注并开始努力争取体育赛事电视转播权的有偿转让。1994年的甲A足球联赛是我国签订的第一个大型体育赛事电视转播权的合同,中央电视台每年以每场比赛2分钟的广告形式支付大约56万元赞助款购得转播权;1996年南京电视台出资26万元人民币购得同年4月举行的4国女排邀请赛南京站比赛的转播权,成为国内地方台单独购买体育比赛转播权之先例;1997年在上海举办的第8届全运会

---

① 纪宁:《体育赛事的经营与管理》,电子工业出版社2004年版,第252页。
② 云南网:《央视难再现李娜收视盛况 地方台买下温网转播权》,http://news.yunnan.cn/html/2011-06/23/content_ 1680698. htm 2011-06-23 11:18:33。
③ 纪宁:《体育赛事的经营与管理》,电子工业出版社2004年版,第252页。
④ 田瑶、王跃:《对我国体育赛事电视转播权的分析与思考》,《网络财富》2010年第3期。
⑤ 纪宁:《体育赛事的经营与管理》,电子工业出版社2004年版,第252页。

是我国综合性运动会电视转播有偿转让的首次突破，以央视每播出 1 小时给 1 分钟广告形式，每天按播出 14 小时给 14 分钟广告时段的形式购得转播权；1998 年，四川省电视台以 58 万元人民币获得在成都举办的国际女子飞人挑战赛的国内独家电视转播权，这是国内首次采用招标方式有偿转让体育比赛电视转播权；1999 年，中国足协将 1999 年全国足球甲 A 联赛电视转播权分别以每场 14.1 万元人民币、15 万元人民币、2 万美元的价格转让给中央电视台、中国教育台、香港卫星电视台。① 直到 2014 年国务院 46 号文件的出台，在优化市场环境中明确提出了：放宽赛事转播权的限制，除奥运会、亚运会、世界杯足球赛外的其他国内外各类体育赛事，各电视台可直接购买或转让。自此，大量资本涌向体育市场，网络技术壁垒也被不断突破，催生了如腾讯、新浪、乐视、PPTV 等一大批新媒体的崛起。腾讯 5 年 5 亿元拿下 NBA 在中国的网络独家版权，PPTV2.5 亿欧元拿下西甲未来 5 年在中国的版权，体奥动力 5 年 80 亿元人民币拿下中超版权……中国赛事版权的价格在 2015 年一飞冲天，极大推动了体育赛事产业的发展。

博彩企业通过支付货币的方式获得将竞技表演作为博彩投入品的权利，从中获取经济利益。资料显示，2006 年德国世界杯期间，全球博彩公司支付了巨资购买赛事使用权，并在其再生产过程中获得了 100 亿欧元的赌球营业额。② 目前，我国体彩中心选定的受注赛事中，包括了英超、意甲、德甲、西甲、巴甲，也有世界杯、欧洲冠军杯、联盟杯、亚洲杯、亚冠联赛联合会杯、美洲杯等重大比赛。在我们国家，由于制度的因素，博彩企业还没有介入各种大型体育赛事，但地下博彩非常猖獗，很多赌博公司把赌博网站设在境外，赌徒们想要下注，有一套严格的程序，首先得从庄家那里拿到赌球的账号和密码，然后登录网站投注，再和庄家按照输赢结清赌资，就这样，一级级庄家和赌徒之间，形成了紧密相连的"金字塔"关系。网络赌球很隐蔽，很难监控。北京大学中国公益彩票事业研究所的调查显示，中国每年因赌博而流到境外的赌资，相当于全国福彩、体

---

① 汪全胜、戚俊娣：《体育赛事电视转播权转让的法律关系考察》，《武汉体育学院学报》2010 年第 7 期。

② Granovetter M. Economic action and social structure: theproblemof embeddedness, Am J Soc, 1985 (91): 481–510.

彩一年发行总额的 15 倍，也几乎等同于全国旅游业一年的总收入，超过 6000 亿元。①

体育赛事的符号特许经营权的消费主体是使用各类赛事符号的企业。体育赛事的符号特许经营是指体育赛事运营者与生产企业签订合同，授权生产企业在其生产和销售的产品上使用会徽、队徽、吉祥物、明星肖像权等标志，同时收取一定费用的合作经营行为。对于体育赛事运营方来说，体育赛事符号特许经营权的出售一方面能够宣传体育赛事，扩大体育赛事的品牌知名度，使赛事的影响力得到延伸，还可以为其带来可观的经济收入，是体育赛事主办方获得经济收益、减轻赛事经费压力的有效途径。赛事资料显示，美国橄榄球职业联盟（NFL）每年的体育标志产品销售可达到 3 亿美元。② 其中大型体育赛事发行的纪念品的生产和销售是一个重要的方面，体育赛事纪念品大致包括有赛事标志的衣服、背包、邮品、纪念币、吉祥物等。使用赛事符号企业以支付货币的方式获得赛事运营者授予的体育赛事符号特许经营权，并与之签订一系列产品生产、销售合同，赛事运营者和使用赛事符号企业由此均获得相应经济利益，这种交易属于市场的买卖交易。在一次性商业赛事举办过程中，出于成本、收益的考虑，赛事运营者往往较少关注符号特许经营权的商业开发，但在一些连续性的商业性赛事中，赛事方仍会关注符号特许经营权的开发，并使之成为赛事收入的一个重要部分。

基于上文对商业性体育赛事交易网络主体及资源结构的讨论，同时基于哈堪森的网络思想，以资源交易关系为线索可以构筑体育赛事交易网络结构，见图 3-6。如图所示，在"体育赛事投入品提供部门—体育赛事运营者—体育赛事产品资源消费部门"产业链上的交易网络中，存在着赛事运营者与投入品提供部门和赛事产品资源消费部门之间的一系列交易。体育赛事运营者与投入品的供给主体发生交易关系以获得所需要的各种生产要素；通过与竞赛表演产品及其若干衍生产品的消费主体发生交易关系实现体育赛事的经济价值。在该交易网络中，体育赛事运营者作为网络的中

---

① 人民网：《世界杯赌球大案背后：每年约 6000 亿赌资流向境外》，http：//finance. people. com. cn/GB/4597120. html，2006 年 7 月 17 日。
② 王晓曦：《论体育特许产品经营的市场营销价值及其与体育赞助的异同》，《价值工程》2010 年第 20 期。

心节点分别与各投入品的供给主体和产品的消费主体签订和执行一系列商业合同，建立不同形式的经济交换关系，以达到共赢的目的。

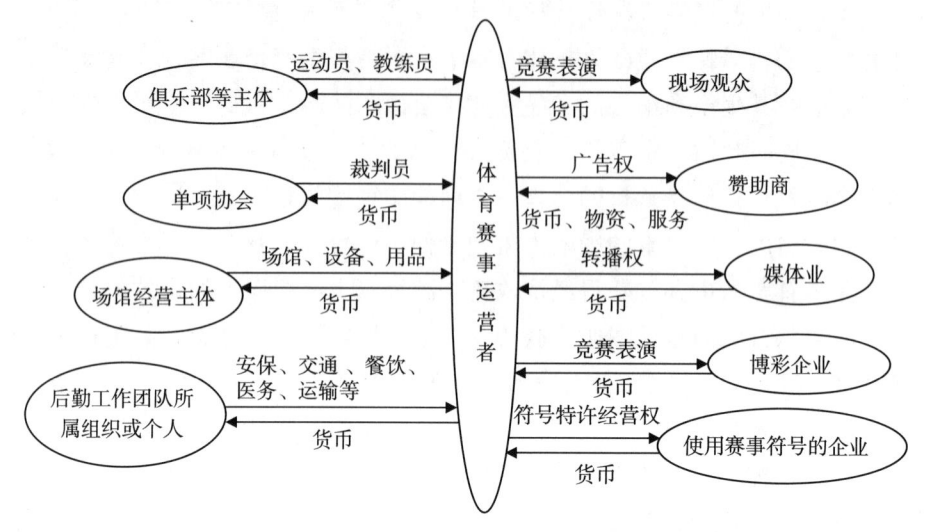

图 3-6　商业性体育赛事交易网络结构图

## 第二节　商业性体育赛事交易网络的结构特征

从系统的"要素—功能"理论来理解，系统的要素结构决定了系统功能及潜在能量。下面我们从网络的整体性角度分析体育赛事交易网络的结构特征。

### 一　网络的高中心性和低密度性

体育赛事交易网络是个典型的旗舰型网络，该类网络表现为明显的高中心性特征。网络分析中，网络中心性表征的是整个网络的集中或集权程度，即整个网络围绕一个点或一组点来组织运行的程度，被当作描述整个网络的结构变量之一。[①] 图 3-6 显示，体育赛事运营者就像一个舰队的旗舰，占据着整个网络的中心位置，直接与众多投入品参与主体和产品消费

---

① 王剑锋:《创新网络的结构特征对集群创新影响的理论与应用研究》，硕士学位论文，成都电子科技大学，2007 年；Pfeffer J, Salancik G R. The External Control of Organ-ization: A Resource Dependence Perspective. NewYork: Harper & Row, 1978: 1–80。

主体形成各类交易关系，在整个网络中具有重要的支配作用。同时，该网络也表现为明显的低密度性。密度指的是网络中各参与主体之间连接对的数目与网络中所有可能连接对的比例，用来衡量一个网络中各个节点之间连接的紧密程度。尽管体育赛事交易网络有众多的参与主体，但它们都是与体育赛事运营者发生直接的经济联系，彼此间不发生直接经济关系，网络所表现出来的这种稀疏性现象体现了体育赛事交易网络的低密度特征。与一般的企业集聚网络的非中心化特征以及密集和稀疏网络相结合的特征相比较，[1] 体育赛事交易网络表现为接近科层的管理体制形式以及由低密度带来的信息不流畅和不对称，这些将大大地增加赛事生产过程中双方的机会主义行为，进而增加赛事运营的交易成本。

## 二　网络的半开放性和松散型

体育赛事交易网络的半开放性表现为该网络形成时的开放性和网络形成后的封闭性特征。一方面，由于网络中各参与主体之间的关系主要以产权交易为基础，故在符合体育赛事的基本规格要求的前提下，各参与主体可以通过价格协调的方式自由作出双向的交易选择。因此，在网络形成的过程中呈现开放性特征。另一方面，在网络中大部分参与主体间的经济关系确立后，就形成相对稳定的网络结构，由此认为此时的体育赛事网络又呈现了封闭性特征。同时，该网络也表现为松散型的特征，主要体现为各参与主体经济关系的短期性。由于网络中各种参与主体间的经济关系以产权的市场交易为基础，赛事结束则不同契约自动解体，故在确定下次赛事生产时，需重新寻找各种商业关系伙伴。体育赛事交易网络的这种特性与一般产品生产的企业网络有很大的区别。一般来说，一般产品生产的企业网络通常以学习型组织、战略联盟、外包、系列制、虚拟化、集群化等形式建立，其关系往往具有指向性和长期性。[2] 科莱温斯（D. W. Cravens）等将体育赛事这种具有松散型特征的网络称为"空心网络"，该种类型的网络内企业间关系的建立主要以市场交易为基础，并非以联盟形式出现，

---

[1] 邵云飞等：《基于网络视角的产业集群创新》，成都电子科技大学出版社2008年版，第141页；盖文启：《创新网络——区域经济发展新思维》，北京大学出版社2002年版，第61页。

[2] ［意大利］安娜·格兰多里：《企业网络：组织和产业竞争力》，中国人民大学出版社2005年版，第7页。

更多地依赖其他的组织和个人，以便完成多功能服务，网络成员间的信任关系需要在反复的交易中逐渐形成。[1] 与一般的企业集群网络的开放性和长期性特征相比较，[2] 商业性体育赛事交易网络因其大部分经济关系确立后的封闭性特征使得行为主体间的机会主义行为大大增加，譬如，当赛事在某一城市举办的申请得到国家体育总局和地方政府的审批，即赛事基础合同签订后，如果当地只有一家适用的比赛场馆，场馆经营主体会利用自己的优势向赛事运营者"敲竹杠"。[3] 同时，因其松散型的特征，使得各行为主体间难以建立信任关系，从而增加赛事生产过程中双方的机会主义行为，进而增加赛事运营的交易成本。

## 三 网络的非地域根植性

体育赛事交易网络内的一些重要生产要素具有较大的流动性，表现为网络的非地域根植性特征。地域根植性指的是企业对特定区域环境（如历史文化、价值观念、风俗、隐含经验类知识、关系网络等）的依赖关系。[4] 具有强烈地域根植性的企业集群，能够发挥经济网络和社会网络的双重效应，一方面，网络内各种企业之间由于地理上的集聚，能够通过"知识共享"机制和"相互信任"机制，降低交易过程中的谈判成本、监督成本，抑制机会主义行为，从而降低交易成本，放大经营绩效；另一方面，由于根植于地域社会关系网络中，能够得到来自区域政府组织、金融机构、中介组织、民间组织、研究机构等的支持性服务，构建区域创新网络，获取社会资本，从而使企业集群获得竞争优势。[5] 在体育赛事的生产过程中，除了竞赛场地、通信设施、交通条件等区域存量要素外，还有大量的运动员、裁判员、赛事经纪人以及各类相关的技术人员，这些生产要素是高流动性的，世界上没有任何一个区域同时具有结构完备的高质量存量生产要素。[6] 因此，商业性体育赛事交易网络中的大部分人力资本要

---

[1] 转引自王大洲《企业创新网络进化和治理》，知识产权出版社 2006 年版，第 10 页。
[2] 盖文启：《创新网络——区域经济发展新思维》，北京大学出版社 2002 年版，第 61 页。
[3] 李南筑等：《体育赛事经济学》，复旦大学出版社 2006 年版，第 109 页。
[4] 张旺军：《基于社会交易网络的长三角区域经济发展》，《经济地理》2008 年第 4 期。
[5] 同上。
[6] 丛湖平、罗建英：《体育赛事产业区域核心竞争力——一个理论假设构架的提出》，《体育科学》2007 年第 10 期。

素，可能来自世界各地，具有不同的文化背景，这种非根植性的特征与新产业区、集群化网络所具有的强烈地域根植性的特征有明显的差别，体育赛事交易网络这种非根植性特征，使得赛事运作过程中将产生大量的机会主义行为以及不确定性，进而增加交易成本。

## 四 网络的复杂性

体育赛事交易网络的复杂性体现为交易关系的多样性、依赖性和互补性。在体育赛事的商业运作过程中，涉及众多的参与主体，而且来源复杂。一方面，由于商业性体育赛事的生产需要大量的生产要素，赛事运营者需要通过市场交易获得这些生产要素，就必须分别与这些生产要素的所有者发生大量的交易行为；又由于生产要素的属性不同（人力资源、物质和服务等），因而与这些要素拥有者的产权交易形式也不尽相同；另一方面，体育赛事不仅仅提供观赏服务，还包含由基础产品所衍生的多类无形资产，赛事运营者不仅与观赏类消费者（这些众多的消费主体可能来自世界各地，具有不同的文化背景）发生交易行为，也要与各类企业就广告牌使用权、冠名权、电视转播权、符号使用权等形成诸多交易行为。这就决定了体育赛事无论投入品提供者网络还是消费者网络都具有大量的、多样性的交易关系。

同时，体育赛事交易网络内大量的交易关系之间相互依赖、功能互补。如体育赛事的承办合同一经签订，就必须签订运动员、比赛场地、门票销售等一系列合同，否则比赛就不能举行；赛事的承办地合同签订后俱乐部会根据承办地相关情况签订运动员合同；媒体会根据运动员合同、赛事承办地合同跟赛事运营者签订电视转播合同；赞助商会根据明星运动员签约情况、媒体的电视转播签约情况决定其赞助的价格。总之，体育赛事交易网络内这种相互制约、相互影响的经济关系决定了该网络的复杂性，而这种复杂性特征使得赛事运营者将承担巨大的风险，从而使得运营过程中可能产生更多的交易成本。因为一旦赛事交易网络中任何一个节点出现违约行为，都将影响赛事运营者与其他参与主体间的经济关系，甚至使得赛事最终流产。如由唐·金拳击推广公司与中国长城体育公司牛立新共同策划，原定于8月5日在北京举行的"长城之战"，由于唐·金的毁约，使得赛事最终流产，同时也使得赛事运营者长城体育公司面临与各种商业合作伙伴、门票持有者、中国报界等方面的强大压力，甚至付诸法律。①这是一个典型的耗费了大量交易成本、最后被迫流产的商业性体育赛事。

## 小　　结

　　本章节选择了规范研究的范式，运用网络的观点和分析方法，在上文对体育赛事相关研究成果以及网络理论及其相关研究成果进行辨析的基础上，从"产业经济学"的角度提出商业性体育赛事交易网络的定义；继而按投入—生产—产出的业务活动结构，并根据相关网络理论和体育赛事的属性，构建了商业性体育赛事交易网络结构；最后提炼了该网络的特征。研究认为，在商业性体育赛事交易网络中，体育赛事运营者作为网络的中心节点分别与各投入品的供给主体和产品的消费主体签订和执行一系列商业合同，建立不同形式的产权交易关系；该网络具有高中心性和低密度性、半开放性和松散型、非地域根植性、复杂性等特征，与一般的企业集聚网络相比，商业性体育赛事生产过程中可能产生更多的机会主义行为以及不确定因素，进而增加交易成本。由此，如何通过契约关系的安排优化网络，进而降低交易成本，是下一章节讨论的问题。

---

① 卢荡：《拳王争霸赛一拖再拖　球迷退票未果可能诉诸法庭》，北京青年报，http://sports.sina.com.cn/o/2001-10-19/19194339.shtml。

# 第四章

# 商业性体育赛事交易网络的契约关系

本书第三章我们基于哈堪森的三要素（行为主体、资源和活动关系）网络思想，构建了商业性体育赛事交易网络的结构；进一步在此基础上讨论了网络的特征。认为与一般的企业集聚网络相比，商业性体育赛事生产过程中可能产生更多的机会主义行为以及不确定因素，进而增加交易成本。从经济学的"有限理性经济人"假设和"成本—收益"理论来理解，任何体育赛事运营者在提供商业体育赛事产品时均以"利益最大化原则"为其目标函数，如何能够最大限度地降低赛事运营者与众多的投入品提供者以及赛事产品的消费者在各种产权交易过程中的交易成本以提高赛事的收益必定是赛事运营者所要考虑的。从网络的角度考虑，商业性体育赛事交易网络在很大程度上是体育赛事展现其商业价值的重要内容，那么该如何优化该网络从而降低交易成本？

从上文研究所知，商业性体育赛事交易网络是由很多投入品供应商、赛事运营者以及很多体育赛事各类产品的购买者（包括体育竞赛表演的观赏者和将体育赛事各类衍生资源作为其再生产投入品的生产部门）之间的交易关系组成的客观事实，但当试图以现有的区域产业网络理论解释上述网络关系时，便会发现这些网络理论难以解释体育赛事交易网络的规律。现有的区域产业网络理论基本是针对在地理空间上集聚的关联产业，以物品运输、区域企业文化学习、合作建立的信任等作为降低交易成本的主要变量，以实现范围经济、提升核心竞争力的线索解释网络运行关系和机制。然而，体育赛事的交易网络没有地域空间集聚的特征，网络内一些重要生产要素具有较大的流动性，表现为网络的非地域根植性特征；尽管体育赛事交易网络有众多的参与主体，但它们基本上都是与体育赛事运营者发生直接的联系，彼此间不发生直接经济关系，表现为网络参与者合作的紧密程度相对较低的特征；同时，上下关联企业尽管有物品交易，但大量的是无形资产交易，故时空因素的运输成本并不是降低交易成本的主要因素；另外，体育赛事交易网络还表现为经济关系的短期性等特征。这些现象明显说明了商业性体育赛事交易网络存在着其区别于一般企业网络的诸多特征。基于上述考虑，本章节试图在上文研究的基础上，依托企业网络理论，提出降低商业性体育赛事交易网络交易成本的主要变量，即网络契约关系结构。在本章节中，研究首先讨论了商业性体育赛事交易网络的交易成本及产生原因；进一步给出了降低商业性体育赛事交易网络交易成本的契约关系结构，分别对契约关系结构中的正式契约和非正式契约降低交易成本的作用机制进行了讨论。

## 第一节 商业性体育赛事交易网络的交易成本及产生原因

该部分首先讨论了商业性体育赛事交易网络契约关系的实现目标，进一步对交易成本的产生原因进行了分析。

### 一 商业性体育赛事交易网络契约关系的实现目标：降低交易成本

新古典经济学在完全信息和完全理性的假设框架下将企业的成本限定为生产成本，但在现实生活中，这种市场是不存在的，人是有限理性的，合约是不完美的，信息也是不完全对称的，人们为了获取信息需要消耗时间和资源。因此，科斯在1937年发表的论文《企业的性质》中首次提出了交易费用的存在问题，指出市场不是万能的，它的运行是有成本的。自此，生产成本和交易成本一样真实并且重要的观点得到了人们的认可。

那么，如何降低交易成本？交易成本经济学将每次交易看作一种契约，在交易成本为正的世界中，人们会在相应的局限条件下选择不同的契约安排来减少交易成本，但由于人的有限理性和机会主义，人们在交易活动中不可能预见到未来的各种状况，因此契约天然是不完全的，需要由某种治理结构来解决不完全契约下交易成本的降低问题。威廉姆森（Williamson，1975）在《交易费用经济学：契约关系的规则》一文中指出，交易的不确定性、交易频率和资产的专用性高低程度不同，与之匹配的治理结构也不同,当三个变量较低时,与之匹配的是体现古典契约关系的市场治理结构;当三个变量较高时,与之匹配的是科层组织的统一治理结构。威廉姆森认为,针对不完全竞争市场中的失灵现象,企业往往通过资源的内部化战略,形成一体化等级组织,来减少交易发生的次数,降低不确定性和机会主义的产生,从而降低交易成本。① 但随着企业的内部化程度的加深,又容易形成等级组织,这会增加管理成本,而且会降低知识、信息等要素的流动速度及其正确性,减少创新的机会。② 所以,随着生产专业化程度的提高,企业已不再单纯地把所有与自己相关的业务都一体化,而是将其他相关企业视为自己的外部组织,并与之发生经济联系,这些企业仍是独立的经营法人,有独立的财产和利益,从而保留市场对其提供的高强度激励、约束和灵活性。这样,网络组织既利用了市场的优势,又在一定程度上享有一体化组织的规模经济和范围经济,还避免了一体化组织过高的管理和协调费用,从而降低了组织运行的总费用。③ 于是,传统的企业和市场的二层次分析框架已不能完整地解释这种新的产业组织状况,在企业和市场之间,还有很多中间状态,在这种状态中,企业间的合作大量存在,资源的配置既非完全通过价格实现,也非完全通过权威,而是两者之间相互联结和渗透,最终导致企业间复杂多变的网络结构和丰富的制度安排(理查德森,1972;威廉姆森,1975;青木昌彦,1984)。

事实上,随着在市场和企业之间的中间性组织网络的大量出现,威廉姆森(1985)也承认市场和企业二分法的局限性。威廉姆森从交易的不确定性、交易频率和资产的专用性方面解释了经济活动的规制结构,认为当三个决定因素较低时,与之匹配的是体现古典契约关系的市场治理结构;当三个变量较高时,与之匹配的是统一治理结构(科层组织),而处于这两者之间的则是双边的、多边和杂交的中间组织形态。④ 他从新制度经济学的角度,以交易成本作为分析的基本单位,认为网络是介于市场交

---

① Williamson O. E. Transaction-Cost Relations, Journaloflaw and Economics, 1979 (22).

② 刘健、许卡佳:《区域创新网络的理论基石及其逻辑演进》,《中共中央党校学报》2006年第2期。

③ 郭劲光:《企业网络的经济社会学研究》,中国社会科学出版社2008年版,第47页。

④ 王缉慈:《创新的空间——企业集群与区域发展》,北京大学出版社2001年版,第72页;Williamson O. E. The economic institutions of capitalism: Firms, markets and relational contracting. New York: Free Press, 1985.

易与层级组织之间的一种组织形式,是企业与市场相互作用与相互替代而形成的企业契约关系或制度安排。网络比企业组织和市场结构更有利于节省交易费用。① 进一步,威廉姆森在阿罗的基础上进一步发展了交易费用的思想,认为"交易费用是经济系统运转所要付出的代价或费用",包括两部分内容:一是事先的交易费用,即为签订契约、规定交易双方的权利、责任等所需要花费的费用;二是签订契约后,为解决契约本身所存在的问题,从改变条款到退出契约所需要花费的事后交易费用。② 格兰多里教授研究认为,威廉姆森所提出的事前交易成本包括那些搜寻拥有资源的交易方所花费的成本,因为这无法在单个公司的边界内有效地进行。在对要求达到质量标准以及可能的最低成本的所需商品的搜寻过程中,一家公司寻找可靠供应商的过程可能产生相当大的成本。③ 大量的研究表明,交易成本经济学的研究者将这些搜寻成本都归为交易成本。

交易费用很难度量已经成为一个公认的事实,这也是交易成本分析数十年被冷落的原因。但科斯认为,交易费用是经济组织研究的核心,应当以比较制度的方法进行研究。威廉姆森进一步拓展了交易成本分析的可操作性。他坚信:"说到交易成本的计算问题,其困难也不像初看上去那么大,因为只要比较哪个大、哪个小就行,不一定非要算出具体数据来。"也就是说,只要通过比较交易成本的大小,就能得出相应的治理结构的优劣。④

涉及体育赛事的交易网络,上文研究表明,该网络由体育赛事运营者、体育赛事各投入品提供部门、体育赛事产品资源的各消费部门三大类行为主体组成,它们分别拥有不同的资源,体育赛事运营者需要与投入品的供给主体发生交易关系以获得所需要的各种生产要素;需要通过与竞赛表演产品及其若干衍生产品的消费主体发生交易关系以实现体育赛事的经济价值。从体育赛事交易网络复杂性的特征可以看到一场体育赛事的举办

---

① Williamson, O. E. The economic institutions of capitalism: Firms, markets and relational contracting. New York: Free Press, 1985.

② 卢现祥:《西方新制度经济学》,中国发展出版社 2003 年版,第 5 页。

③ [意大利] 安娜·格兰多里:《企业网络:组织和产业竞争力》,中国人民大学出版社 2005 年版,第 280 页。

④ 王国顺、周勇、汤捷著:《交易、治理与经济效率——O. E. 威廉姆森交易成本经济学》,中国经济出版社 2005 年版,第 72 页。

包含了大量的不同形式的产权交易，需要支付大量的交易费用。上海体院有关学者的研究显示，不包括事后的履约和执行阶段的费用（弹性大、不确定性大，难以估计），赛事的交易费用占总成本15%—30%，如一场非国际性顶级球员在国内比赛的总成本大约是400万元人民币，交易费用在60万—120万元。① 如何通过优化该交易网络的质量降低各类市场主体经济交易过程中的交易成本、提高赛事的经济收益，是赛事运营者也是其他各类市场交易主体所努力追求的。本研究依托威廉姆森交易费用的思想，结合李南筑等学者对体育赛事交易费用具体内容的研究，认为商业性体育赛事的交易成本是指赛事运作所发生的费用，是投入生产要素以外的成本，可以分为四个阶段，第一阶段是搜寻信息的成本。要进行一个具体的赛事生产，赛事运营者必须搜寻愿意与他进行交易的那些合作对象，这种搜寻的过程不可避免会产生费用，主要包括通信费、差旅费、调研费及从事契约准备工作的人员工资等。第二阶段是签订协议的成本。这类费用是指签约时相关各方就合约条款谈判和协商必须支付的费用，包括为起草契约、完备契约条款和保证契约执行而支付的讨价还价成本和决策成本，主要包括律师费、公证费、中介费、担保费、保证金，也包括销售代理费等。第三阶段是履约和执行阶段的费用，也叫监督成本。这些费用的产生是因交货时间需要监督、产品质量和数量需要度量等，主要包括监督契约履行而支付的监督和纠偏费用。第四阶段是违约成本。指违约时需付出的事后成本。② 由于监督和执行存在高昂的费用，所以机会主义造成的违约行为在某种程度上是不可避免的。

## 二 商业性体育赛事交易网络交易成本的产生原因

新制度经济学的代表人物威廉姆森认为交易费用的存在主要取决于以下三个因素：不确定性、机会主义、资产专用性。③ 另外还有学者认为威廉姆森思想中交易费用的存在还包括人的有限理性、交易频率等因素。④ 库普曼斯把不确定性分为两类：一是原发的不确定性，指的是由于自然无

---

① 李南筑等：《体育赛事经济学》，复旦大学出版社2006年版，第40—142页。
② 同上。
③ 朱琴芬：《新制度经济学》，华东师范大学出版社2006年版，第117—124页。
④ [美] 威廉姆森：《经济组织的逻辑》，载《企业制度与市场组织》，上海三联书店1996年版，第70页。

序行为和无法预测的消费者偏好的变化造成的不确定性；二是继发的不确定性，即由于缺乏信息沟通，使一个人在做出决策时，无从了解其他人同时也在做出的决策和计划所带来的不确定性。① 威廉姆森认为上述不确定性可以归纳为以下几种：①市场的不确定性。指的是商品的品质、种类、交易对手、供求双方的结构以及商品的价格是不确定的。②知识供给的不确定性。表现为人类掌握知识的有限性以及人的主观心理变化等方面。③对事物评介的不确定性。为了减少这类不确定性对人类造成的影响，人们就追求一种"确定性"，而追求"确定性"就会产生交易成本。

机会主义描述了"狡诈地追求利润的利己主义"，威廉姆森认为，"机会主义"是指信息的不完整或受到歪曲的透露，尤其是旨在造成信息方面的误导、歪曲、掩盖、搅乱或混淆的蓄意行为，它是造成信息不对称的实际条件或人为条件的原因，这种情况使得经济组织的问题大为复杂化了。② 由于人的利己行为，在签订契约时，可能会隐瞒重要的信息而使交易一方关于一项潜在的交易所具有的信息少于另一方所具有的，表现为信息的事先不对称，阿克尔洛夫把这种情况称为"逆向选择"的一种。在契约的执行阶段，可能借故不可抗拒的意外原因，迫使对方谅解，以谋取利益；在契约执行发生纠纷时，有可能寻找"后门""关系"，千方百计地贿赂契约执行的监护人，以种种理由"判"对方失约。后面这两种情况表现为信息的事后不对称。阿罗将这种情况称为"道德风险"。人们的机会主义本性增加了市场交易的复杂性，影响了市场的效率。交易双方不但要保护自己的利益，而且随时要防范对方机会主义的行为，甚至要防范同行的侵权行为，因此，交易过程中发生在商检、公正、索赔、防伪中的费用就会增加。③ 机会主义通常是由经济人的有限理性、外部经济效应和信息不对称引起的。④

资产的专用性是指"在不牺牲生产价值的条件下，资产可用于不同用途和由不同使用者利用的程度"。一项资产的专用性与这一资产用于其他用途或由不同使用者利用时其生产价值的损失程度成正比，损失程度很大

---

① [美]威廉姆森：《资本主义经济制度》，商务印书馆2002年版，第85页。
② 卢现祥：《西方新制度经济学》，中国发展出版社2003年版，第6—18页。
③ 同上。
④ 朱琴芬：《新制度经济学》，华东师范大学出版社2006年版，第117—124页。

时，为专用性资产，它是为特定交易或协议服务而投入的耐久性资产，若资产的专用程度高，则对方毁约会给资产所有者造成较大的成本损失，也就是说，用途的改变将使专用性资产投资的生产性价值大为降低。因而，资产的专用性越强，"捆绑"效应就越强，退出损失就越大，潜在的需要克服的交易成本也就越大。这种成本主要体现为事后修正合约及讨价还价的成本。资产专用性可分为几种类型：场地专用性、物质资产专用性、人力资本专用性、专项资产专用性、品牌资本专用性以及临时专用性等。①

阿罗认为有限理性就是人的行为"即是有意识地理性的，但这种理性又是有限的"。诺思认为，人的有限理性包括两个方面的含义，一是环境的复杂性，在非个人交换形式中，由于参加者很多，同一项交易很少重复进行，所以人们面临的是一个复杂的、不确定的世界，而且交易越多，不确定性就越大，信息也就越不完全；二是对环境的计算能力是有限的，人不可能无所不知。② 正是由于人的有限理性、世界的不确定、信息的不全面，使得人们在搜寻拥有资源的可靠交易方时需要花费相当大的成本。同时，也使得人们在交易过程中所签订的契约是不可能完全的，契约的不完全增加了缔约人违约的可能性，由于契约是不完全的，随着时间的推移，当事人会不可避免地根据变化了的信息提出新的条款，对原始契约进行事后再谈判，不断调整契约内容，从而达成再协商契约，这就不可避免地导致了对于契约的多次变动成本。③ 交易频率越高，交易费用越大。

涉及商业性体育赛事，根据商业性体育赛事交易网络的特性，我们认为，威廉姆森认为造成交易费用的不确定性、机会主义、资产专用性同样也是引起商业性体育赛事交易成本的三大主要因素。人的有限理性因素所引起的交易成本可以体现在不确定性和机会主义所引起的交易成本之中，对商业性体育赛事的生产来说，尽管交易关系复杂多样，但对某一次赛事来说，每种交易都可以是一次性的，所以可以忽略交易频率这个因素。

商业性体育赛事的不确定性主要表现为由于人的知识供给、有限理性所引起的对信息把握不全、不对称引起的不确定性和因时间、地点、参赛

---

① 刘英、钱永坤：《基于节约交易成本的纵向关系选择理论》，《中国集体经济》2009年第8期。
② 卢现祥：《西方新制度经济学》，中国发展出版社2003年版，第5页。
③ 刘英、钱永坤：《基于节约交易成本的纵向关系选择理论》，《中国集体经济》2009年第8期。

运动员受到种种因素的影响而导致产品价格的不确定。如 2009 年的曼联亚洲行 2009——中国杭州站，临比赛前曼联将最具票房号召力的 C. 罗卖给了皇马，使得赛事运营方制作的大批广告全部作废，同时，不仅严重影响了票房的收入，而且也面临着球迷退票的威胁；机会主义主要表现为赛事运营者与各赛事参与主体签约前的"逆向"选择和签约后的"道德风险"等现象；资产专用性主要表现为比赛场地、人力资本、基础契约（签订了一个契约，必须签其他一系列契约，否则赛事举办不了，承担违约的责任）的专用性，在赛事运作过程中，专用性投资基本完成，表现为场馆大多已经建成，主要人力资源的专业训练已经完成，因此，本研究不考虑资产专用性引起的交易成本问题，主要讨论由赛事的不确定性和机会主义行为带来的交易成本问题。

  商业性体育赛事交易过程中将产生大量的交易成本。如上文所示，体育赛事交易网络的复杂性体现为交易关系的多样性、依赖性和互补性。赛事运营者在作出交易决策前需要获取大量的有关可合作对象的基本信息，包括参赛选手的运动水平、参赛条件和要求、比赛场地的选择和租赁情况、潜在赞助商的意向、消费者对赛事的喜好程度及门票的承受能力、电视等媒体的合作意向等，由于存在市场、知识供给、事物评价等方面的不确定性，人们通过很多努力所获取的信息也通常是不完全、不对称的，最优信息的获取需要赛事运营者支付大量的包括通信费、差旅费、调研费、经纪人费等各种费用，同时由于资产专用性和机会主义的存在，使得赛事交易双方在契约执行过程中可能产生无穷无尽的讨价还价成本。李南筑等学者的研究中列举了几种涉及体育赛事交易成本的经济现象：①涉及政府机关的赛事审批权时，政府机关具有在双重目标下进行赛事公共资源分配的权利，同时也可能会造成"寻租行为"，这样，赛事承办方为了设法减小审批风险的不确定性而大幅提高交易费用；②基础契约签订后，当一主体成为唯一的供给者时，会利用自己的市场优势"漫天要价"，如赛事承办契约签订后，当地只有一家合适的球场，球场的拥有者便可以"敲竹杠"，为了避免这种局面的发生，赛事承办方需要付出大量的交易成本；③可以表现为"如契约未写明，就派后备队员上场，如果写明了就尽量减少主力球星上场时间，或即使上场也不卖力"等"道德风险"现象。[①]

---

  ① 李南筑等：《体育赛事经济学》，复旦大学出版社 2006 年版，第 6 页。

# 第四章　商业性体育赛事交易网络的契约关系

　　由唐·金拳击推广公司与中国长城体育公司牛立新共同策划，原定于 2001 年 8 月 5 日在北京举行的"长城之战"霍利菲尔德 VS 鲁伊兹拳王争霸赛，是一个典型耗费了大量交易成本的商业赛事。从双方确立比赛契约到该赛最终于 12 月 15 日在美国举行，导致赛事流产，其间唐·金多次出尔反尔，将牛立新玩于股掌之中。最初唐·金称因鲁伊兹"受伤"将比赛推迟至 11 月 24 日，但在 10 月 3 日，唐·金宣称因"9·11"恐怖袭击事件，美国政府警告美国居民"境外旅行必须慎重"，考虑到工作人员的安全，该拳王争霸赛"只好"改在美国本土举行。在长城公司不惜"对簿公堂"的积极抗争下，唐·金于 10 月 5 日晚被迫口头承诺恢复在京举行比赛。当牛立新等在中国积极为比赛准备的时候，美国媒体又爆出消息，称比赛已延期至 12 月 15 日在美国进行，唐·金已将比赛转播权卖到了 983 万美元。这时的唐·金仍再三澄清比赛一定会于 11 月 25 日在北京举行，但最终事实证明美国爆出的消息是正确的。这场几经反复的争霸赛对于长城公司的老总牛立新可以说是一个噩梦，牛立新称：HBO 公司和唐·金没有谈好最后的价钱，影响了唐·金公司的利润才是导致其毁约的根本原因。"但我真没想到他能这么钻我空子，瞅见契约上没规定具体日期就可以跟我今天拖明天"。为准备该世界顶级拳赛，长城体育在前期运作中投入了大量的人力、物力和财力，达 500 万美元，由于赛事流产，这笔钱基本赔进去了，同时也使得长城体育公司面临来自商业合作伙伴、门票持有者、中国报界等方面的强大压力，甚至被付诸法律。[①]

　　这个案例中，明显表现出中国长城体育公司在组织该赛事之前对唐·金其人、赛事产品的价格、国内商业体育市场环境等信息的把握不全；以及对以狡猾、精明、冷酷无情而又反复无常著称的唐·金一而再、再而三表现出的机会主义行为的不能及时把握；加上牛立新等花了大量的人力、物力和财力所形成的人力资本的"套牢"，这些都大大增加了该赛事的交易成本。

---

① 卢荡：《拳王争霸赛一拖再拖　球迷退票未果可能诉诸法庭》，《北京青年报》2001 年 10 月 19 日。

# 第二节 商业性体育赛事交易网络的契约结构及作用机制

据上文研究所知，商业性体育赛事交易网络的交易成本主要是由不确定性、机会主义等因素引起的，而网络是节省交易成本的一种重要组织形式。那么体育赛事交易网络是通过何种要素影响不确定性、机会主义等因素从而达到降低交易成本的目的的？很多研究表明，在网络的形成及优化过程中，有很多要素会起作用，其中正式契约和非正式契约是重要的两大方面。论文该部分试图从该两方面构筑商业性体育赛事交易网络的契约关系结构。如图4-1所示，本研究提出正式契约和非正式契约是体育赛事交易网络契约关系结构中的两大主要要素，在赛事产权交易契约这种正式契约和社会资本这种非正式契约的共同作用下，赛事交易网络中各种产权交易关系的交易成本得到有效控制。下面我们首先分别讨论正式契约和非正式契约降低交易成本的作用机制，进一步讨论正式契约和非正式契约的关系，最后给出商业性体育赛事交易网络的契约关系结构。

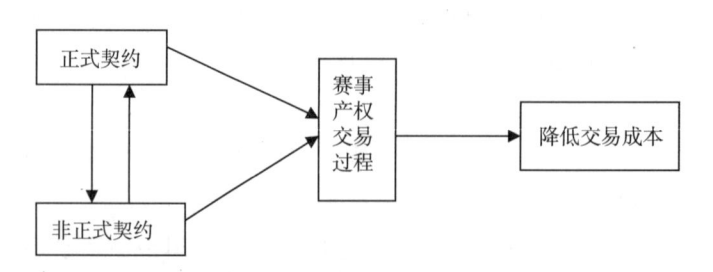

**图4-1 商业性体育赛事交易网络契约关系的作用机制**

## 一 正式契约降低交易成本的作用机制

正式契约在降低商业性体育赛事交易成本中起着基础性的作用。制度经济学认为，商品的交换实际上是产权的交换。当一种交易在市场中议定时，就产生了两束权利的交换，正是权利的价值决定了所交换的物品的价值。[①] 正式契约指的是赛事运营者和投入品提供主体、产品消费主体买卖双方之间签订的产权买卖成交契约，即赛事产权交易契约。契约是一项协

---

① 卢现祥：《西方新制度经济学》，中国发展出版社2003年版，第154页。

议，即两个愿意交换产权的主体根据他们自己的行为达成相互之间的承诺：双边协调的安排。一方可以是希望出让完全的财产所有权（销售契约），也可以是希望出让在一段有限时间内拥有和使用财产的权利（如房贷、出租或雇佣契约）；另一方可以是需要该财产或财产的使用权，并按常规支付一定数量的货币，[①]在体育赛事交易中还可以表现为等量的物资和服务等。如图3-6商业性体育赛事交易网络结构图所示，一项商业性赛事的产权交易契约是由一系列不同的产权交易契约构成，主要包括场地租赁契约、运动员教练员契约、裁判员契约、安保交通医务运输等各种后勤契约、门票销售契约、赞助契约、转播契约、特许符号经营契约等。如2003年的"皇马中国行"，在高德公司从亚洲体育发展公司手里以150万欧元的价格获得承办权以后，首先与红塔集团签订了皇马中国行的冠名权协议及在红塔基地的训练接待合租事宜；随后马上与健力宝等国内几家足球俱乐部商议组建"中国龙之队"的参赛事宜，最终敲定赛事的日程安排、出场费等；还与北京数家商业财团商议了赛事赞助事宜。除此以外，高德公司就皇马中国行赛事的制定产品使用权、指定服装赞助品牌、皇马集团肖像使用权、"2003年皇家马德里中国之旅"标志使用权和指定产品权，以及球星登长城独家冠名权（与七匹狼）等悉数拍卖，福建七匹狼实业股份有限公司独家获得"本次活动指定服装"资格；北京饭店被定为"唯一指定酒店"；新浪网夺得"唯一指定官方网站"名义。"2003年皇马中国行"引起了世界媒体的空前关注，包括法新社、路透社、美联社、塔斯社在内的300多家国外媒体来到赛场，20多个国家的电视台直播了比赛实况，CCTV-1、CCTV-2、CCTV-5、CCTV-9、新华社、《人民日报》等国内众多主流媒体对此次活动进行了大篇幅的报道，创造了单场体育比赛媒体报道的纪录。[②]

契约具有制度的特性，诺思指出，制度是一种社会博弈规则，是人们所创造的用以限制人们相互交往的行为框架，制度在社会中的主要作用，是通过建立一个人们互动的稳定（但不一定是有效的）结构来减少不确定性，从而降低交易成本。[③] 正式商业契约的签订，是合作双方讨价还价

---

[①] 国彦兵：《新制度经济学》，立信会计出版社2006年版，第238页。
[②] 马铁：《体育赛事经纪》，中国经济出版社2007年版，第160—161页。
[③] 卢现祥：《西方新制度经济学》，中国发展出版社2003年版，第34页；[美]诺思：《经济史上的结构和变迁》，上海人民出版社1994年版，第25页。

的产物，标志着赛事的产权交易双方从法律意义上确定了彼此的权利和义务以及违约责任等，具体体现为明晰且理性的书面规定和承诺，双方在执行过程中应该严格按照契约条款进行，且原则上都能得到第三方监督执行。如体育赛事商业赞助契约主要条款中的"赞助事项及内容"一项中应明确赞助现金的具体金额、货币单位、付款时间、付款账号、发票要求；如果是物资，则要求写明具体产品名称、型号、数量、计价方式、交送时间与地点、运输费用由何方支付等；如果是服务，则要求写明服务的提供日期、服务标准、服务人员的数量、服务计价标准等。如"违约责任"一项中应明确赞助契约方不履行契约或者不完全履行契约时所必须承担的义务的规定，这是约束双方行为的重要条款，必须订得具体明确，至少应包括违约情况下应承担的法律、经济责任，以及对违约金、损害赔偿、强制履行等的规定。[①] 因此，借助这类正式契约可以应付赛事生产过程中出现的多种不确定性和机会主义行为，以及确保一方对另一方的资产专用性投资的安全性。

（一）正式契约的结构

赛事产权交易契约中的一系列契约用以规制交易双方的行为，使得赛事整个过程按照计划和规则有序进行。如同其他一般性的契约，体育赛事产权交易契约同样是不完全的，为尽量规避交易过程中因不对称信息可能产生的代理人的机会主义行为，从而实现交易成本的降低，我们可以选择委托—代理理论框架下的信号传递模型和隐藏信息或行动的道德风险等模型通过特定的契约安排进行有效治理。委托—代理理论是契约经济学的主要内容之一，其中心任务是研究在利益相冲突和信息不对称的环境下，委托人如何设计最优契约激励代理人。英国剑桥大学教授詹姆斯·莫里斯（James A. Mirrless）和美国哥伦比亚大学教授威廉·维克瑞（Willian Vickrey）的不对称信息理论认为，信息不对称可以从两个角度划分：一是非对称发生的时间，二是非对称信息的内容。从时间上看，非对称性可能发生在当事人签约之前，也可能发生在签约之后，分别称为逆向选择和道德风险。具有信息优势的一方有机会主义倾向；从非对称信息的内容上看，有的是隐藏信息的机会主义，有的是隐藏行为的机会主义。[②] 并归纳了以

---

[①] 刘清早：《体育赛事运作管理》，人民体育出版社 2006 年版，第 273—275 页。

[②] 张维迎：《博弈论与信息经济学》，上海人民出版社 2004 年版，第 236 页。

下几种模型：①隐藏行动的道德风险模型；②隐藏信息的道德风险模型；③逆向选择模型；④信号传递模型；⑤信息甄别模型，其中信号传递和信息甄别是解决逆向选择问题的两种不同（但相似的）方法。①

依托不完全契约下的委托—代理理论模型，本研究认为正式契约主要是从控制逆向选择和控制道德风险两个方面规避代理人的机会主义行为，其中控制逆向选择包括信号传递（反映赛事参与者自身能力的资质证明）和信息甄别模型（赛事参与者根据自身类型选择相应契约），控制道德风险模型包括控制隐藏行动（设计激励契约以规避对方行动方面的机会主义）和控制隐藏信息（设计激励契约以规避对方信息方面的机会主义）的道德风险模型，见图4-2。

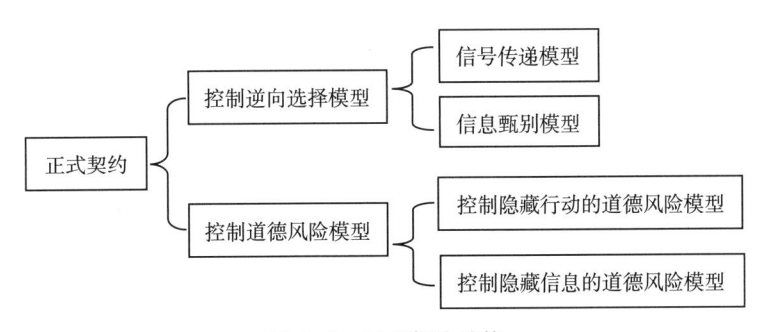

**图4-2　正式契约结构**

（二）正式契约降低交易成本的作用机制

见图4-3，赛事产权交易契约作用于各种交易过程，通过控制搜寻成本、监督成本和违约成本从而降低交易成本。基于上文图4-2所示的正式契约结构，下面我们根据不同类型的双边协议形式（雇佣合约形式、出租合约形式、销售合约形式）分别讨论赛事产权交易契约对各类赛事交易关系的作用机制。

1. 雇佣合约形式

雇佣合约中雇主一方有着权威或权利在所要完成工作的内容细节上控制和指挥雇员一方，反过来，雇主必须承诺支付商定好的工资（Black，1990）。Simon（1951）将这种情形称作雇主和雇员之间"权威关系"。根据雇佣合约的特征，图3-6所示的在"体育赛事投入品提供部门—体育

---

① 张维迎：《博弈论与信息经济学》，上海人民出版社2004年版，第236页。

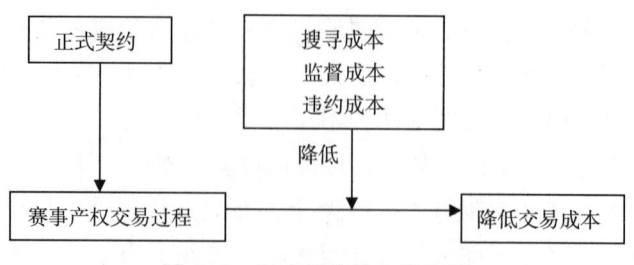

```
┌─────────┐           ┌─────────┐
│ 正式契约 │           │ 搜寻成本 │
└────┬────┘           │ 监督成本 │
     │                │ 违约成本 │
     │                └────┬────┘
     │                     │ 降低
     ▼                     ▼
┌──────────┐         ┌──────────┐
│赛事产权交易过程│────▶│降低交易成本│
└──────────┘         └──────────┘
```

图 4-3　正式契约的作用机制

赛事运营者—体育赛事产品资源消费部门"产业链上的交易网络中，赛事运营者与俱乐部、赛事运营者与裁判员单项协会、赛事运营者与安保交通运输医务后勤工作团队所属组织或个人、赛事运营者与票务公司（除了由赛事运营方直接门票销售，还有委托专业的票务公司代理门票销售的形式，因此在此增加了该交易关系）等交易关系所签订的合约可以归入雇佣合约一类。根据新制度经济学雇佣合约理论及委托—代理理论模型，[①] 雇佣关系在签约前后会存在机会主义行为，签约前的机会主义是与不对称信息联系在一起的，签约后的机会主义是由于不对称信息和专用性投资所引发的。针对这两种机会主义，信号传递模型和道德风险模型分别可以提供帮助。下面分别对各种雇佣合约交易关系可能出现的签约前和签约后的机会主义行为以及规避机会主义行为的作用机制进行讨论。

（1）赛事运营者与俱乐部等主体交易关系。如图 3-6 所示，在商业性体育赛事举办过程中，体育赛事运营者通过支付运动员、教练员出场费的方式与俱乐部签订运动员、教练员参赛合同，获得其财产的使用权。体育赛事运营者与俱乐部之间的交易属于市场的买卖交易，他们之间所签订的双边协议是雇佣合约。根据新制度经济学雇佣合约相关理论，[②] 赛事运营者与俱乐部交易过程中可能产生签约前和签约后的机会主义。签约前的机会主义是与不对称信息联系在一起的，主要表现在俱乐部在介绍运动员的成绩、竞技水平、身体状况时说假话，夸大运动员的表现，提高运动员的身价，从而产生逆向选择问题，因为赛事运营者对运动员的了解永远不

---

① ［美］埃里克·弗鲁博顿、［德］鲁道夫·芮切特：《新制度经济学——一个交易费用分析范式》，姜建强、罗长远译，上海人民出版社 2007 年版，第 176 页；张维迎：《博弈论与信息经济学》，上海人民出版社 2004 年版，第 236 页。

② ［美］埃里克·弗鲁博顿、［德］鲁道夫·芮切特：《新制度经济学——一个交易费用分析范式》，姜建强、罗长远译，上海人民出版社 2007 年版，第 176 页。

可能比俱乐部及运动员本身更多;签约后的机会主义也是由于不对称信息引发的,主要表现为运动员"出工不出力""明知道自己赛前已经受伤或生病也要上场"这种隐藏行动和隐藏信息的道德风险现象。

根据委托—代理理论,① 赛事运营者与俱乐部交易过程中可能产生的逆向选择问题,信号传递模型可以提供帮助,即自然选择代理人(俱乐部)的类型;俱乐部作为代理人知道运动员当前的成绩、竞技水平、身体状况,但赛事运营者作为委托人不知道运动员当前的水平;为了显示自己的类型,俱乐部提供运动员的等级、当前的比赛成绩以及身体健康证明等能够反映运动员运动能力的资质证明。赛事运营者观测到这些信号之后与俱乐部签订运动员的参赛合同。俱乐部提供这些能反映自身能力的资质证明可以减少赛事运营者搜寻对方正确信息的成本,同时也能减少签约后的监督成本和可能出现的违约成本。

赛事运营者与俱乐部交易过程中可能产生的道德风险问题,控制隐藏行动和控制隐藏信息的道德风险模型可以提供帮助,即签约后,运动员选择行动(全力以赴参加比赛还是消极怠工),"自然""选择""状态";运动员的行动和自然状态一起决定运动员场上的表现结果(如观众、赞助商和媒体的反应等);委托人赛事运营者只能观测到结果,但不能直接观测到运动员是否努力和自然状态本身,赛事运营者的问题是设计一个激励合同以诱使运动员从自身利益出发选择对赛事运营者最有利的行动,即根据运动员等级确定出场费相应底薪,在此基础上按照运动员场上表现或者赛事收益给予分红,运动员场上表现包括个人成绩、对抗名次等,赛事收益包括票房、电视转播费、赞助费等。在北京鸟巢体育场举行的2011年意大利超级杯比赛中,根据合同,米兰双雄除了获得300万欧元的出场费,获胜的一方还有上百万欧元的奖金外,参赛双方还获得一部分的票房分红作为激励。按照8万人的上座率,以及动辄上千元的门票价格,门票红利的数目也极其惊人。同时,该赛事有超过40余家中外电视台进行转播,电视转播费的分红也是一笔不小的收入。根据意大利媒体报道,米兰双雄在北京这一周加起来的总收益甚至能超过1亿欧元。② 激励合约的签订,可以极大地激发运动员赛出最好成绩也同时选择了对赛事运营者最有

---

① 张维迎:《博弈论与信息经济学》,格致出版社2009年版,第235—239页。
② 王刚:《鸟巢替别人孵金蛋》,《钱江晚报》2011年8月7日。

利的行动。这样可以最大限度地降低签约后的监督和违约成本。

"2003皇马中国行"赛前出现的"龙队国脚为钱险些罢战皇马"事件从反面充分体现了激励契约在激发运动员选择对赛事运营者最有利的行动方面的作用。"龙马大战"作为一场商业比赛,就龙队的出场费,主办方北京市体育局和高德公司事先就达成了一致:按照中国国家队的出场费标准支付龙队的出场费(以往商业比赛一般都是30万元人民币现金),并由教练员统一分配。但当龙队队员在7月31日集中之后,龙队中的部分现役国脚直接向组委会提出了30万美元的出场费要求。有些球员表示:"这是一场商业赛,凭什么皇马可以拿到220万欧元而我们只能拿到不足1万元人民币的出场费?我们要的是参赛球员的权利。"一位教练也向记者表示:"这不是钱的问题,而是权利问题,高德公司为什么连句话都没有给我们?他们自己赚了大钱却让我们发扬风格,我想问高尚的你为什么不把挣的钱捐出去给灾区?"在要求没有达到后,这些球员所在的俱乐部球队教练便开始寻找各种理由不想参加这场比赛。后来组委会为确保赛事的顺利进行,将费用提高到35万元人民币,即每人1万元,但球员仍不买账。在龙队按计划召开赛前准备会的时候,很多球员均未到场,其中一队的主教练还声称自己的队员90%"有伤在身",无法出场。在离出发还有2个小时的赛前准备会上,事情已非常紧急,高德最后关头让步了——拿出63万元人民币才摆平这个尴尬场面,因为大家都知道如果真出现罢踢事件肯定会闹成国际笑话。然而这个事件仍然让比赛出现阴影,好几位队员表示:"我们打半场球就走,没必要太认真玩。"① 该赛事运作过程中出现这种不和谐音的原因,从契约方面分析,一是由于高德公司对龙队运动员出场费的契约签订不够规范和具体;二是对龙队运动员的出场费合约缺乏激励机制。契约的缺损使得俱乐部球队教练以及运动员在不平等的收益前心理不能获得平衡从而做出较为过激的行为,这些大大增加了赛事的交易成本。

(2)赛事运营者与裁判员单项协会交易关系。如图3-6所示,在商业性体育赛事举办过程中,体育赛事运营者通过支付裁判员出场费的方式与各项目单项协会签订裁判员合同,委托裁判员执行裁判工作,此时,赛

---

① 《龙队国脚为钱险些罢战皇马 总教练年维泗极愤慨》,南方网讯,http://www.southcn.com/sports/scroll/200308040738.htm,2003年8月4日。

事运营者与裁判员之间是一种间接的委托—代理关系。体育赛事运营者和各项目单项协会之间所签订的双边协议是雇佣合约。单项协会属于政府管理部门，担任着裁判员的管理和培训工作，赛事运营者与单项协会之间的交易属于管理的交易，即上下级之间的交换关系。不同于市场主体的经济利益最大化，单项协会在审批赛事的同时就承担着为各类赛事安排各级别裁判员的权利和责任（现实中也存在昏哨、嫩哨的现象，这些需要各单项协会采取措施强化裁判员业务能力与团队协作精神的管理，但不属于机会主义行为），一般而言，裁判员由单项协会提供，单项协会担任着裁判员的管理和培训工作，对裁判员的资格确认有严格的审批和注册制度。因此在体育赛事运营者和项目单项协会签约中存在签约前的机会主义可能较小，但仍有可能存在签约后的机会主义，表现为作为被雇佣者的裁判员在执法过程中可能产生"黑哨"等道德风险问题。

根据委托—代理理论，控制道德风险模型可以提供帮助，赛事运营者的问题是设计一个激励合同以诱使裁判员从自身利益出发选择对赛事运营者最有利的行动，即根据裁判员等级确定高额出场费作为相应底薪，在此基础上建立考评机制，按要求给每个裁判员打分，根据打分高低对优秀的裁判员进行奖励。中国足协与万达集团正式签署 3 年价值 5 亿元的合作协议中关于裁判员的待遇是一个典型的例子。万达集团高层人士明确告诉搜狐体育：中超主裁判一场比赛将获得 1 万元的报酬，边裁和第四官员也将获得 5000 元的收入。从原来的一场比赛 2000 元，到现在的一场比赛 1 万元，这就是万达集团给中超裁判涨薪的力度。一场比赛 1 万元，全年中超联赛 30 场比赛，再算上一些裁判考评制度的奖金，中超裁判员一个赛季下来可以拿到 30 万—40 万元，这样的收入跟普通的职业球员差不多，这样的薪酬体系，就是为了高薪养廉。万达集团高层人士同时告诉记者：裁判员收入提高了，此外，现有考评机制，会要求给每个裁判员打分，每个赛季结束了，会对优秀的裁判员进行奖励，不仅仅只奖励一个裁判员，大多数的裁判员都将获得奖励，在这样的利益刺激下，相信裁判员会拿出更多的时间来钻研业务，比如看看在国际高水平的比赛中，国际裁判是怎么吹罚比赛的；在规则的研读上，也会多下功夫。[①] 该激励合约可以极大

---

[①] 《中超裁判出场费狂涨 5 倍，80 后嫩哨出场费可达四万》，http://news.cntv.cn/20110709/100532.shtml 中国网络电视台-新闻台-新闻中心，2011 年 7 月 9 日。

地激发和诱使裁判员从自身利益出发选择对赛事运营者最有利的行动，这样可以很大程度上降低签约后的监督成本和可能产生的违约成本。

（3）赛事运营者与后勤工作团队所属组织或个人交易关系。如图3-6所示，在商业性体育赛事举办过程中，体育赛事运营者通过支付薪酬的方式与后勤工作团队所属部门或个人建立契约关系以换取安保、交通、运输、医务等工作人员的服务。其交易类型属于市场形式的买卖交易。他们之间所签订的双边协议是雇佣合约，其中与餐饮供应商所签订的协议属于销售合约。根据新制度经济学雇佣合约和销售合约相关理论，[①] 赛事运营者与安保、交通、运输、医务、餐饮等工作人员在交易过程中可能产生签约前和签约后的机会主义。签约前的机会主义与不对称信息联系在一起，表现为这些后勤工作团队所属组织或个人可能隐瞒真实信息，夸大自己的服务质量，从而产生逆向选择问题；签约后的机会主义也是由于不对称信息所产生的，主要表现为工作人员的"出工不出力"以及"偷工减料"这种隐藏行动的道德风险现象。

根据委托—代理理论，[②] 签约前的机会主义可以由信号传递模型解决，即自然选择代理人（安保、交通、运输、医务等后勤工作团队所属组织或个人）的类型；后勤工作团队所属组织或个人作为代理人知道自己的类型，但赛事运营者作为委托人不知道后勤工作团队当前的服务水平；为了显示自己的类型，后勤工作团队所属组织或个人提供自己的行业资质，包括工商、税务、银行的信用等级，资产负债表、利润表、现金流量表等财务三报表以及行业信誉度等，赛事运营者观测到这些信号之后与对方签订合约。后勤工作团队提供这些能反映自身能力的资质证明可以减少赛事运营者搜寻对方正确信息的成本，同时也能减少签约后的监督成本和可能出现的违约成本。交通一般由政府部门提供，不存在逆向选择问题。

签约后的机会主义可以由控制道德风险模型提供帮助，即签约后，后勤工作人员选择行动（努力工作还是不努力），"自然""选择""状态"；后勤工作人员的行动和自然状态一起决定可观测的结果；委托人赛事运营者只能观测到结果，但不能直接观测到这些工作人员是否努力和自然状态

---

① ［美］埃里克·弗鲁博顿、［德］鲁道夫·芮切特：《新制度经济学——一个交易费用分析范式》，姜建强、罗长远译，上海人民出版社2007年版，第175页。

② 张维迎：《博弈论与信息经济学》，格致出版社2009年版，第235—239页。

本身。赛事运营者的问题是设计一个激励合同以诱使这些工作人员从自身利益出发选择对赛事运营者最有利的行动,因此,安保、交通、运输、医务、餐饮等后勤工作人员的报酬应该与其完成任务的情况有关。具体地说,契约规定可以先交部分预付款,在确保赛事举办的安全性后再付剩余款项。同时,违约条款中明确各种违约形式的惩罚机制,并要求对方赔偿相应损失。

(4) 赛事运营者与票务公司交易关系。如图3-6所示,在商业性体育赛事举办过程中,消费者通过货币支付形式购买不同级别的门票获得进入比赛现场观看竞技表演的权利,从而达到娱乐的目的。一张体育赛事门票,通常包含了下列要素:编号、赛事名称、赛事日期、价格、类别(赠票、全价、优惠票)、等级(贵宾票、嘉宾票、普通票)、座位及指定区域(用不同门票颜色显示座位区域)、放弃声明、赛事信息、赞助商信息、联系信息。从法律意义来说,门票的设计方案上规定了门票销售方和购买方的要约合同,涉及双方的权利和义务问题。对商业性体育赛事而言,目前主流的门票销售形式可以分为三种:①赛事运营者直接进行门票销售;②委托专业的票务公司代理门票销售;③赛事运营者直接门票销售与委托专业的票务公司代理销售两种方式相结合。① 下面对赛事运营者委托专业的票务公司代理门票销售的形式进行讨论。体育赛事运营者通过支付薪酬的方式与票务公司签订门票销售合同,获得其财产的使用权。体育赛事运营者与票务公司之间的交易属于市场的买卖交易,他们之间所签订的双边协议是雇佣合约。根据新制度经济学雇佣合约相关理论,② 赛事运营者与票务公司交易过程中可能产生签约前和签约后的机会主义。签约前的机会主义主要表现在票务公司作为代理人夸大自己的业务经营能力,从而产生逆向选择问题。签约后的机会主义主要表现为票务公司可能向委托人——赛事运营者隐瞒市场信息,工作不够努力;或者票务公司暗地抬高票价或者内部人员暗地跟"黄牛"勾结,一起倒票,炒高票价,特别是精彩赛事的贵宾票,从而大大影响赛事的声誉。

---

① 刘清早:《体育赛事运作管理》,人民体育出版社2006年版,第107页。
② [美] 埃里克·弗鲁博顿、[德] 鲁道夫·芮切特:《新制度经济学——一个交易费用分析范式》,姜建强、罗长远译,上海人民出版社2007年版,第175页。

根据委托—代理理论，① 针对签约前的机会主义，信号传递模型和信息甄别模型可以提供帮助。第一种方法是：代理人票务公司显示自己的资质，赛事运营者根据票务公司的资质与其签订合同；第二种方法是：赛事运营方提供几种销售方案让对方选择。针对票务公司签约后可能出现的机会主义，控制隐藏信息的道德风险模型可以提供帮助，即"自然""选择""状态"；代理人观测到自然的选择，然后选择行动；委托人观测到代理人的行动，但不能观测到自然的选择。委托人赛事运营者的问题是设计一个激励合同诱使代理人——票务公司在给定自然状态下选择对委托人最有利的行动。即要求票务公司针对不同的顾客群给出相对应的门票销售策略，并设定底薪，在此基础上按照门票销售数量以及总金额提成。

2. 出租合约形式

出租合约，要求出租人将被租对象的使用权在租期内给予承租人，承租人需向出租人支付规定的租金（German Civil Code, art.535）。根据出租合约的特征，如图3-6所示的在"体育赛事投入品提供部门—体育赛事运营者—体育赛事产品资源消费部门"产业链上的交易网络中，赛事运营者与体育场馆经营主体、赛事运营者与赞助商、赛事运营者与媒体、赛事运营者与使用赛事符号企业、赛事运营者与博彩企业等交易关系所签订的合约可以归入出租合约一类。根据新制度经济学出租合约理论及委托—代理理论模型，② 出租关系在签约前后会存在机会主义，签约前的机会主义是与不对称信息联系在一起的，签约后机会主义是由于不对称信息和专用性投资，签约后的机会主义行为在实际中可能更重要，合约专用性投资表现为与承租人方面，以公寓为例，专用性投资表现为与那些诸如搬迁、邻里关系处理和专门设计的家具有关，搬进公寓并定居以后，承租人会发现自己被这种合约关系套牢，与承租人相比，出租人现在具有较强的谈判地位，他可能会寻找机会并充分利用这个有利条件，将租金提高以攫取承租人沉没成本之上的那部分准租。不对称信息通常对公寓所有者不利，表现为承租人不会小心使用财产，并对它呵护备至，因此所有者对合约条款中养护条款的监督费用也因此产生。针对这两种机会主义，信号传递模型和

---

① 张维迎：《博弈论与信息经济学》，格致出版社2009年版，第235—239页。
② ［美］埃里克·弗鲁博顿、［德］鲁道夫·芮切特：《新制度经济学——一个交易费用分析范式》，姜建强、罗长远译，上海人民出版社2007年版，第176页。

控制道德风险模型分别可以提供帮助。下面分别对各种出租合约交易关系中可能出现的机会主义行为进行讨论。

（1）赛事运营者与体育场馆经营主体交易关系。如图3—6所示，在商业性体育赛事举办过程中，体育赛事运营者和体育场馆经营主体之间存在着体育场馆以及附带的体育设备、用品、管理人员等投入品资源的交易。体育赛事运营者通过支付场馆租金的方式与体育场馆经营主体签订租赁合同获得场馆以及附带的一些体育设备、用品的使用权。体育赛事运营者与体育场馆经营主体之间的交易属于市场的买卖交易，他们之间所签订的双边协议是出租合约。商业性体育赛事的场地租用不同于公寓的出租有较长的租期，一般只有几天，也不需要改造，因此不存在承租人方面的专用性投资套牢。由于体育场馆出租时一般附带相应的管理人员，因此一般也不存在损坏场馆的情况。李南筑等学者认为，当赛事在某一城市举办的申请得到国家体育总局和地方政府的审批，即赛事基础合同签订后，如果当地只有一家适用的比赛场馆，场馆经营主体会利用自己的优势向赛事运营者"敲竹杠"。新制度经济学认为"敲竹杠"不是建立在信息不对称或欺骗行为的基础上的，而是签约后发生了不可预测的事件，致使缔约双方的地位发生变化，从而一方可行使机会主义行为，因此属于事后的机会主义，是道德风险中的一个特殊问题。[①] 对赛事生产方和场馆经营主体而言，这种"敲竹杠"的行为是在双方进行讨价还价过程中发生的，也可以被认为是道德风险的一个特殊问题。针对此类机会主义，可以借助政府干预的方式，事实上，大型体育场馆的所有者通常是地方体育政府，在地方体育政府审批体育赛事的同时，赛事运营者就可以同时签订体育场馆合约，或者，可以让政府出面跟场馆经营主体协调租金问题，这就避免了基础合约签订后的"敲竹杠"。因此，就赛事运营者与体育场馆经营主体交易关系而言，政府干预起着重要的作用。

（2）赛事运营者与赞助商交易关系。如图3—6所示，在商业性体育赛事举办过程中，赞助商以货币、物资或服务作为交换，通过产权交易的方式获得体育赛事运营者所让渡的各种使用权，这些使用权包括广告权（球队冠名权、赛事冠杯权、赛事场地广告牌使用权、队服不同部位的广告使用权等）、符号特许经营权（会徽、队徽、吉祥物、明星肖像权等）

---

① 李南筑等：《体育赛事经济学》，复旦大学出版社2006年版，第99—109页。

等，以此作为再生产投入品实现提升企业品牌知名度、美誉度以及顾客对企业品牌忠诚度等目的，其中，对体育赛事冠名是赞助规格最高的一种，根据合约规定，企业名称总是与该赛事联系在一起的，在任何场合提起该体育赛事时都必然会同时提起该赞助企业的名称。体育赛事运营者通过转让这些权利获取各种经济和物质利益。体育赛事运营者与赞助商之间的交易属于市场的买卖交易，他们之间所签订的双边协议可以认为是出租合约。签约前的机会主义表现为赞助企业有可能向赛事运营者隐瞒企业实际的生产规模和能力，夸大企业产品的质量以及销售量，因为一般来说赛事组织者对于赞助商的资质有较高的要求。也可能表现为赛事运营者所做的赛事广告宣传严重不实，夸大赛事的规模，承诺某某著名运动员的参赛（实际上还没有谈妥该协议），夸大赛事的影响力，并进一步夸大赛事所拥有的广告权可能带来的利益预期等现象，以此诱导赞助商不惜重金将赛事作为企业营销的平台（赞助回报价值的基础是注意力，而注意力与赛事推广，赛事活动的精彩性、悬念性以及媒体的报道方式有关）。签约后的机会主义表现为赞助商为了节约成本可能提供劣质的物资和服务，并寻找种种借口减少、拖延，有的甚至拒付事先合约规定的赞助费，或者超越合同规定的使用权使用期和使用范围，如 1991 年美国 Roush 公司在原先的产品即面包上拥有奥林匹克标志的使用权利，意欲将这一使用权扩展到其他食品上，并申请注册"Olympic kids"，被美国奥林匹克委员会禁止，双方诉讼至法院。[①] 也可能表现为赛事运营者经营体育赛事产品不善，导致体育赛事基础产品的衍生产品的价值减弱，如比赛中运动员为获取自身利益，弄虚作假或"消极怠工"，丧失体育道德；裁判员为获取自身利益，故意错判、漏判，违反体育竞赛的公正性原则；赛事生产方为单方利益，市场开发过多，对赞助商的排他权执行差等现象，如九运会赛场就出现中国电信与中国联通、可口可乐与乐百氏同场竞放广告的现象。信息经济学常常将博弈中拥有私人信息的参与人称为"代理人"，不拥有私人信息的参与人称为"委托人"。因此在赛事运营者和赞助商之间的交易关系中，交易双方既是委托人也是代理人。

根据委托—代理理论，对于赛事运营者与赞助商交易过程中产生的逆

---

① 吕炳斌、胡峰：《美国奥林匹克标志司法保护典型案例评析及其借鉴意义》，《天津体育学院学报》2007 年第 2 期。

向选择问题，信号传递模型可以提供帮助。对赞助商而言，既要求赛事运营者提供主办方、承办方、协办方的行业资质，包括工商、税务、银行的信用等级、资产负债表、利润表、现金流量表等，同时也需要通过行业协会了解赛事生产方的行业评价，赞助商观测到这些信号之后判断该赛事生产方的"实力""诚信"及"非正式口头保证"的确定性，进而决定是否与其合作。对赛事运营者而言，要求潜在赞助企业提供企业资质，包括工商、税务、银行的信用等级、资产负债表、利润表、现金流量表等，以及反映规模、产品销售量情况的证明，赛事运营者观测到这些信号后决定是否与其合作，并进一步据此确立赞助商等级。赛事运营者与赞助商分别提供这些能反映自身能力的资质证明可以减少彼此搜寻对方正确信息的成本，同时也能减少签约后的监督成本和可能出现的违约成本。

针对赛事运营者与赞助商交易过程中可能产生的道德风险问题，控制隐藏行动和控制隐藏信息的道德风险模型可以提供帮助。对赛事运营者而言，签约时可以要求提高赞助商的首付款比例，同时，明确应付款的责任条款，违约条款中明确各种违约形式的惩罚机制，如延期付款，则根据延期日子多少交相应违约金。对赞助商而言，要求交首付款时间必须定在赛事的其他重要合约（如运动员参赛合约、媒体合作合约等）签订之后，即在确保赛事举办的安全性之后，因为体育赛事、赞助企业、传媒、观众等要素组成了一个休戚相关的网络，赞助价值的能否实现是由竞赛的精彩程度、媒体的质量、观众的多少决定的。同时，违约条款中明确各种违约形式的惩罚机制，如赞助商可以拒付赞助款，并要求赛事方赔偿相应损失。这样可以在很大程度上降低签约后的监督和违约成本。

（3）赛事运营者与媒体交易关系。如图3-6所示，在商业性体育赛事举办过程中，媒体以支付电视转播费或提供相应等价的广告时段作为交换以契约的方式获得体育赛事电视转播权的使用权，体育赛事运营者通过出租电视转播权的使用权获取经济利益。体育赛事运营者与媒体之间的交易属于市场的买卖交易，他们之间所签订的双边协议是出租合约。根据出租合约相关理论，签约前和签约后的机会主义行为，可能会在赛事运营者和媒体之间的交易过程中产生。签约前的机会主义表现为赛事运营者可能所做的赛事广告宣传严重不实，夸大赛事的规模，承诺某某著名运动员的参赛（实际上还没有谈妥该协议），夸大赛事的影响力，诱导电视台高价重金购买转播权（媒体的价值在于赛事的精彩度、悬念性）；表现为媒体可能夸大自身的转播能力（这方面的可能性较小，因为电视台一般来说具有较大垄断地位，其行业资质、公众影响力等方面的信息较透明）。签约后的机会主义表现为赛事运营者可能经营体育赛事产品不善，导致体育赛事基础产品的衍生产品的价值减弱，如比赛中运动员为获取自身利益，弄虚作假或"消极怠工"，丧失体育道德；裁判员为获取自身利益，故意错判、漏判，违反体育竞赛的公正性原则，最直接的表现就是赛事的精彩度下降，导致观众减少。表现为媒体可能会寻找种种借口减少、拖延甚至拒付事先合约规定的转播费或者是在转播赛事期间私自插播广告。比如国际奥委会与转播商的协议中有这样的条款："转播商应该有步骤地阻止未经授权使用奥运标志的广告或者对赞助商进行阻击的广告。"一旦一方发生违约时，应明确责任承担方式，是支付违约金还是一方有权终止合同等。①

根据委托—代理理论，针对赛事运营者与媒体交易过程中产生的逆向选择问题，信号传递模型可以提供帮助。对媒体而言，即要求赛事运营者提供主办方、承办方、协办方的行业资质，包括工商、税务、银行的信用等级，资产负债表、利润表、现金流量表等，同时通过行业协会了解赛事生产方的行业评价，媒体观测到这些信号之后判断该赛事生产方的"实力""诚信"及"非正式口头保证"的确定性，进而决定是否与其合作。对赛事运营者而言，需要通过行业协会了解媒体的行业评价。针对赛事运营者与媒体交易过程中可能产生的道德风险问题，控制隐藏行动和控制隐藏信息的道德风险模型可以提供帮助。对媒体而言，要求交首付款时间必须定在赛事的其他重要合约（如运动员参赛合约）签订之后，即在确保赛事举办的安全性之后。对赛事运营者而言，签约时可以要求提高媒体的首付款比例，同时，明确应付款的责任条款，违约条款中明确各种违约形式的惩罚机制，如延期付款，则根据延期日子多少交相应违约金。

（4）赛事运营者与使用赛事符号企业交易关系。在商业性体育赛事举办过程中，还存在着赛事运营方与使用赛事符号的企业之间的交易。如图3-6所示，使用赛事符号的生产企业通过支付货币的方式获得赛事运营者授予的体育赛事符号特许经营权，并与之签订一系列产品生产、销售合

---

① 汪全胜、戚俊娣：《体育赛事电视转播权转让的法律关系考察》，《武汉体育学院学报》2011年第7期。

同，赛事运营者由此获得相应经济利益，这种交易也属于市场的买卖交易，他们之间所签订的双边协议可以认为是出租合约。从成本和收益来考虑，赛事符号特许经营权的开发需要一定的时间，也需要一定的成本，有些商业性赛事（像一次性赛事）的准备时间很短，其收益体现不出来，赛事运营方往往不考虑该经营权的开发，像一些连续性的商业性赛事如CBA、黄金大奖赛等，赛事运营者会将其作为融资的重要渠道。据调查所知，商业性体育赛事的特许符号经营权转让常常采用公开竞拍、定向邀标等形式，与赛事运营方的经济关系通常有经营权买断、按照销售提成等方式。签约前的机会主义常常表现为使用赛事符号企业为了获得赛事的特许符号经营权，夸大企业的产品生产和销售能力；也可能表现为赛事运营者所做的赛事广告宣传严重不实，夸大赛事的规模和影响力，并进一步夸大赛事所拥有的符号特许经营权可能带来的利益预期等现象。签约后的机会主义表现为使用赛事符号企业为了获利，不遵守合同规定的生产销售数量、规格、价格、销售日期等，并寻找种种借口减少、拖延合约规定的经营权转让费；也可能表现为赛事运营者经营体育赛事产品不善，导致体育赛事基础产品衍生产品的价值减弱，或者赛事生产方为单方利益，市场开发过多，对排他权执行差等现象。在赛事运营者和赛事符号生产、销售企业之间的交易关系中，交易双方既是委托人也是代理人。

根据委托—代理理论，针对赛事运营者与纪念品生产、销售企业交易过程中产生的逆向选择问题，信号传递模型或信息甄别模型可以提供帮助。对赛事运营者而言，要求对方提供企业资质，包括工商、税务、银行的信用等级，资产负债表、利润表、现金流量表等，以及反映规模、产品销售量情况的证明，同时需要第三方认证机构的鉴别；或者提供几种生产、销售方案供对方选择。赛事运营者观测到这些信号后决定是否与其合作。对纪念品生产、销售企业而言，要求赛事运营者提供行业资质，包括工商、税务、银行的信用等级，资产负债表、利润表、现金流量表等，同时通过行业协会了解赛事运营方的行业评价，企业观测到这些信号之后判断该赛事运营方的"实力""诚信"及"非正式口头保证"的确定性，进而决定是否与其合作。赛事运营者与纪念品生产、销售企业分别提供这些能反映自身能力的资质证明可以减少彼此搜寻对方正确信息的成本，同时也能减少签约后的监督成本和可能出现的违约成本。

针对赛事运营者与使用赛事符号企业交易过程中可能产生的道德风险

问题，控制隐藏行动和控制隐藏信息的道德风险模型可以提供帮助。对赛事运营者而言，签约时可以要求提高对方的首付款比例，同时，明确应付款的责任条款，违约条款中明确各种违约形式的惩罚机制，如延期付款，则根据延期日子多少交相应违约金。对纪念品生产、销售企业而言，要求交首付款时间必须定在赛事的其他重要合约（如运动员参赛合约、媒体合作合约等）签订之后，即在确保赛事举办的安全性之后。同时，违约条款中明确各种违约形式的惩罚机制，要求赛事方赔偿相应损失。这样可以很大程度上降低签约后的监督和违约成本。

（5）赛事运营者与博彩企业交易关系。另外，在商业性体育赛事举办过程中，还存在着赛事生产方与博彩企业之间的交易。如图3-6所示，博彩企业通过支付货币的方式获得将竞技表演作为博彩投入品的权利，从中获取经济利益。博彩公司根据赛事的级别支付相应的货币。体育赛事生产方与博彩企业之间的交易属于市场的买卖交易。博彩公司经常在距离比赛不久前开始接受投注，有些一级联赛往往在赛前一周左右的时间受注，如英超，在赛前四五天就开始接受投注，有些二级联赛，就是在比赛当天12小时左右才开盘受注，而赌盘都于比赛开始前关闭。由此可见，博彩公司将竞技表演作为博彩投入品进行再生产的过程是在赛事的主要合同都确立以后，因此交易前出现的机会主义——逆向选择的可能性不大。同时，体育投注对比赛过程中出现的一系列情况都设定有相应的规则，如新利18Luck制定了一般投注规则和规定、赌盘（投注类型）规则通则、特定赛事投注规则等，这些规则都对赛事过程中可能出现的所有情况制定了投注有效、无效以及如何结算赌盘的规定。如一般投注规则和规定的赛事中止和延期中规定：如果赛事没有于预定的开始日期举行，并且没有在个别的体育规则原定的完成日期内结束，除了无条件决定投注结果的赌盘外，其他所有投注结果均作废；如果赛事如期开始但是稍后中止，并且没有在个别的体育规则原定的完成日期内结束，除了无条件决定投注结果的赌盘外，其他所有投注结果均作废；如果无法决定比赛结果，公司保留无期限暂停赌盘结算的权利；如果选手没有参加锦标赛或比赛，投在该名选手身上的赌金均作废；如果选手在比赛时退出或丧失资格，所有投注均作废，无条件决定投注结果的赌盘除外……①由规则可见，随着赛事可能发生的

---

① http：//www.18luck.com/Main/Sports/SportsRules.aspx.

各种变化,博彩企业与博彩投注者之间的交易也会随之发生变化,博彩企业不会因为赛事的不确定性而承担风险,由此可见,博彩企业和赛事运营者交易过程中也较少可能产生道德风险问题。因此,本研究忽略讨论赛事运营方与博彩企业交易过程中可能发生的机会主义行为以及由此带来的交易成本问题。

3. 销售合约形式

新制度经济学销售合约理论认为,一份销售合约要求产品的出售者交付产品,并同时转让产品的所有权,同时买者必须按照价格进行支付并带走产品(Hom, Kotzand Lesser, 1982)。根据销售合约特征,如图3-6所示的在"体育赛事投入品提供部门—体育赛事运营者—体育赛事产品资源消费部门"产业链上的交易网络中,赛事运营者与现场观众交易关系所签订的合约属于销售合约一类。根据新制度经济学销售合约理论及委托—代理理论模型,① 销售关系在签约前后会存在机会主义行为,签约前的机会主义是与不对称信息联系在一起的,签约后机会主义是由于不对称信息和专用性投资所产生的。针对这两种机会主义形为,信号传递模型和控制道德风险模型分别可以提供帮助。下面对赛事运营者与现场观众交易关系可能出现的机会主义行为进行讨论。

由于信息的不对称性,签约前和签约后的机会主义是可能的,即赛事门票销售前后存在着机会主义的可能。在这里,赛事运营者作为门票的出售方存在着签约前后机会主义的可能。门票销售前的机会主义指的是赛事运营者精心策划的误导、歪曲或种种混淆视听的那些机敏的欺骗行为,主要表现为赛事的广告宣传严重不实,夸大赛事的规模,承诺某某著名运动员的参赛(实际上还没有谈妥该协议)等现象,以此诱导消费者为睹心中的偶像而不惜重金购买门票,从而产生逆向选择问题,因为消费者对赛事的了解永远不可能比赛事运营者本身更多;签约后的机会主义主要表现为赛事运营者所提供的比赛过程中存在运动员"出工不出力"、裁判员"黑哨""漏哨"等隐藏行动的道德风险现象。根据委托—代理理论,② 针对赛事运营者与消费者交易过程中可能产生的逆向选择问题,信号传递模

---

① [美]埃里克·弗鲁博顿、[德]鲁道夫·芮切特:《新制度经济学——一个交易费用分析范式》,姜建强、罗长远译,上海人民出版社2007年版,第176页。

② 张维迎:《博弈论与信息经济学》,格致出版社2009年版,第235—239页。

型可以提供帮助，即赛事运营者提供主办方、承办方、协办方的行业资质，消费者观测到这些信号之后判断该赛事生产方的"诚信"及"非正式口头保证"的确定性，进而决定是否购买赛事门票。赛事运营者与现场观众门票交易过程中可能产生的道德风险问题，可以通过对赛事运营者制定一定的惩罚机制来进行规避，即赛事运营者在门票销售的同时对消费者进行相应有损其利益情况下的降价或退票承诺，而这种承诺需要行业协会以及法律机构的监督。

上文首先根据不同类型的双边协议形式分析了赛事各类产权交易关系可能出现的签约前后的机会主义行为，并依托各类合约理论和委托—代理理论分别讨论了控制逆向选择模型和控制道德风险模型对控制各类赛事产权交易关系交易成本下降的作用机制。

## 二 非正式契约降低交易成本的作用机制

非正式契约在降低商业性体育赛事交易网络交易成本中也起着重要的作用。因为契约是不完全的，体育赛事交易如同绝大多数商业交易一样在搜寻合适的交易方过程中会发生可观的信息成本，同时赛事过程中也存在着大量的不确定性，如运动员因伤病无法参加比赛、运动员比赛过程中因违规被取消比赛资格等现象，正式契约如果要把如此多的不确定性都尽可能明白写入其中，从而使自己相对于合作者在信息和谈判上具有竞争优势，这需要交易者花费大量的成本进行信息的搜寻。因此正式契约无法完全罗列各种不确定性。不完全契约理论认为，作为自我执行机制的非正式契约在确保契约履行方面起着重要的作用，而产生于社会关系网络中的社会资本正是非正式契约的重要形式。[①] 从上文对社会资本理论的梳理可知，自1980年法国社会学家皮埃尔·布迪厄（Pierre Bourdieu）正式提出了"社会资本"（social capital）这一概念以来，詹姆斯·科尔曼（James Coleman, 1988）、罗伯特·普特南（Robert Putnam, 1992）、纳哈皮特和戈沙尔（Nahapiet & Ghoshal, 1998）、林南（Lin Nan, 2001）等相继从不同的角度定义了社会资本。虽然这些论说侧重点各有不同，但是社会资本最本质的特征基本得到公认，即社会资本产生于社会网络中；网络成员的

---

① [法] 埃里克·布鲁索等编：《契约经济学理论和应用》，王秋石、李国民等译校，中国人民大学出版社2011年版，第48页。

互动使社会资本的维持和再生产成为可能；社会资本能抑制人们的机会主义行为，从而降低组织经济运行过程中的交易成本。

新经济社会学理论认为社会资本能够降低交易费用。1985年新经济社会学代表马克·格兰诺维特（Granovetter）在《美国社会学杂志》上发表了一篇重要论文"经济行动和社会结构：镶嵌问题"。"镶嵌"观点首次强调了人类经济活动包含着人际互动的观点，人际互动所形成的关系结构（或称网络）可以产生信任、防止欺诈，而这种信任正是组织从事交易必要的基础，也是决定交易成本的重要因素。格兰诺维特指出：我们从事任何一笔交易，都会有防止欺诈及处理争端的交易成本。在没有建立"信任"时，查询信用、契约与法律，以及必要时付诸诉讼，就成了防止欺诈、处理争端的最后保障，这其中将产生大量的交易成本。而"信任"关系节约的正是这项防止欺诈、处理争端的交易成本。在市场上，当交易双方有了信任关系后，即使非常不愉快的情景产生，双方也会保持"善意"，共同努力应付难关。相关的防止欺诈成本的法律，反而变得多余了。① 而这种信任正是由人际互动所形成的关系结构（或称网络）中产生的社会资本的重要部分。

周小虎认为，社会资本能够降低交易成本，首先，由于交易伙伴的诚实可靠，它可以避免签约成本，社会资本通过规范和声誉的自我约束往往比正式制度更加有效，因为合约的不完备性使得再高的防范成本都不可能阻止机会主义发生；其次，社会资本无须大量监管机制的存在，从而减省了交易双方对于监管机制的投资，可以有效地降低监督成本；最后，社会资本的治理是愿景式的治理，无须如同其他合约一样去不断调整和适应环境的变化，不断进行签约和再签约。② 同时，企业社会资本可以培育企业良好的市场声誉，有利于减少交易时的信息不对称程度，因此，企业社会资本还有助于企业获取更多的市场信息，增加企业的市场机遇，减少企业的搜寻成本。③

体育赛事交易网络不同于一般的企业网络（如学习型组织、战略联

---

① ［美］马克·格兰诺维特：《镶嵌——社会网和经济行动论文精选》，罗家德译，社会科学文献出版社2007年版，第7—30页。

② 周小虎：《企业社会资本与战略管理——基于网络结构观点的研究》，人民出版社2006年版，第121页。

③ http://baike.baidu.com/view/1453514?goodTagLemma#sub1453514.

盟、外包、系列制、虚拟化、集群化等形式），其关系往往是有指向性和长期性的，由于网络中各种参与主体间的经济关系以产权的市场交易为基础，赛事结束则不同契约自动解体，故在确定下次赛事生产时，需重新寻找各种商业关系伙伴。科莱温斯（D. W. Cravens）等将体育赛事这种具有松散型特征的网络称为"空心网络"，该种类型的网络内参与主体间关系的建立主要以市场交易为基础，相比于一般的企业网络，商业性体育赛事交易网络内社会资本的产生以及信任关系的建立更多地依赖组织和个人的行为，需要在反复的交易中逐渐形成。体育赛事社会资本在社会网络中产生，在各种关系的互动过程中，赛事成员间实现信息的正确、快速传播以及资源的有效交换，形成并强化共享语言和共同目标，因此，借助这类非正式契约可以应付赛事生产过程中出现的多种不确定性和机会主义行为，以及确保一方对另一方的资产专用性投资的安全性，从而使得赛事运营者在寻找合作伙伴过程中的搜寻成本、签约过程中的讨价还价、防止欺诈成本以及处理争端的交易成本大大下降。

（一）非正式契约的结构

纳哈皮特和戈沙尔（Nahapiet & Ghoshal，1997）将社会资本定义为："镶嵌在个人或社会个体占有的关系网络中、通过关系网络可获得的、来自于关系网络的实际或潜在资源的总和"，并且区分了社会资本的三个基本维度，即结构维度（structural dimension）、关系维度（relational dimension）和认知维度（cognitive dimension）。其分析框架见图4-4。[①] 纳哈皮特和戈沙尔将社会资本定义为一种资源，认为这种资源是从个人或社会个体占有的关系网络中产生的，这跟本文依托哈堪森（Hakansson）的三要素（行为主体、资源和活动关系）网络思想定义体育赛事交易网络是相一致的。体育赛事交易主体间产生的社会资本是基于市场参与主体间形成的社会网络中产生的。基于这样的考虑，本研究采用了纳哈皮特和戈沙尔的社会资本三维度的观点，作为非正式契约概念及维度确定的依据，见图4-5。研究首先将非正式契约定义为：镶嵌在体育赛事交易者个人或组织占有的关系网络中、通过关系网络可获得的、来自于关系网络的实际或潜在资源的总和，包含了三个基本维度，即结构维度、关系维度和认知维

---

① 郭毅、朱熹：《国外社会资本与管理学研究新进展——分析框架与应用述评》，《外国经济与管理》2003年第7期。

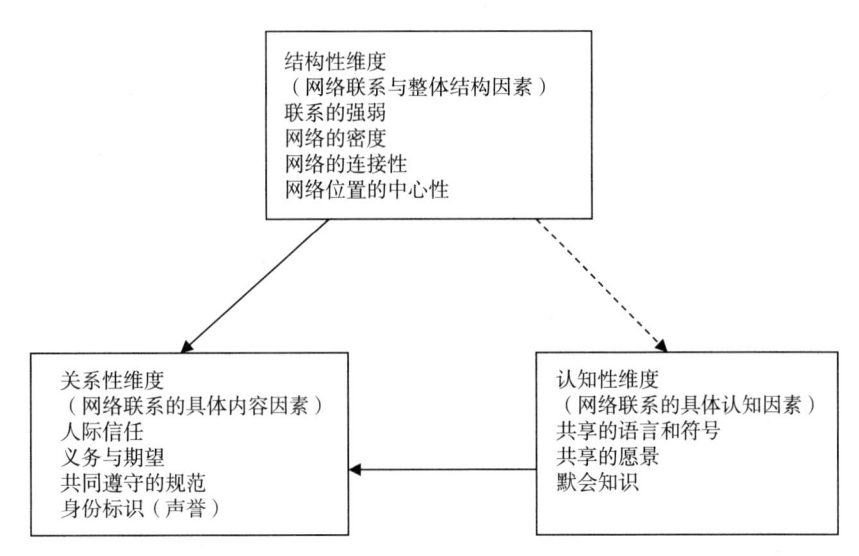

```
                 ┌──────────────────────┐
                 │ 结构性维度              │
                 │ （网络联系与整体结构因素）│
                 │ 联系的强弱             │
                 │ 网络的密度             │
                 │ 网络的连接性           │
                 │ 网络位置的中心性        │
                 └──────────────────────┘
                   ↓                  ↓ (虚线)
┌─────────────────────┐        ┌─────────────────────┐
│ 关系性维度            │        │ 认知性维度            │
│ （网络联系的具体内容因素）│ ←─── │ （网络联系的具体认知因素）│
│ 人际信任             │        │ 共享的语言和符号       │
│ 义务与期望           │        │ 共享的愿景            │
│ 共同遵守的规范        │        │ 默会知识              │
│ 身份标识（声誉）      │        │                     │
└─────────────────────┘        └─────────────────────┘
```

**图 4-4　社会资本的三维度分析框架**

资料来源：郭毅、朱熹：《国外社会资本与管理学研究新进展——分析框架与应用述评》，《外国经济与管理》2003 年第 7 期。

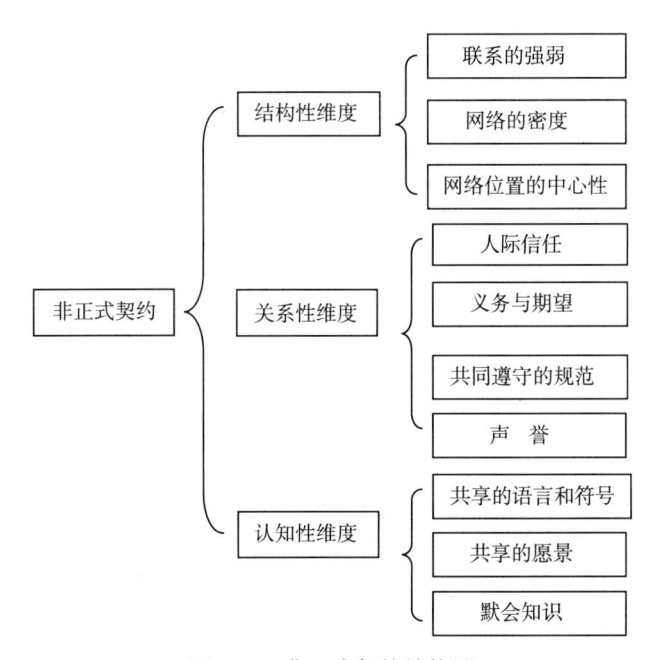

```
                    ┌─ 联系的强弱
         ┌─ 结构性维度 ┼─ 网络的密度
         │          └─ 网络位置的中心性
         │
         │          ┌─ 人际信任
非正式契约 ─┼─ 关系性维度 ┼─ 义务与期望
         │          ├─ 共同遵守的规范
         │          └─ 声  誉
         │
         │          ┌─ 共享的语言和符号
         └─ 认知性维度 ┼─ 共享的愿景
                    └─ 默会知识
```

**图 4-5　非正式契约结构图**

度。体育赛事非正式契约在结构维度上主要表现为体育赛事交易主体所形成的社会网络的整体模式，该维度强调社会关系网络的非人格化一面，分析的重点在于网络联系和网络结构的特点,即网络联系存在与否、联系的强度、网络的密度和连接性、个人和组织在网络位置的中心地位等,这些特征差别意味着个人和组织在信息获得方面的差异。在社会网络研究的很多文献中,关系的强度、网络的密度和中心度通常是描述网络结构维度的重要指标,较少用到网络的连接性指标,因此,在此也不考虑网络连接性指标;关系维度是指赛事参与主体通过创造关系或由关系手段获得的资产,包括信任、规范、义务和期望以及可辨识的身份。该维度强调社会关系网络人格化的一面,即与社会联系的行动者有关,表现为具体的、进行中的人际关系,是行动者在互动过程中建立的具体关系,个人和组织成员对其他人产生的信任预期使他们愿意分享其资源,进行合作,实现资源的交换和合作;认知维度,是指赛事参与主体在社会互动过程中形成的一些双方能够共同理解或形成默契的共识性事物,包括共享的语言和符号、共享的愿景和默会知识等。它们往往使信息分享、集体行动以及决策变得更加便利。[①]

(二) 非正式契约降低交易成本的作用机制

在上文中本研究依托不完全契约理论中的委托—代理理论模型,从逆向选择和道德风险两个方面讨论了赛事产权交易过程中正式的赛事产权交易契约对规避代理人机会主义行为的作用机制。但契约是不完全的,不完全契约理论认为,交易成本的存在、明确规定所有权力的成本过高及信息在事后的无法证明特征,使得当事人签订的最初合约不可能把所有情况或不确定性都明确而详细地规定出来。[②] 而这种不完全契约使得签约双方都处于对方可能的机会主义行为的风险之下。除了运用正式契约规避双方的机会主义行为降低交易成本以外,格兰诺维特的"嵌入性理论"为本研究依托社会资本理论构建非正式契约结构并将其作为降低交易成本的重要因素提供了启示。格兰诺维特认为人们的经济行为在社会互动中发生,并深深地嵌入在由朋友关系、地缘关系、血缘关系、上下级关系,或者纯粹的经济关系等所构成的社会网络之中。人际互动所形成的关系结构(或称网络)可以产生信任、防止欺诈,而这种信任正是组织从事交易必要的基

---

[①] 陈柳钦:《社会资本及其主要理论研究观点综述》,《东方论坛》2007年第3期。

[②] [法]埃里克·布鲁索等编:《契约经济学理论和应用》,王秋石、李国民等译校,中国人民大学出版社2011年版,第48页。

础,也是决定交易成本的重要因素。①而社会资本正是"镶嵌在个人或社会个体占有的关系网络中、通过关系网络可获得的、来自于关系网络的实际或潜在资源的总和",信任是其重要的表现形式。因此,本研究认为,尽管正式契约在控制赛事生产方与各参与主体交易关系交易成本中起着基础性的作用,但仍需要社会资本这种非正式契约的补充和推动,非正式契约作用于各种交易过程,通过控制搜寻成本、签约成本、监督成本和违约成本从而降低交易成本(见图4-6)。基于上文图4-5所示的非正式契约结构,结合正式契约对不同类型的双边协议形式的作用机制,下面我们分别从降低搜寻成本、签约成本、监督成本和违约成本等方面讨论非正式契约对控制商业性体育赛事各类产权交易关系交易成本的作用机制。

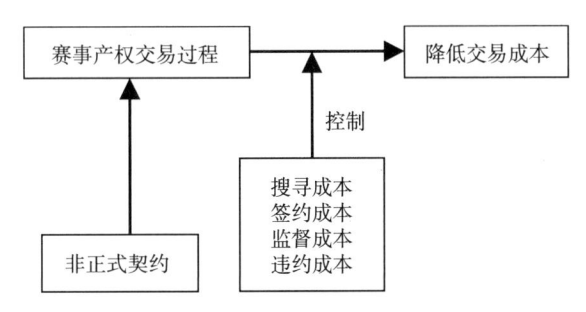

**图4-6 非正式契约的作用机制**

1. 结构性维度降低交易成本的作用机制

非正式契约的结构性维度描述的是体育赛事各参与主体社会关系的整体模式、各参与主体之间的关系及整个网络的结构,主要是从联系的强弱、网络的密度、网络的连接性、网络位置的中心性等方面来描述的。因此,本章将从这几个方面来讨论体育赛事社会资本结构性维度对降低交易成本的作用机制。

(1)联系的强弱。赛事运营者和各赛事参与主体之间的强联系有助于节约大量的搜寻成本。搜寻成本指的是赛事运营者要进行一个具体的赛事生产,必须搜寻那些拥有资源的又愿意与他合作完成赛事的其他参与主体所花费的成本,这些费用主要包括通信费、差旅费、调研费、经纪人费及从事契约准备工作的人员工资等。1973年格兰诺维特在《美国社会学

---

① [美]马克·格兰诺维特:《镶嵌——社会网和经济行动论文精选》,罗家德译,社会科学文献出版社2007年版,第7—30页。

杂志》上发表的《弱关系的力量》一文最先提出了联结强度的概念。他将联结分为强弱联结两种,从"互动的频率、感情力量、亲密程度和互惠交换"来表征关系强度特征。格兰诺维特又指出,强关系容易导致企业间促进信任与合作,进而有利于组织或个人获取更多精练的、高质量的信息和隐含经验知识的交换;弱关系会导致新信息的交换。[1] 据上文所知,体育赛事交易网络具有非地域根植性的特征,表现为赛事交易网络中有大量的运动员、裁判员、观众、消费者以及各类供应商等人力资本要素,可能来自世界各地,具有不同的文化背景,这种非根植性的特征与新产业区、集群化网络所具有的强烈地域根植性的特征有明显的差别,具有强烈地域根植性的网络在一定程度是由传统的地缘、血缘和亲缘等关系组成的,地理上的接近,使得很多的新思想、新知识和新信息可以通过餐桌边、酒吧边快速传递,从而大大节约了合作方收集和处理信息的成本。研究表明,在对要求达到一定质量标准以及可能的最低成本的所需商品的搜寻过程中,一家公司寻找可靠的供应商的过程可能产生相当大的成本。[2] 而无论从互惠规则还是规避风险考虑,人们可能更愿意选择与自己有友谊或血缘联结的人进行生意往来,将他们作为长期缔约的伙伴或其他合作者,而不是在完全自由竞争的公开市场上寻找交易伙伴(Uzzi,1996)。由于地理空间的距离,使得赛事运营方在搜寻要求达到一定质量标准以及可能的最低成本的合作者时可能产生更加大的成本。因此,当赛事运营方与各合作对象之间呈现出强联系的时候,赛事各参与主体对彼此间的品质和能力以及喜好都会有较全面的了解,这种强联系可以作为一种信号传递和信息甄别机制,除了销售合约(赛事运营者与观众之间不存在强联系),在雇佣合约和出租合约的签订中,都有助于赛事运营方节约大量的搜寻成本,也进一步避免了逆向选择的出现。尽管赛事运营者和各赛事参与主体之间的弱联系能够为双方提供许多新颖而不重复的信息,因为保持弱关系的双方彼此并不是十分熟悉,背景领域也大不相同,这一弱关系可以将本网络与外部网络联系起来,从而为本网络提供许多异质的市场信息,可以从一定程度上为赛事运营者寻找其他更合适的合作方提供一定的信息,但从降低

---

[1] Granovetter. The Strength of Weak Ties. American Journal of Sociology, 1973 (78).

[2] [意大利] 安娜·格兰多里:《企业网络:组织和产业竞争力》,中国人民大学出版社2005年版,第280页。

交易成本的角度分析，相比于强联系，弱联系所起的作用可以忽略。因此我们认为，赛事运营方与各合作对象之间的强联系，可以改善商业性体育赛事交易网络的非根植性特征所带来的信息不对称，有效抑制双方的机会主义行为，从而有效降低交易成本。

（2）网络的密度。赛事网络的较高密度特征有助于节约大量的搜寻信息成本和违约成本。密度是社会网络分析中最基本的概念之一，用来衡量一个网络中各个节点之间连接的紧密程度，通常用网络中实际的连接数与最大可能存在的连接数的比值来表示，该值越接近1，则该网络越稠密，越接近0，则该网络越稀疏。研究表明，过低的网络密度会减少企业或个人获取知识、信息、技术等创新资源的机会，而过高的网络密度则使得网络中模仿盛行，创新行为受到"异质信息匮乏"和"行为一致性压力"的制约。[1] 据上文所知，尽管体育赛事交易网络有众多的参与主体，但它们基本都是与体育赛事运营者发生直接的联系，彼此间不发生直接经济关系，网络所表现出来的这种稀疏性现象体现了商业性体育赛事交易网络的低密度特征，但该网络内大量的交易关系之间相互依赖、功能互补，如体育赛事的承办合同一经签订，就必须签订运动员、比赛场地、门票销售等一系列合同，否则比赛就不能举行；赛事的承办地合同签订后俱乐部会根据承办地相关情况签订运动员合同等，这种正式的交易网络的低密度特征使得赛事参与者签订各种契约时存在很多的信息不全，给对方的机会主义行为创造了条件，使得契约存在着巨大的风险。赛事网络内各参与主体间较高密度的非正式关系表明各参与主体间尽管没有稳定、持续的经济联系，有的甚至没有任何直接的经济联系，但它们两两之间大多是熟悉的，在私底下会有较多的非正式联系，较高密度的赛事非正式网络，其中充塞着很多的结构洞（由三人以上构成的封闭关系网络中，其中任何两个关系发生中断，则第三人就处于绝对控制信息的有利位置，即"结构洞"位置，可以带来信息利益与控制的利益），这使得网络成员不仅了解与其相联系的对方的信息，而且通过结构洞，有机会了解网络中其他成员的多种信息及对方所拥有的各种资源。这样，这种较高密度的体育赛事社会关系网络可以补偿经济网络的低密度特征带来的信息不全，无论在雇佣合

---

[1] 王剑锋：《创新网络的结构特征对集群创新影响的理论与应用研究》，硕士学位论文，成都电子科技大学，2007年。

约、出租合约还是销售合约的签订中,很大程度上都可以抑制双方的机会主义行为,从而降低赛事生产方在交易过程中搜寻信息的成本及违约的成本。当然,过高的网络密度往往会使赛事网络中的一些组织或个人形成一定的派系或小群体,派系或小群体的产生会对个体行为施加一定的约束,如出现当俱乐部、赞助商、媒体等参与主体形成小群体时对赛事生产方施加约束的现象。石海瑞通过实证研究得出,当网络中的密度达到 0.4606 的时候,网络的负效应为 0。[①] 因此我们认为,赛事网络内各参与主体间较高密度的非正式关系可以改善商业性体育赛事交易网络的低密度特征带来的信息不对称,有效抑制双方的机会主义行为,从而有效降低交易成本。

(3) 网络位置的中心性。赛事网络位置的高中心性特征有助于节约大量的搜寻信息成本、签约成本、监督成本和违约成本。网络位置中心性表征的是整个网络的集中或集权程度,即整个网络围绕一个点或一组点来组织运行的程度,指的是单个节点或一组节点在网络中的位置及其重要性,被当作描述整个网络的结构变量之一。[②] 据上文所知,尽管体育赛事交易网络有众多的参与主体,但它们都是与体育赛事运营者发生直接的经济联系,彼此两两间不发生直接经济关系,体育赛事运营者就像一个舰队的旗舰,占据着整个网络的中心位置,协调着众多供应商和用户的关系,在整个网络中具有重要的支配作用。依靠契约的签订联系起来的体育赛事经济网络的高中心性特征是一个客观存在的现象,保证了赛事在生产者的统一管理下有计划、有步骤地顺利完成。但如上文所述,体育赛事交易如同绝大多数商业交易一样在搜寻合适的交易方过程中会产生可观的信息成本,同时赛事过程中也存在着大量的不确定性,正式契约无法完全罗列各种不确定性从而使得交易过程中充满了大量的机会主义行为。

我们认为,当商业性体育赛事交易网络呈现出以赛事运营者或参赛俱乐部的明星运动员为高中心性的非正式网络特征的时候,可以节约大量的交易成本。当赛事运营者处于非正式网络高中心性的时候,一方面,因为赛事生产方与大部分投入品提供者以及赛事产品消费者间的非正式关系的

---

[①] 石海瑞:《企业间网络组织负效应问题研究》,硕士学位论文,山西财经大学,2009 年。
[②] 王剑锋:《创新网络的结构特征对集群创新影响的理论与应用研究》,硕士学位论文,成都电子科技大学,2007 年。

建立，使得搜寻信息的成本大大降低；另一方面，社会网络的高中心性表明赛事运营者在赛事网络众多参与者中靠着自身的品牌资产已树立了较高的威望和社会地位，网络中的其他成员本着对未来的预期不仅会愿意与其合作，而且会最大限度地贡献自己的力量，这将大大自觉降低自身可能的机会主义行为。当参赛俱乐部的明星运动员处于非正式网络高中心性的时候，赛事网络内的所有参与成员都会本着对未来的收益预期，最大限度地贡献自己的力量，自觉降低自身可能的机会主义行为。姚明在 NBA 联盟的影响就是一个很好的例子，姚明以其高超的球技、独特的人格魅力在市场上拥有良好的声誉，成为了联盟顶级球员，为 NBA 联盟带来了巨大的商业利益。科比坦言：姚明对于 NBA 联盟的贡献并没有被人夸大，他是一个巨人，是联盟顶级球员，是一个具有统治力的球员。自从姚明 2002 年入选火箭队后，联盟利用姚明这个契机，不断扩大其在中国乃至亚洲的品牌价值，培养了大批的中国及亚洲球迷，吸引了大批中国的赞助企业，如海尔、蒙牛、匹克、安踏、联想等 16 家企业进驻 NBA 赛场，目前中国有包括 CCTV 在内的 51 家各省电视媒体转播 NBA 的比赛场次，姚明的队友以及其他 NBA 球员也因此受益，他们获得了更多赴中国打球以及与中国企业合作的机会。[①] 因此，无论在雇佣合约、出租合约还是销售合约的签订和执行中，商业性体育赛事交易网络呈现出以赛事运营者或参赛俱乐部的明星运动员为高中心性的非正式网络特征的时候，可以改善因交易网络的非地域根植性、低密度性等带来的信息不对称，进而有效降低赛事运营过程中的搜寻信息成本、签约成本、监督成本和违约成本。当然，研究表明，网络中心性太高，会使得网络组织变得集权，互动减少，对于研发型的创新造成不利的影响（Ibarra，1993），罗家德（2005）在研究企业内改善团队时，通过实证研究证实：中心性不高不低，对于其流程改善的创新比较好。

综上所述，非正式契约的结构性维度在控制商业性体育赛事交易网络交易成本中起着重要的作用。赛事运营者和各赛事参与主体之间的强联系可以作为一种信号传递和信息甄别机制，在雇佣合约和出租合约的签订中，都有助于赛事生产方节约大量的搜寻成本，也进一步避免了逆向选择

---

[①]《科比：姚明所做贡献没有被夸大 他是联盟顶级球员》，大连日报，http：//sports.sina.com.cn/k/2011-07-15/11205659508.shtml。

的出现；较高密度的体育赛事社会关系网络表明赛事各参与主体不仅了解与其相联系的对方的信息，而且通过结构洞，有机会了解网络中其他成员的多种信息及对方所拥有的各种资源，这样，可以补偿经济网络的低密度特征所带来的信息不全，在很大程度上可以抑制双方的机会主义行为，从而降低赛事生产方在交易过程中搜寻信息的成本及违约的成本；当赛事网络表现出以赛事运营者或参赛俱乐部的明星运动员为高中心性的非正式网络特征的时候，一方面，因为赛事运营者与大部分投入品提供者以及赛事产品消费者间的非正式关系的建立，使得搜寻信息的成本大大降低；另一方面，赛事运营者和明星运动员在网络中的威望和社会地位，使得网络中的其他成员会本着对未来的预期自觉降低自身可能的机会主义行为。总的来说，当商业性体育赛事交易网络呈现出非正式契约结构性维度特征的时候，可以改善因交易网络的非地域根植性、低密度性、复杂性等带来的信息不对称，有效抑制交易方的机会主义行为，进而有效降低赛事运营过程中的各种交易成本。

2. 关系性维度降低交易成本的作用机制

非正式契约的关系性维度描述的是赛事参与主体通过创造关系或由关系手段获得的资产，突出了二元结构的人际关系，其分析的重点是如何通过人际关系的创造和维持来获取稀缺的资源，关注的是网络的质量，其中信任是最重要的因素，义务和期望、共同遵守的规范、声誉等都是重要的方面。本章将从以上几个方面讨论非正式契约降低交易成本的作用机制。

（1）人际信任。赛事运营者和各赛事参与主体之间的信任有助于节约大量的签约成本、监督成本和违约成本。信任指的是双方长期的频繁互动而对对方产生的正面预期——双方基于过去互动中累积的信息，预期对方对自己做出合作行为的心理期待。[1] 关系营销和组织间网络关系等研究成果显示，信任有三个基本的部分：对合作方在其行为中表现出善意举动的信心；诚实，对合作方的可信赖程度的反映；对合作方实现双方利益程度的信心。[2] Granovetter 指出，交换是经济领域里最基本的行为，而交换

---

[1] 马君、文庆能等：《信任的经济学分析：一种嵌入性视角》，《淮北煤炭师范学院学报》（哲学社会科学版）2005年第26期。

[2] 陈学光：《企业网络能力——网络能力、创新网络及创新绩效关系研究》，经济管理出版社2008年版，第82页。

行为得以发生的基础是双方必须建立一定程度的信任关系，在以物易物的原始交换中，双方必须首先相互了解，相信对方有交换的诚意，相信对方对交换条件的认可，然后才能进行实质的交换。即使在以货币为媒介的现代社会交换中，双方也需要有一定程度的信任感。如果信任感降到最低程度，在每一次的交易中，双方都必须在获得必要的监督保证之后才能进行，那么交易成本就会大大提高。[①] 在论证信任降低交易成本该命题时，学者们经常会做出下列假设：假定有委托人 A 和受托人 B，A 想把产品卖给 B，预期可获得收益为 I，B 接受该产品的净收益为 NI，A 对 B 的信任概率为 P，不信任的概率为 1-P。在这些假定下，委托人 A 的收益为 $R1 = PI-(1-P)I$；B 的收益为 $R2 = P \times NI$。

a. 如果双方彼此信任，即概率 $P=1$，则 A 的收益为 I，B 的收益为 NI，双方都是最大的收益。

b. 如果双方不完全信任：

如果 $0.5<P<1$，则 $0<R1<I$，$0<R2<NI$；

如果 $0<P<0.5$，则 $R1=0$，$R2=0$。

在不信任的第一种情况下，A 和 B 的相互信任大于不信任。这时，如果没有替代物，A 将货物委托给 B，但 A 可能会与 B 签订一项较苛刻的合同，进行详细调查，或者要求抵押，这样就会产生更多的交易成本，结果，无论其中任何一方有机会主义行为，都将引起法律纠纷，产生的违约成本将由 A 和 B 分担，其收益都将受到影响。在不信任的第二种情况下，A 和 B 的相互信任小于不信任。这种情况下，如果没有替代物，双方都将会规定更详细的规则、条件或请别人担保等方式提高彼此的信任程度。很显然，这种情况将产生更多的交易成本。[②]

从上文研究所知，商业性体育赛事经济网络呈现出松散型、非地域根植性的特征，松散型表现为各参与主体经济关系的短期性，赛事结束则不同契约自动解体。科莱温斯等将体育赛事这种具有松散型特征的网络称为"空心网络"，认为该种类型的网络成员间的信任关系需要在反复的交易

---

[①] 李正彪：《一个综述：国外社会关系网络理论研究及其在国内企业研究中的运用》，《经济问题探索》2004 年第 11 期。

[②] 郭劲光：《企业网络的经济社会学研究》，中国社会科学出版社 2008 年版，第 72—75 页；梁雅琦：《社会资本对创新网络的影响研究》，硕士学位论文，山西财经大学，2010 年。

中逐渐形成;① 非地域根植性表现为参与主体之间由于文化的差异会较少形成共享的语言和符号,从而造成赛事成员间交流和沟通的屏障。因此,就一次性商业性体育赛事本身而言,根本不可能建立起信任关系。赛事运营者与各参与主体间的信任关系需要在双方保持经常的互动、亲密的好感以及长时间的持续友谊这种社会关系的强联系中建立起来,而这种信任关系的存在,使得双方能够坦诚、如实地反映自己的信息,使得那种复杂的交易"一个电话""闲话一句"就成交,当出现争端的问题时能够坐下来从对方的角度出发协商解决,从而使得交易双方节省大量的签约成本、监督成本和违约成本。正如格兰诺维特所指出的,信任来源于社会网络且嵌入于社会网络之中,因此人们的经济行为也会嵌入于社会网络的信任结构之中。人们从事任何一笔交易,都会有防止欺骗及处理争端的交易成本。在没有任何其他手段建立我们对交易对象的"信任"时,查询信用、契约与法律,以及必要时付诸诉讼,就成了防止欺骗及处理争端的最后保障,而"信任"关系可节约的正是这项防止欺骗、处理争端的交易成本。② 我们认为,当赛事运营者和各赛事参与主体之间建立起信任关系的时候,可以改善因交易网络的松散型、非地域根植性等特征带来的交易成本问题。

(2) 义务和期望。赛事运营者和各赛事参与主体之间较高的义务和期望水平有助于节约大量的监督成本和违约成本。义务和期望指的是人在相应的社会关系中应该进行的价值付出以及人对实现某一目标的可能性的主观估计。如果行动者 A 为行动者 B 提供了帮助,并且相信 B 日后会报答自己,A 对 B 便有了期望,B 对 A 则承担了一种偿还的义务,由此,A 和 B 就构成了一种相互服务的关系。科尔曼认为,社会环境的可信程度越高,人们履行义务的可能性就越大,义务和期望形式的社会资本就越普遍。③ 商业性体育赛事经济网络的松散型、非地域根植性等特征,使短暂的经济关系所产生信任的可能性很小,人们履行义务及对他人期望的可能性也随之减少,在这种情况下,有些赛事参与者为了眼前的经济利益,会

---

① 王大洲:《企业创新网络进化和治理》,知识产权出版社 2006 年版,第 10 页。
② [美] 马克·格兰诺维特:《镶嵌——社会网和经济行动论文精选》,罗家德译,社会科学文献出版社 2007 年版,第 10 页。
③ 郭劲光:《企业网络的经济社会学研究》,中国社会科学出版社 2008 年版,第 72—75 页。

想方设法钻契约的空子从而产生一系列道德风险行为。原本定于2001年8月5日在北京举行的由唐·金拳击推广公司与中国长城体育公司牛立新共同策划的"长城之战"拳王争霸赛,从双方确立比赛契约到该赛最终于12月15日在美国举行,整个过程充满了这样的道德风险例子,其间唐·金多次出尔反尔,将牛立新玩于股掌之中。牛立新称:"HBO公司和唐·金没有谈好最后的价钱,影响了唐·金公司的利润才是导致其毁约的根本原因。""但我真没想到他能这么钻我空子,瞅见契约上没规定具体日期就可以跟我今天拖明天。"① 因此,赛事运营者和各赛事参与主体之间经常的互动、亲密的好感以及长时间的持续友谊这种强联系所产生的信任能使双方都明白自己在交易中应该承担的义务和责任,同时也希望并相信对方的行为能够向着良好的、他所希望的合作方向发展,这在很大程度上可以补偿由交易网络的松散型、非地域根植性等特征带来的信息不对称及赛事的不确定性,从而有效地节约监督成本和违约成本。

(3) 共同遵守的规范。商业性体育赛事参与主体间较高的规范水平,有助于节约大量的监督成本和违约成本。规范指的是在一定社会条件下,由一定的阶级、集团或群体制定或约定的用以指导人们行为的准则。一般来说,社会习俗、道德传统、宗教礼仪、规章制度都可以归为社会规范,是对社会进行管理、维护社会秩序和保证社会生活顺利进行的手段。② 科尔曼认为,社会规范提供了一种非正式的社会控制,从而减少了对正式制度制裁的依赖,它通过惩罚自私自利的行动、奖励大公无私的行动,要求个体放弃自我利益而按照公共利益行事,对个人行动起着重要的约束作用,从而使某些行动目标更容易实现。社会规范通常是不成文的,但为社会成员所普遍理解和接受。③ 如上文所言,商业性体育赛事经济网络呈现松散型、低密度性等特征,这种短暂性的经济关系很难在网络中形成为大家所普遍理解和接受的行为规范,但因为赛事的不确定性以及契约的不完全性,从而使得在赛事运作过程中可能出现大量的机会主义行为。因此,赛事网络较高水平的规范性来源于各参与主体间的社会关系,当赛事网络

---

① 《唐·金毁约拳王赛泡汤　长城体育公司面临三大问题》,北京青年报,http://sports.sina.com.cn,2001年10月5日。

② 石军伟:《社会资本与企业行为选择——一个理论框架及其在中国情景中的实证检验》,北京大学出版社2008年版,第66页。

③ 郭劲光:《企业网络的经济社会学研究》,中国社会科学出版社2008年版,第72—75页。

的规范性水平较高时,各参与主体本着对下一次可能合作的期待,要求自己严格执行赛事的行业规范,赛事运营者会如实向大众宣传赛事策划和筹备的各种情况、运动员会全力赛出水平和风格以满足观众欣赏精彩表演的目的、裁判员会秉公执法严格遵守裁判职业道德……以此获得网络成员的认可,从而实现下一次合作的可能,因为所有人都明白,如果不这么做,网络规范性带来的惩罚作用会减少甚至丧失下一次跟网络内任何成员合作的机会。由网络规范性带来的激励和惩罚机制无疑能够极大地抑制网络成员的机会主义行为,节约大量的监督成本和违约成本,在一定程度上可以改善由交易网络的松散型、非地域根植性等特征带来的交易成本问题。

(4) 声誉。商业性体育赛事参与主体间的声誉机制可以降低搜寻成本、监督成本和违约成本。对身份的维护指的是个体对能够反映个人身份的、用来传递信息或吸引注意力的一种标志的保护,在这里我们可以理解为是一种对声誉的保护。声誉指的是名誉、声望。学者王大洲认为,声誉机制作为一种社会过程,可以担负一种信息传递和奖优罚劣的功能,在网络的治理中起着重要的作用。它是在社会传播过程中形成的,传达着行动者的表现、技能和可靠性等信息,如果一个行动者是可靠的、可信的、具有合作精神的,那么这种声誉对该行动者来说就是一种奖励,行动者会小心地维护,如果一个行动者是不可信、爱欺诈的,人们就不愿意再与其合作,那么这种声誉对行动者来说就是一种惩罚。[1] 肖艳玲等的研究表明,在一次或有限次重复博弈中,声誉信息不能约束成员企业诚实守信;在无限重复博弈中,声誉信息将起到约束作用,使成员企业为了获得长远效益而采取守信行为,实现相互信任。[2] 商业性体育赛事的松散型特征,表明了声誉约束在这种一次性的、短暂的经济关系中不起作用,缺少了声誉约束的经济网络,机会主义的可能性大大增加。如上文提到的"长城之战"拳王争霸赛,由于唐·金的一而再、再而三的出尔反尔直至最后毁约,使得中国长城体育公司已经销售出去的大量门票成了难题。资料显示,当时日本最大的旅行社——日本交通公社找到位于北京的招商局国际旅行社,称他们将安排12名记者来中国观看拳王争霸战,于是招商局国际旅行社日本营销中心的工作人员经过近两个月的运作之后,招商国旅终于于7月

---

[1] 王大洲:《企业创新网络进化和治理》,知识产权出版社2006年版,第52—54页。
[2] 肖艳玲、王长青:《基于声誉约束的信任保障机制》,《价值工程》2011年第22期。

订到了拳王争霸赛的门票,并支付了人民币29880元。没有拿到门票,但售票方给了他们一张"世界拳击协会重量级拳王争霸赛比赛门票预订单",在订单说明中的第4条写道,"长城国际体育公司承诺如因非比赛主办方原因或比赛选手健康状况及不可抗拒的原因造成比赛取消或推迟,主办单位承担退还票款的责任"。接下去由于鲁伊斯受伤拳王大赛被迫推迟,日本方面得到消息之后取消了此次来华的计划,招商国旅也随即开始向长城公司追讨近3万元的门票款项。接下去的讨款过程因长城体育公司的多次出尔反尔令招商国旅的副总经理严洪心力憔悴,最终走上法庭。[①] 从这个案例来看,按照契约规定,由于鲁伊斯受伤拳王大赛被迫推迟这一事实,招商国旅的退票行为就应该无条件被执行,尽管长城公司也是受害者,有很多不得已的地方,但作为赛事主办方应该严格遵守行业规范,严格执行自己的承诺,长城公司这种一而再、再而三地不执行退票承诺的行为极大地伤害了广大拳迷的情感,在消费者中造成了极坏的影响。

当赛事运营者与各参与主体之间形成良好的社会关系网络的时候,声誉机制可以担负一种信息传递和奖优罚劣的功能,在降低交易成本中起着重要的作用。表现在搜寻合适的合作对象的时候,声誉可以弥补彼此间的信息不对称,从而降低搜寻成本。如在2008年北京奥运会上,以八块金牌成为在一届奥运会上获得最多金牌的菲尔普斯,当因吸毒声誉受到严重损害时,美国著名早餐品牌凯洛格公司立马表示将不与"飞鱼"续签合同。[②] 表现在赛事进行过程中,各参与主体本着对未来合作的预期,会最大限度地贡献自己的力量,维护自己在网络中的形象,抑制本身的机会主义行为,从而降低交易过程中的监督成本和违约成本。研究表明,在声誉市场上,企业的任何机会主义行为,将会通过信息传播效应被迅速传播,获得这些信息的企业在未来的合作中会谨慎选择是否与其合作。又如老虎伍兹事件,据报道,伍兹每年的收入都在1亿美元左右,其中的大多数钱来源于赞助商,他被称为当今世界最富有的体育明星,但自从2009年11月27日发生"车祸门"以及随后曝光的"绯闻门"之后,老虎伍兹的形

---

① 《拳王争霸赛一拖再拖　球迷退票未果可能诉诸法庭》,北京青年报,http://sports.sina.com.cn/o/2001-10-05/05189520.shtml,2001年10月19日。

② 《菲尔普斯吸毒声誉受损　一家赞助商表态不再续约》,新华网,http://sports.sohu.com/20090206/n262089435.shtml,2009年2月6日。

象受到了极大的影响,埃森哲直接退出了对其的赞助,而吉列、豪雅表、佳得乐都采取了限制有关伍兹形象广告的宣传,老虎伍兹身价大跌已是不争的事实。① 声誉市场通过传递声誉信号,对被信任方施加压力,使其行为符合其他合作伙伴的期望。因此,失去信任的恐惧感将阻止成员的机会主义行为。行动者不愿意欺骗另一个成员,是因为这个成员与共同的第三方相联系,这种共同的联系将会发挥信任通道的作用,从而形成了一种阻止机会主义行为的机制。② 因此我们认为,无论在销售合约、雇佣合约还是出租合约的签订和执行过程中,声誉机制的作用可以改善由交易网络的非地域根植性、低密度性、松散型、复杂性等带来的信息不对称及赛事的不确定性,极大地降低搜寻成本、监督成本和违约成本。

综上所述,非正式契约的关系性维度在降低商业性体育赛事交易网络交易成本中起着重要的作用。赛事运营者与各参与主体之间通过社会关系的强联系建立起来的信任,使双方能够坦诚、如实地反映自己的信息,使得那种复杂的交易"一个电话""闲话一句"就能成交,当出现争端的时候能够坐下来从对方的角度出发协商解决,从而使得交易双方节省大量的签约成本、监督成本和违约成本;赛事运营者与各参与主体之间通过社会关系的强联系建立起来的信任,能使双方都明白自己在交易中应该承担的义务和责任,同时也希望并相信对方的行为能够向着良好的、他所希望的合作方向发展。这种本身的自觉行为将极大地抑制彼此的机会主义行为,从而有效地节约监督和违约成本;当赛事网络的规范性水平较高时,由网络的规范性带来的激励和惩罚机制能够极大地抑制网络成员的机会主义行为,从而节约大量的监督成本和违约成本;当赛事运营者与各参与主体之间形成良好的社会关系网络的时候,声誉机制可以担负一种信息传递和奖优罚劣的功能,表现在搜寻合适的合作对象的时候,声誉可以弥补彼此间的信息不对称,从而降低搜寻成本。表现在赛事进行过程中,各参与主体为维护自己的声誉通过自律抑制本身的机会主义行为,从而降低交易过程中的监督成本和违约成本。当然,在赛事网络中,社会资本关系维度各要素之间也是相互作用和影响的,譬如,良好的声誉是合作信任关系建立的重要保障;网络的规范性使得声誉机制发

---

① 《老虎伍兹身价暴跌 Corona 雪茄奥兰多公司受益》,http://www.zx885.com/luxury/cigar/20091227/0516099.html,《互联网》2009-12-27 00:51:51。

② 肖艳玲、王长青:《基于声誉约束的信任保障机制》,《价值工程》2011 年第 22 期。

挥作用成为可能；信任的建立能促进义务和期望水平的提高等。总的来说，当商业性体育赛事交易网络呈现出非正式契约关系性维度特征的时候，可以改善因交易网络的非地域根植性、低密度性、松散型、复杂性等带来的信息不对称和赛事的不确定性，有效抑制交易双方的机会主义行为，进而有效降低赛事运营过程中的各种交易成本。

3. 认知性维度降低交易成本的作用机制

非正式契约的认知性维度描述的是赛事网络的认知范式，是赛事各参与主体在社会互动过程中形成的一些双方能够共同理解或形成默契的共识性事物，包括共享的语言和符号、共享的愿景和默会知识等，关注的也是网络的质量。本章将从以上几个方面讨论非正式契约降低交易成本的作用机制。

（1）共享的语言和符号。商业性体育赛事参与主体间共享的语言和符号有助于节约搜寻成本、签约成本、监督成本和违约成本。共享的语言和符号指的是赛事参与者之间基于共同专业和文化背景下达成一致的共同的行业用语、立场及价值观。哈皮特和戈沙尔（1998）指出，人们在某种程度上拥有共同的语言会提高他们接近他人获取信息的能力。如果他们的语言和法则不同，就容易造成彼此之间的分离并限制了交流。[①] 这种共享的语言和符号的形成是与共同的文化背景有关的。Browring（1994）的案例说明了共同的文化所带来的语言和符号对网络创新的作用。Toshiba、IBM、SimensAG虽然彼此是竞争对手，但是为了生产出新一代的随机芯片，曾经组织成一个创新网络，由200位科学家组成，来自不同的国家和公司。来自德国的科学家担心，当会议议题与日本的科学家无关时，后者是否会在讨论会上打瞌睡；来自日本的科学家发现他们工作室过于狭小、封闭，无法进行自由、放松的思考；来自IBM的科学家则抱怨德国的科学家们做出的计划太多，妨碍了研究行动的有序进行。最终这个团队由于缺乏共同的语言和文化宣告解散。[②] 据上文所知，体育赛事交易网络具有非地域根植性的特征，在体育赛事的生产过程中，除了竞赛场地、通信设施、交通条件等区域存量要素外，还有大量的运动员、裁判员、赞助商等

---

[①] 石海瑞：《网络组织负效应问题研究》，硕士学位论文，山西财经大学，2009年。

[②] Browning, Side by Side: Computer Chip Project Brings Rivals Together, But The Culture Clash; Foreign Work Habits Get in The Way of Creative Leaps, Hobbling Joint Research. Softball in Not the Answer, Wall Street Journal, 1994 (7): 58—73.

人力资本要素可能来自世界各地，具有不同的文化背景，加之这些赛事参与者与赛事生产地的消费者、供应商的经济联系较少，故很难融入赛事生产地的社会文化环境中，因此，从体育赛事交易网络的非地域根植性特征来看，各参与主体之间由于文化的差异会较少形成共享的语言和符号，从而造成赛事成员间交流和沟通的屏障。

以赛事运营者或参赛俱乐部的明星运动员为高中心性的体育赛事非正式网络在形成赛事各参与主体共同的文化和价值观进而促进共享的语言和符号方面可以起到重要的作用。博特的结构洞理论认为，由三人（以上）构成的封闭关系网络中，其中任何两个关系发生中断，则第三人就处于绝对控制信息的有利位置，即"结构洞"位置，可以带来信息利益与控制利益。因为它会通过扮演"桥"（bridge）的身份去填补这个空洞，发现两个团体间的商业机会、获取排他性的资源，并形成新的价值。① 据上文研究所知，商业性体育赛事正式的经济交易网络呈现出高中心度、低密度的特征，社会网络理论认为，在结构洞上架桥的行动者往往拥有较高的中介中心性。当体育赛事非正式网络也呈现出高中心性特征的时候，毫无疑问，这种正式和非正式网络的高中心性特征决定了赛事运营者或明星运动员在该网络中必然承担着"结构洞"位置，同时，一般来说，由主办方、协办方和承办方组成的赛事运营者大多生活在赛事承办地所在区域，往往较深地根植在由朋友关系、地缘关系、血缘关系、上下级关系，或者纯粹的经济关系所构成的当地社会网络之中，并较深地融入在赛事生产地的社会文化结构之中。因此，利用各种机会，赛事运营者将通过扮演"桥"的身份去填补这个空洞，运用各种手段逐渐将当地的文化及消费者的体育价值观传播、扩散给网络中的任何一个个人和组织，从而逐渐达成对赛事生产地文化的认同进而逐渐形成共享的语言和符号。当赛事网络成员形成共享的语言和符号的时候，成员间的交流和沟通将变得更为频繁、快捷和有效，可以改善交易网络的非地域根植性、低密度性、松散型、复杂性等带来的信息不对称和赛事的不确定性，从而有效降低赛事运营过程中的各种交易成本。

（2）共享的愿景。商业性体育赛事参与主体间共享的愿景有助于节

---

① 文嫮1、杨友仁2、侯俊军等：《嵌入性与 FDI 驱动型产业集群研究———以上海浦东 IC 产业集群为例》，《经济地理》2007 年第 9 期。

约签约成本、监督成本和违约成本。愿景是人们永远为之奋斗并希望达到的图景，它是一种意愿的表达，愿景概括了未来目标、使命及核心价值，是最终希望实现的图景。赛事网络内共享的愿景指的是由赛事参与主体的成员所制定，并获得组织一致的共识，形成大家愿意全力以赴努力的未来方向。商业性体育赛事网络内的共享愿景可以理解为：提高赛事质量，传播体育文化，推广项目发展，满足人民需求。蔡文娟等学者在讨论社会资本认知维度对产、学、研创新网络的影响作用的时候认为，共享愿景嵌入在产、学、研的目标和抱负之中，使创新主体在创新过程中有了同样的认识，就有可能避免沟通时的误解，而且有更多机会交换想法和资源为实现共同的目标而努力。[1]

  以赛事运营者或参赛俱乐部的明星运动员为高中心性的体育赛事非正式网络在形成赛事网络内共享的愿景方面可以起到重要的作用。体育赛事经济网络的复杂性表明了体育竞赛作为一项社会活动，个人无法进行，赛事的举办需要大量的投入品提供者以及产品消费者的参加，这些众多的参与主体组成了一个庞大的、功能互补的赛事承办和运作的利益共生体。生产一项高质量的体育赛事需要该利益共生体内的所有成员组成一个以学习（指的是协作、沟通、联系和吸收）为纽带的赛事网络，通过网络成员间的互动学习和精诚合作，持续"黏附"区域内外流动的人才、资金、知识、技术等各种软、硬要素，大量引进互补性体育资源，这样才能使区域不断朝向成为一个功能完善的赛事承办地的方向发展，因为一个功能完善的赛事承办地是赛事成功举办、实现人们共同愿景的前提。如上文所述，当体育赛事非正式的社会网络也呈现出高中心性特征的时候，毫无疑问，这种正式和非正式网络的高中心性特征决定了赛事运营者或明星运动员在该网络中必然承担着"结构洞"位置，因此，一方面，赛事运营者会利用各种机会，通过扮演"桥"的身份去填补这个空洞，运用各种手段将"提高赛事质量，传播体育文化，推广项目发展，满足人民需求"这样的愿景传播、扩散给网络中的任何一个个人和组织；另一方面，在一个商业赛事的酝酿过程中，往往会有那么几个"对体育及体育赛事具有巨大的热情"的人，是他们对体育运动的执着和热情排除各种困难最后促成赛事的

---

[1] 蔡文娟、陈莉平等：《社会资本视角下产学研协同创新网络的联接机制及效应》，《科技管理研究》2007年第9期。

完成。中国国际体育文娱传媒有限公司总经理武林就是这样一个"对体育及体育赛事具有巨大的热情",而且致力于培育及传播浙江体育文化的一个体育人。在武林的办公室里,随处都可以看到体育的痕迹。姚明大幅比赛照片、签名球衣被制作成相框挂在墙上;贝肯鲍尔、布拉特、米卢蒂诺维奇、王皓等的合照、曼联的全家福整齐地摆放在宽大的办公桌上。就是他促成了2009年英格兰曼彻斯特联俱乐部与杭州绿城的牵手,成功地举办了FIFA2007年中国女足世界杯、FIBA2008年斯坦科维奇洲际篮球杯赛、FIVA2008年世界男排联赛中国分站赛、CFA全国沙滩足球锦标赛、2010年亚足联亚洲杯预选赛等国际、国内知名的大型体育赛事。武林是在杭州从事高端体育赛事运营策划及承办的先行者。关于曼联的杭州行,武林向记者表示:"我要打造属于浙江的体育传媒,整合各种传媒的力量,用集团化的管理手段运营体育赛事,只有这样,浙江体育的火焰才能越烧越旺。通过举办高端体育赛事不仅能促进城市经济的发展,提高城市的知名度和社会影响力,更能展示城市的独特魅力。"武林的语调充满了自信,而此次曼联杭州行就是一次契机。"曼联作为世界顶级足球俱乐部做客杭州,这是一次商机,也是足球理念上的一次碰撞。"① 当赛事网络成员形成共享的愿景的时候,为了实现共同的奋斗目标,利益共生体内成员间的交流和沟通将变得更为频繁、快捷和有效,他们在追求自身利益的同时也会设身处地考虑对方的相关利益;当赛事过程中出现不确定事件的时候,他们会本着求同存异的态度去解决,从而大大减少双方的机会主义行为,促进搜寻成本、签约成本、监督成本和违约成本的降低。如上文所列举的"2003皇马中国行"赛前出现的"龙队国脚为钱险些罢战皇马"事件也充分体现了共享的愿景在影响交易成本中的作用。除了上文所分析的由于契约的缺损引发的机会主义从而带来交易成本的增加外,我们认为造成俱乐部球队教练以及运动员机会主义行为的一个重要原因是赛事网络内没有形成一个共享的愿景,众所周知,有贝克汉姆、罗纳尔多、劳尔、菲戈、齐达内、卡洛斯和卡西利亚斯"七大天王"悉数在阵的皇加马德里队是世界级"超豪华"阵容俱乐部,中国运动员能有机会与之在同一足球场上踢球本身就是一个千载难逢的学习机会,就像有些国脚运动

---

① 新浪体育:《他促成曼联杭州行 他立志打造浙江体育传媒》,http://sports.sina.com.cn/j/2009-07-16/16024484771.shtml,2009年7月14日。

员所说："能参加与皇马队的比赛，本身就是一种荣誉。"作为中国国家队的运动员，本应该抱着"提高运动水平，传播体育文化，推广项目发展，满足人民需求"这样的动机虚心向对方学习，哪里能够有"不给钱，我们就不踢比赛！"这样的态度！正如中国龙队总教练年维泗通过这场"龙马大战"，再次认识到了中国足球这些年进步不大的原因，同时发出"中国队就靠这样的国脚能有希望吗！"的感叹来。

（3）默会知识。赛事网络内的默会知识有助于节约签约成本、监督成本和违约成本。默会知识即隐性知识，是一种只可意会不可言传的知识，是赛事参与主体间一种经常使用却又不能通过语言文字符号予以清晰表达或直接传递的知识。盖文启在区域创新网络的研究中认为，现在的区域竞争已不再仅是一般意义上显性区域资源存量的竞争，而是区域内人们的创新思想、创新知识以及融入到本地居民的共同的语言文化背景等隐性知识的竞争中。尽管这些隐性经验类知识的价值难以定量分析，但这些知识渗透到人们日常的交流与合作过程中，直接影响到企业发展的绩效和区域创新活动的发生。[1] 梁雅琦认为，创新网络内共享性隐性知识，对于网络成员而言，是一种准公共物品，可以通过交往方便地获取，但对于网络外的成员，则是私人物品，无法传播或即使传播出去，对方也无法领会。隐性知识的获取是一个模仿过程，不能独立于本地的文化、规范之外而存在，需要交流双方对交流主题能够同时处理，并借助于语言、体态、情感等隐含表达方式的综合作用，必须通过非正式的交往获得。[2]

据上文研究所知，体育赛事交易网络具有非地域根植性的特征，赛事网络内大量的人力资本来自世界各地，具有不同的文化背景，很难融入到赛事生产地的社会文化环境中。因此，从经济关系来看，参与主体之间由于文化的差异很难形成隐性知识的产生和传播。以赛事运营者或参赛俱乐部的明星运动员为高中心性的体育赛事社会网络在形成赛事网络内隐性知识的产生和传播方面可以起到重要的作用。当体育赛事非正式的社会网络也呈现出高中心性特征的时候，这种正式和非正式网络的高中心性特征决定了赛事运营者在该网络中必然承担着"结构洞"的位置，赛事运营者和明星运动员会利用各种非正式交流机会，譬如通过安排吃饭、喝茶、聚

---

[1] 盖文启：《创新网络——区域经济发展新思维》，北京大学出版社2002年版，第67页。
[2] 梁雅琦：《社会资本对企业创新网络的影响研究》，硕士学位论文，山西财经大学，2010年。

会、举办活动等多种形式频繁地将大家召集在一起，通过面对面的交流和沟通，逐渐将当地的文化及消费者的体育价值观传播、扩散给网络中的任何一个个人和组织，逐渐达成网络成员对赛事生产地文化的认同，进而促进网络中形成商业秘密、技术诀窍等隐性知识的传播，使得信息的传播更为及时、准确和有效，从而大大减少双方的机会主义行为，促进搜寻成本、签约成本、监督成本和违约成本的降低。

综上所述，非正式契约的认知性维度在控制商业性体育赛事交易网络的交易成本中起着重要的作用。商业性体育赛事交易网络的非地域根植性特征决定了该网络很难融入到赛事生产地的社会文化环境中，也很难建立起共同的文化背景。当体育赛事非正式的社会网络也呈现出高中心性特征的时候，这种正式和非正式网络的高中心性特征决定了赛事运营者在该网络中必然承担着"结构洞"的位置，赛事运营者将通过扮演"桥"的身份去填补这个空洞，通过各种手段逐渐地将当地的文化及消费者的体育价值观传播、扩散给网络中的任何一个个人和组织，从而逐渐达成对赛事生产地文化的认同进而逐渐形成共享的语言和符号、共享的愿景以及默会知识（即隐性知识）的传播。为了实现共同的奋斗目标，利益共生体内成员间的交流和沟通将变得更为频繁、快捷和有效，促进了如商业秘密、技术诀窍等隐性知识的传播；当赛事过程中出现不确定事件的时候，他们会本着求同存异的态度去解决；他们在追求自身利益的同时也会设身处地地考虑对方的相关利益。总的来说，当商业性体育赛事交易网络呈现出非正式契约认知性维度特征的时候，可以改善因交易网络的非地域根植性、低密度性、松散型、复杂性等带来的信息不对称和赛事的不确定性，有效抑制交易方的机会主义行为，进而有效降低赛事运营过程中的各种交易成本。

上文我们讨论了非正式契约三维度促进体育赛事网络交易成本下降的作用机制。总的来说，社会资本的三维度其本质在于通过赛事网络内各参与主体间的频繁互动促进信息的流动和知识的传播、促进合作过程中各种问题的顺利协商和解决，改善因交易网络的非地域根植性、低密度性、松散型、复杂性等带来的信息不对称和赛事的不确定性，从而降低合作过程中的不确定性、抑制签约前后的各种机会主义，进而进一步降低交易过程中所产生的搜寻成本、签约成本、监督成本和违约成本，对正式契约起着补充和推动的作用。其中结构性维度关注的是社会网络是否存在，关系性维度关注的是社会网络中情感存在的质量，认知性维度关注的是社会网络认知的质量，是以共同的文化为背景的。同时，社会资本的三个维度之间存在一定的相关性，Tsai 和 Ghoshal（1998）的研究表明，社会资本的结构维度和认知维度对于关系维度具有较强的影响，而结构维度对认知维度只具有弱影响。①

## 第三节　正式契约和非正式契约的关系

赛事产权交易契约和社会资本分别作为一种正式契约和非正式契约，它们在控制体育赛事交易网络交易成本中起着相互补充、相互推动的作用。Macneil 认为，正式契约是一种承诺，主要有四个特点：①契约在事前是明确制定的；②契约在事后是可以验证的；③验证契约的标准是客观的；④契约可由第三方来证实和强制实施。Gib-bons 等认为，关系契约是基于未来关系价值的非正式协议，主要特点是"自我履行"，也有四个主要特点：①事前明确制定契约的成本是高昂的；②存在一个双方共有的认知，可以被双方观察到，但不能被法庭所证实；③测量契约的标准是主观的；④契约是靠自我履行的。非正式契约和正式契约的主要区别在于：正式契约是可以由第三方（诸如法庭等）事后证实和执行的契约条款，而非正式契约则是一种对未来关系的价值预期所维持的非正式协议，它根植于特定情景之中，无法被第三方事后证实和执行，但必须是可以自我履行的。②

诺思（North，1981）指出，制度是一种社会博弈规则，是人们所创造的用以限制人们相互交往的行为的框架。制度往往就是通过提供这样一系列的正式规则（政治规则、经济规则和契约）或非正式的规则（行事规则、行为规范以及惯例）来界定人们的选择空间，约束人们之间的相互关系，从而减少环境中的不确定性和交易费用。然而正式规则，即使是在经济最发达的经济中，也是形成选择的约束的小部分……支配结构的大部分是由行事规则、行为规范以及惯例来界定的，正式规则虽然是非正式规则的基础，但

---

① 梁雅琦：《社会资本对企业创新网络的影响研究》，硕士学位论文，山西财经大学，2010 年。
② 李双燕、万迪昉、史亚蓉：《基于正式契约和关系契约的 BPO 治理机制研究》，《经济管理》2008 年第 18 期。

在日常互动中，它们却极少是形成选择的明确而直接的来源。①

贝克尔、吉本斯和默菲（Baker, Gibbons & Murphy, 1994）对正式契约与关系性契约的混合使用问题进行了研究。他们认为，正式契约与关系性契约是相互补充的关系，在某些情况下无论是哪一种契约都无法单独完成使命。

Poppo 和 Zenge（2002）回顾了有关关系性契约与正式契约关系不同观点后，通过实证研究证明了关系性契约与正式契约之互补关系。

现实中商业交易的真实状况是法律形式的正式合约和不依靠法律保护的非正式合约共同规范了组织之间的商业行为。精确设计的正式契约不会阻碍或取代关系性契约，实际上会促进更多值得信任的长期合作交易关系。而非正式契约能够改善正式契约所造成的扭曲。因此，契约双方之间最优的合作需要正式契约和关系性契约的共同作用。②

王大洲认为，在网络治理中，正式契约和隐性契约（非正式契约）之间既存在相互补充，也存在相互推动的关系。首先，基于正式契约形成的网络经过一段时间的顺利运行，就可能催生出由非正式契约形成的网络；其次，基于非正式契约运行的非正式网络，可能成为合作者日后达成正式契约的基础；再次，如果预期合作关系的持续时间将超过代理人的任期，非正式理解和承诺将会被正式化；最后，随着合作伙伴对信任的依赖度不断上升，他们就越来越可能在组织间正式条款之外开展工作，隐性契约越来越成为正式契约的补充或者替代。③ 正如弗里曼所说，"在每一正式网络的背后，常常都有各种各样非正式网络赋予其生命的气息"。④ 有研究指出，日本的契约甚至有时故意不明确规定一些事情，以便随着时间和环境的变化，双方能够根据需要灵活修改契约，而对契约任何部分的商讨和修改都是从考虑交易能否长期持续出发，而不只是契约本身，长期交易的整体利益至关重要。⑤

作为合作双方讨价还价产物的各种赛事产权交易契约是一种正式契

---

① [美]诺思：《制度、制度变迁与经济绩效》，格致出版社2008年版。
② 吴颉、熊平：《小议关系性契约与正式契约的关系》，《法律天地》2007年第8期。
③ 王大洲：《企业创新网络进化和治理》，知识产权出版社2006年版，第52—54页。
④ Freeman, C., 1991. Networks of innovators: A synthesis of research issues. Research Policy20: 499-514；纪宁：《体育赛事的经营和管理》，电子工业出版社2004年版，第203页。
⑤ 彭文兵：《经济社会学理论方法与运用——社会关系网络和社会资本视角下的企业研究》，博士学位论文，上海财经大学，2001年。

约，基于正式契约的约束形成了正式的经济交易网络，而通过赛事参与者关系网络获得的、来自于关系网络的以信任、声誉为重要特征的社会资本是一种非正式契约，基于这种非正式契约形成了非正式网络。类似于一般的经济现象，赛事产权交易契约和社会资本分别作为一种正式契约和非正式契约，它们在体育赛事交易网络的治理中存在着相互补充、相互推动的关系。首先，具有法律效应的正式契约是规制赛事交易双方行为、抑制其机会主义的基础，但由于赛事的不确定性和复杂性，在体育赛事运作过程中会出现大量的契约中未具体涉及的情况，单靠法律途径执行解决将耗费大量的人力和财力，实际上，如果合作双方的争执只有到了上法庭才能解决问题，恐怕其合作也意味着终结。因此，当出现问题的时候，在正式契约的基础上，仍需要非正式契约的补充，需要交易双方在信任的基础上交流、沟通，本着对未来再次合作的预期，站在对方的角度共商解决的对策。其次，基于正式经济交易的网络在运行过程中，随着赛事参与者之间的频繁接触和交往，人们之间的认知差距会逐渐缩小，价值观会逐渐趋同，社会资本也随之产生。而随着社会关系的建立，商业合作关系也将进一步建立。研究表明，在体育赛事中，一些非正式的沟通往往比公事公办更为有效。[①] 正如美国的拉塞尔·霍顿在《成功运作F1》中所说的：在F1赛车中，一些私人接触（如一次握手、做一个承诺）和法律合同一样重要，在F1赛车组织体系的各个位置中都能找到埃克尔斯通的盟友，所有的车队老板可能都欠埃克尔斯通一份或两份人情。埃克尔斯通昔日的老友沙尔利·惠廷后来成为了FIA的技术代表，负责检查赛场上的欺骗行为和指出犯规车手；马克斯·莫斯利在担任马尔奇车队的老板时就是埃克尔斯通的朋友，后来成为了F1赛车重组后的新主席。[②] 正如笔者在访谈中一位资深赛事运作专家所说的：对于合作伙伴，如果合作愉快，合作结束后，我们会很注重对其日常关系的维护，总的来说，大家一般都采取那种"有事多商量，无事多来往"的态度，再有赛事的时候，也肯定首先考虑这些对象。合同确实很重要，大的方面肯定按照合同办事，但还有很多事情确定不了，合同上会较模糊，当出现问题的时候，关系就很重要，特别是声誉，大家都在一个圈子里混嘛，一般都会为对方利益着想，选择对大

---

[①] 纪宁：《体育赛事的经营和管理》，电子工业出版社2004年版，第203页。
[②] [美]拉塞尔·霍顿：《成功运作F1》，机械工业出版社2002年版，第45页。

家一起有利的方案，有时候用电话沟通就可以解决问题。说实话，有些时候合同还真没有用，先操作了再说，赛事完成了再象征性地补充一个合同，最主要靠的还是双方在这个圈子里的声誉。

基于上述讨论，给出商业性体育赛事交易网络的契约关系结构，见图4-7，正式契约和非正式契约是影响商业性体育赛事交易网络交易成本的两大主要要素，正式契约主要从控制逆向选择和控制道德风险两个方面规避代理人的机会主义行为，从而降低交易成本；非正式契约主要从结构性、关系性和认知性三个维度规避代理人的机会主义行为，降低赛事的不确定性，从而降低交易成本。具体指标见图4-7。

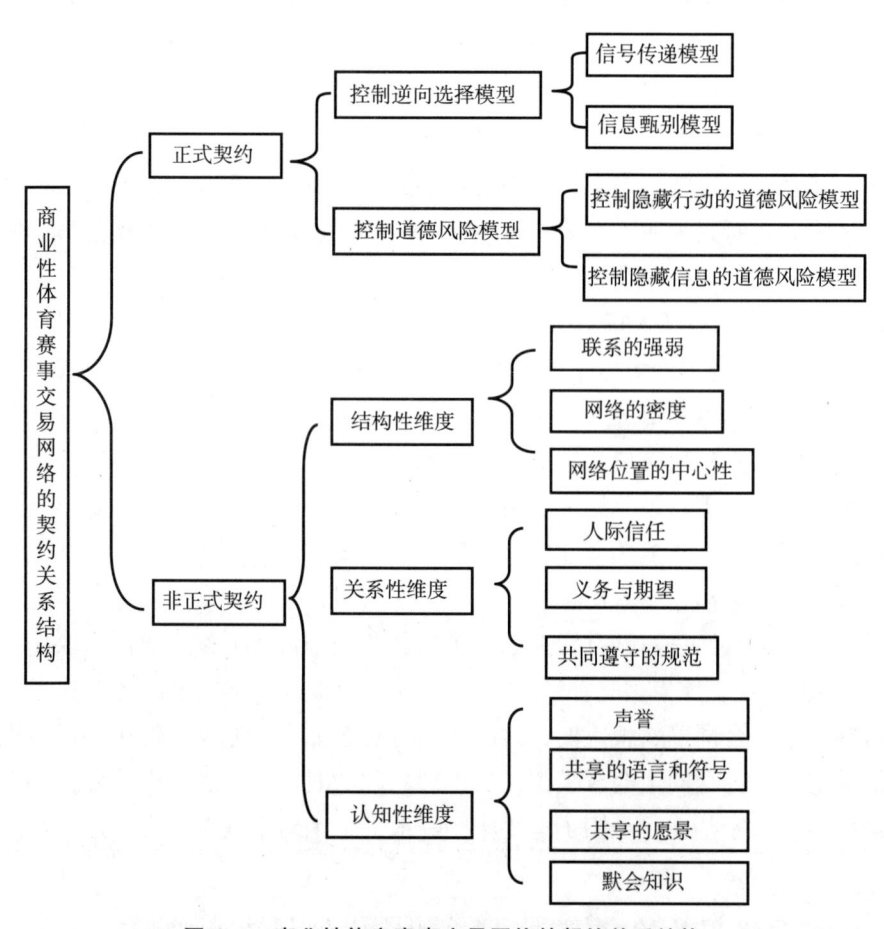

```
商业性体育赛事交易网络的契约关系结构
├── 正式契约
│   ├── 控制逆向选择模型
│   │   ├── 信号传递模型
│   │   └── 信息甄别模型
│   └── 控制道德风险模型
│       ├── 控制隐藏行动的道德风险模型
│       └── 控制隐藏信息的道德风险模型
└── 非正式契约
    ├── 结构性维度
    │   ├── 联系的强弱
    │   ├── 网络的密度
    │   └── 网络位置的中心性
    ├── 关系性维度
    │   ├── 人际信任
    │   ├── 义务与期望
    │   └── 共同遵守的规范
    └── 认知性维度
        ├── 声誉
        ├── 共享的语言和符号
        ├── 共享的愿景
        └── 默会知识
```

图4-7 商业性体育赛事交易网络的契约关系结构

## 小　结

　　本章运用规范研究的范式首先对商业性体育赛事交易网络契约关系的实现目标——降低交易成本以及交易成本的产生原因等问题进行了阐述；继而论证了降低商业性体育赛事交易网络交易成本的契约关系结构。研究认为正式契约和非正式契约是影响商业性体育赛事交易网络交易成本的两大主要要素；正式契约和非正式契约相互补充、相互推动，使商业性体育赛事交易成本得到有效的控制。在非正式契约的作用下，具有高中心性和低密度性、半开放性和松散型、非地域根植性等特征的商业性体育赛事交易网络得到进一步的优化。

# 第五章

# 中国商业性体育赛事交易网络契约的重要性判断及存在的问题

本研究第四章我们运用规范研究的范式论证了正式契约和非正式契约是降低商业性体育赛事交易网络交易成本的两大主要要素，分别依托契约经济学和社会资本理论构建了正式契约和非正式契约的指标体系，论证了在正式契约和非正式契约的共同作用下，商业性体育赛事交易网络交易成本得到有效控制的命题，最后给出了商业性体育赛事交易网络的契约关系结构。在上文研究的基础上，本章首先运用德尔菲法对我国商业性体育赛事交易网络契约关系结构的指标体系进行论证，在此基础上，进一步运用专家模糊评价法对契约关系结构中各指标对降低交易成本的重要程度进行判断，最后对我国商业性体育赛事交易网络契约关系中存在的问题进行了讨论。

## 第一节 中国商业性体育赛事交易网络契约关系结构的指标体系

第一轮专家问卷咨询结果及修改：运用德尔菲法对商业性体育赛事交易网络契约关系结构的指标体系进行论证。在第一轮专家咨询问卷（问卷1）回收后对集中程度（$\bar{X}$）、离散程度（标准差S）和协调程度（变异系数CV）进行统计分析。见表5-1，除三级指标"信息甄别模型"的$\bar{X}$=2.67<3应该被删除外，其他指标均被保留。同时，在第一轮专家问卷中，根据部分专家的意见，将一级指标由原来的"赛事产权交易契约和社会资本"分别修改为"正式契约和非正式契约"，在指标体系的构建思路一览中，将商业性体育赛事交易网络交易成本的操作定义进行了说明。具体修改结果见附件2〔《我国商业性体育赛事交易网络的契约关系结构指

标体系筛选专家问卷（问卷1）（第二轮）]。

表 5-1　第一轮商业性体育赛事交易网络的契约关系结构指标筛选一览表

|  | $\bar{X}_t$ | Si | CVi | 保留/删除 |
| --- | --- | --- | --- | --- |
| 赛事产权交易契约 | 5.00 | 0 | 0 | 保留 |
| 社会资本 | 5.00 | 0 | 0 | 保留 |
| 控制逆向选择模型 | 4.33 | 0.49 | 0.11 | 保留 |
| 控制道德风险模型 | 5.00 | 0 | 0 | 保留 |
| 结构性纬度 | 4.40 | 0.63 | 0.14 | 保留 |
| 关系性纬度 | 4.67 | 0.49 | 0.10 | 保留 |
| 认知性纬度 | 4.47 | 0.52 | 0.12 | 保留 |
| 信号传递模型 | 4.67 | 0.49 | 0.10 | 保留 |
| 信息甄别模型 | 2.67 | 0.49 | 0.18 | 删除 |
| 控制隐藏行为的道德风险模型 | 4.80 | 0.41 | 0.09 | 保留 |
| 控制隐藏信息的道德风险模型 | 4.07 | 0.46 | 0.11 | 保留 |
| 联系的强弱 | 4.53 | 0.52 | 0.11 | 保留 |
| 网络的密度 | 4.27 | 0.70 | 0.16 | 保留 |
| 网络位置的中心性 | 4.67 | 0.49 | 0.10 | 保留 |
| 人际信任 | 4.93 | 0.26 | 0.05 | 保留 |
| 义务与期望 | 4.60 | 0.51 | 0.11 | 保留 |
| 共同遵守的规范 | 4.53 | 0.64 | 0.14 | 保留 |
| 声誉 | 4.93 | 0.26 | 0.05 | 保留 |
| 共享的语言和符号 | 4.00 | 0.38 | 0.94 | 保留 |
| 共享的愿景 | 4.60 | 0.51 | 0.11 | 保留 |
| 默会知识 | 3.93 | 0.59 | 0.15 | 保留 |

第二轮专家问卷咨询结果：第二轮专家问卷回收后对集中程度（$\bar{X}$）、离散程度（标准差 S）和协调程度（变异系数 CV）进行统计分析。见表5-2，所有指标都被保留。

表 5-2　第二轮商业性体育赛事交易网络的契约关系结构指标筛选一览表

|  | $\bar{X}_t$ | Si | CVi | 保留/删除 |
| --- | --- | --- | --- | --- |
| 正式契约 | 5.00 | 0 | 0 | 保留 |
| 非正式契约 | 5.00 | 0 | 0 | 保留 |
| 控制逆向选择模型 | 4.67 | 0.49 | 0.10 | 保留 |
| 控制道德风险模型 | 5.00 | 0 | 0 | 保留 |

(续表)

| | $\bar{X}_t$ | Si | CVi | 保留/删除 |
|---|---|---|---|---|
| 结构性纬度 | 4.67 | 0.62 | 0.13 | 保留 |
| 关系性纬度 | 4.87 | 0.52 | 0.11 | 保留 |
| 认知性纬度 | 4.67 | 0.49 | 0.10 | 保留 |
| 信号传递模型 | 4.87 | 0.35 | 0.07 | 保留 |
| 控制隐藏行为的道德风险模型 | 4.80 | 0.41 | 0.09 | 保留 |
| 控制隐藏信息的道德风险模型 | 4.33 | 0.49 | 0.11 | 保留 |
| 联系的强弱 | 4.80 | 0.41 | 0.09 | 保留 |
| 网络的密度 | 4.47 | 0.74 | 0.17 | 保留 |
| 网络位置的中心性 | 4.60 | 0.51 | 0.11 | 保留 |
| 人际信任 | 5.00 | 0 | 0 | 保留 |
| 义务与期望 | 4.73 | 0.46 | 0.10 | 保留 |
| 共同遵守的规范 | 4.67 | 0.62 | 0.13 | 保留 |
| 声誉 | 4.87 | 0.35 | 0.07 | 保留 |
| 共享的语言和符号 | 4.20 | 0.56 | 0.13 | 保留 |
| 共享的愿景 | 4.87 | 0.35 | 0.07 | 保留 |
| 默会知识 | 4.00 | 0.65 | 0.16 | 保留 |

通过两轮德尔菲法专家问卷，得出较为科学的商业性体育赛事交易网络契约关系结构指标体系，指标体系共包括2个一级指标（正式契约和非正式契约）；5个二级指标（控制逆向选择模型、控制道德风险模型、结构性纬度、关系性纬度、认知性纬度）；13个三级指标（信号传递模型、控制隐藏行为的道德风险模型、控制隐藏信息的道德风险模型、联系的强弱、网络的密度、网络位置的中心性、人际信任、义务与期望、共同遵守的规范、声誉、共享的语言和符号、共享的愿景、默会知识）。

## 第二节 不同契约对降低交易成本的重要程度

上文我们通过两轮德尔菲法专家问卷，得出了较为科学的能够降低商业性体育赛事交易网络交易成本的契约关系结构，在上述研究的基础上，本部分进一步运用专家模糊评价法对契约关系结构中各指标降低赛事生产过程中各种交易关系交易成本的重要程度进行判断。对15份专家问卷（问卷2）

回收后进行数据处理,得出集中程度(平均数 $\overline{X}$)、离散程度(标准差 S)和协调程度(变异系数 CV),进一步对数据进行归一化的无量纲化处理,得出标准化权重($\lambda$)。从上文规范研究所得出的契约关系结构以及德尔菲法得到的研究结果表明,商业性体育赛事交易网络契约关系结构中的一级、二级指标对交易成本的重要程度几乎同等重要,因此可以进行等权处理,分别见图 5-1—图 5-8。下面根据不同类型的双边协议形式(雇佣合约形式、出租合约形式、销售合约形式)的顺序分别对正式契约对降低交易成本的重要程度、非正式契约对降低交易成本的重要程度以及正式契约和非正式契约对降低交易成本的重要程度进行判断及讨论。

## 一 正式契约对降低交易成本的重要程度

(一)赛事运营者与俱乐部等主体交易关系

表 5-3 正式契约在赛事运营者与俱乐部等主体交易中对降低交易成本的重要程度

|  | $\overline{X}_t$ | Si | CVi | $\lambda$ |
| --- | --- | --- | --- | --- |
| 信号传递模型 | 4.60 | 0.51 | 0.11 | 0.338 |
| 控制隐藏行为的道德风险模型 | 4.80 | 0.41 | 0.09 | 0.353 |
| 控制隐藏信息的道德风险模型 | 4.20 | 0.68 | 0.16 | 0.309 |

从表 5-3 中我们可以看出,在体育赛事运营者与俱乐部等主体发生经济交易关系获得运动员、教练员等生产要素的过程中,正式契约各三级指标中对降低交易成本的重要程度依次是"控制隐藏行为的道德风险模型""信号传递模型"和"控制隐藏信息的道德风险模型",其权重分别为 0.353、0.338 和 0.309。说明专家们认为在我们国家的商业性体育赛事运作中,在该交易关系中,相比于签约前的"逆向选择",更关注签约后的"隐藏行为的道德风险"对交易成本的影响,这可能跟各国对运动员都有严格的注册制度、等级制度从而在很大程度上避免了逆向选择的出现有关。从上文分析可知,在该交易过程中,签约后的机会主义主要表现为运动员"出工不出力"这种隐藏行动的道德风险现象,设计一种激励合同将运动员和赛事运营者的经济利益捆绑在一起,促使运动员从自身利益出发选择对赛事运营者最有利的行动——尽最大的努力赛出运动水平,从而达到最大限度控制运动员的机会主义行为是一种最有效的措施。

## （二）赛事运营者与裁判协会交易关系

表 5-4　正式契约在赛事运营者与裁判协会交易中对降低交易成本的重要程度

|  | $\bar{X}_t$ | Si | CVi | 标准权重 |
| --- | --- | --- | --- | --- |
| 信号传递模型 | 4.27 | 0.80 | 0.19 | 0.340 |
| 控制隐藏行为的道德风险模型 | 4.27 | 0.59 | 0.14 | 0.340 |
| 控制隐藏信息的道德风险模型 | 4.00 | 0.85 | 0.21 | 0.320 |

从表 5-4 中我们可以看出，在体育赛事运营者与裁判协会发生经济交易关系获得裁判员该生产要素的过程中，正式契约各三级指标中对降低交易成本的重要程度较大的是"信号传递模型""控制隐藏行为的道德风险模型"，其次是"控制隐藏信息的道德风险模型"，其权重分别为 0.340、0.340 和 0.320。说明专家们认为从正式契约角度分析，分别用"信号传递模型"和"控制隐藏行为的道德风险模型"控制签约前后的机会主义行为同样重要，这跟我们在第四章用规范研究得出的结果不相一致，前文研究显示，在体育赛事运营者和项目单项协会签约中存在签约前的机会主义的可能较小，但仍有可能存在签约后的机会主义，因为一般而言，裁判员由单项协会提供，单项协会担任着裁判员的管理和培训工作，对裁判员的资格确认有严格的审批和注册制度。该实证结果可能跟我们国家在管理裁判员、派遣裁判员过程中存在着一定问题有关，譬如在裁判资格认定、审核过程中的放水现象，在派遣裁判员时主要考虑那些私人关系较好的人员等现象，如足球打假反赌专案中批捕的陆俊等几个裁判与裁判委员会主任李冬生都有着比较好的私人关系。[①]

（三）赛事运营者与后勤保障团队所属组织或个人交易关系

表 5-5　正式契约在赛事运营者与后勤保障团队所属组织或个人交易中对降低交易成本的重要程度

|  | $\bar{X}_t$ | Si | CVi | 标准权重 |
| --- | --- | --- | --- | --- |
| 信号传递模型 | 4.67 | 0.48 | 0.10 | 0.371 |
| 控制隐藏行为的道德风险模型 | 4.00 | 0.85 | 0.21 | 0.320 |

---

① 《"金哨"当护身符，又有裁判会主任撑腰，陆俊在全运会上吹黑哨》，http://www.qnsb.com/fzepaper/site1/qnsb/html/2010-09/20/content_277246.htm。

（续表）

|  | $\bar{X}_t$ | Si | CVi | 标准权重 |
|---|---|---|---|---|
| 控制隐藏信息的道德风险模型 | 3.87 | 0.83 | 0.21 | 0.309 |

从表5-5中我们可以看出，在体育赛事运营者与后勤保障团队所属组织或个人发生经济交易关系获得安保、交通、食宿、医务、运输等生产要素的过程中，正式契约各三级指标中对降低交易成本的重要程度依次是"信号传递模型""控制隐藏行为的道德风险模型"和"控制隐藏信息的道德风险模型"，其权重分别为0.371、0.320和0.309。说明专家们认为在我们国家的商业性体育赛事运作中，在该交易关系中，后勤工作团队较可能出现隐瞒真实信息、夸大自己的服务质量的现象，这可能跟商业性体育赛事对后勤团队的资质要求门槛较低、市场竞争对手很多有关。因此，相比较而言，控制签约前的机会主义行为比控制签约后的机会主义行为更为重要。

（四）赛事运营者与票务公司交易关系

表5-6　正式契约在赛事运营者与票务公司交易中对降低交易成本的重要程度

|  | $\bar{X}_t$ | Si | CVi | 标准权重 |
|---|---|---|---|---|
| 信号传递模型 | 4.20 | 0.56 | 0.13 | 0.326 |
| 控制隐藏行为的道德风险模型 | 4.67 | 0.49 | 0.10 | 0.363 |
| 控制隐藏信息的道德风险模型 | 4.00 | 0.65 | 0.16 | 0.311 |

从表5-6中我们可以看出，在体育赛事运营者与票务公司发生经济交易关系委托其销售门票的过程中，正式契约各三级指标中对降低交易成本的重要程度依次是"控制隐藏行为的道德风险模型""信号传递模型"和"控制隐藏信息的道德风险模型"，其权重分别为0.363、0.326和0.311。说明专家们认为在我们国家的商业性体育赛事运作中，在该交易关系中，较可能出现票务公司暗地抬高票价或者内部人员暗地跟黄牛勾结，一起倒票，炒高票价的行为，逆向选择行为较少的原因可能跟目前赛事运营方常采用门票销售数量以及总金额提成的激励方式有关。因此相比较而言，控制签约后的机会主义行为比控制签约前的机会主义行为更为重要。

(五) 赛事运营者与体育场馆经营主体交易关系

表 5-7　　正式契约在赛事运营者与体育场馆经营主体交易中
对降低交易成本的重要程度

| | $\overline{X}_t$ | Si | CVi | 标准权重 |
|---|---|---|---|---|
| 信号传递模型 | 3.47 | 0.74 | 0.21 | 0.306 |
| 控制隐藏行为的道德风险模型 | 4.00 | 1.00 | 0.25 | 0.353 |
| 控制隐藏信息的道德风险模型 | 3.87 | 0.99 | 0.26 | 0.341 |

从表 5-7 中我们可以看出，在体育赛事运营者与体育场馆经营主体发生经济交易关系获得体育场馆以及附带的体育设备、用品、管理人员等投入品资源的过程中，正式契约各三级指标中对降低交易成本的重要程度依次是"控制隐藏行为的道德风险模型""控制隐藏信息的道德风险模型"和"信号传递模型"，其权重分别为 0.353、0.341 和 0.306。说明专家们认为在我们国家的商业性体育赛事运作中，在该交易关系中，相比于签约前的逆向选择，更容易出现签约后的"隐藏行为的道德风险"，这跟本研究第四章规范研究得出的结果相一致。

(六) 赛事运营者与赞助商交易关系

表 5-8　正式契约在赛事运营者与赞助商交易中对降低交易成本的重要程度

| | $\overline{X}_t$ | Si | CVi | 标准权重 |
|---|---|---|---|---|
| 信号传递模型 | 4.80 | 0.41 | 0.09 | 0.343 |
| 控制隐藏行为的道德风险模型 | 4.67 | 0.49 | 0.10 | 0.333 |
| 控制隐藏信息的道德风险模型 | 4.53 | 0.64 | 0.14 | 0.324 |

从表 5-8 中我们可以看出，在体育赛事运营者与赞助商发生经济交易关系获得货币、物质或服务等生产要素的过程中，正式契约各三级指标中降低交易成本的重要程度依次是"信号传递模型""控制隐藏行为的道德风险模型"和"控制隐藏信息的道德风险模型"，其权重分别为 0.343、0.333 和 0.324。说明专家们认为在我们国家的商业性体育赛事运作中，在该交易关系中，相比于签约后的"道德风险"，更容易出现签约前的"逆向选择"，运用"信号传递模型"签约前确认双方的能力资质对降低交易成本较为重要。研究表明，在我们国家的体育赞助中，普遍存在着

"赞助策略单一、缺乏整体营销,赞助行为不规范、追求短期利益"的现象,① 因此,体育赞助要达到双赢则对双方的经营能力、行业信誉度等提出了较高要求。

(七) 赛事运营者与媒体交易关系

表 5-9 正式契约在赛事运营者与媒体交易中对降低交易成本的重要程度

|  | $\overline{X}_t$ | Si | CVi | 标准权重 |
| --- | --- | --- | --- | --- |
| 信号传递模型 | 4.13 | 0.92 | 0.22 | 0.320 |
| 控制隐藏行为的道德风险模型 | 4.80 | 0.41 | 0.086 | 0.371 |
| 控制隐藏信息的道德风险模型 | 4.00 | 0.93 | 0.23 | 0.309 |

从表5-9中我们可以看出,在体育赛事运营者与媒体发生经济交易关系的过程中,正式契约各三级指标中对降低交易成本的重要程度依次是"控制隐藏行为的道德风险模型""信号传递模型"和"控制隐藏信息的道德风险模型",其权重分别为0.371、0.320和0.309。说明专家们认为在我们国家的商业性体育赛事运作中,在该交易关系中,相比于签约前的"逆向选择",更容易出现签约后的"道德风险",运用"控制隐藏行为的道德风险模型"规避双方的机会主义行为较为重要,因为电视媒体一般来说具有较垄断地位,其行业资质、公众影响力等方面的信息较透明,出现逆向选择的可能性较小。这跟本研究第四章规范研究得出的结果相一致。

(八) 赛事运营者与使用赛事符号企业交易关系

表 5-10 正式契约在赛事运营者与使用赛事符号企业交易中对降低交易成本的重要程度

|  | $\overline{X}_t$ | Si | CVi | 标准权重 |
| --- | --- | --- | --- | --- |
| 信号传递模型 | 4.87 | 0.35 | 0.072 | 0.367 |
| 控制隐藏行为的道德风险模型 | 4.80 | 0.41 | 0.086 | 0.347 |
| 控制隐藏信息的道德风险模型 | 3.80 | 0.41 | 0.11 | 0.286 |

从表5-10中我们可以看出,在体育赛事运营者与使用赛事符号企业

---

① 曹亚东:《我国体育用品企业体育赞助存在的问题及对策研究》,《商场现代化》2008年第10期。

发生产权交易关系的过程中，正式契约各三级指标中对降低交易成本的重要程度依次是"信号传递模型""控制隐藏行为的道德风险模型"和"控制隐藏信息的道德风险模型"，其权重分别为 0.367、0.347 和 0.286。说明专家们认为在我们国家的商业性体育赛事运作中，在该交易关系中，相比于签约后的"道德风险"，更容易出现签约前的"逆向选择"，运用"信号传递模型"规避双方的机会主义行为较为重要。资料显示，我国体育赛事的特许产品经营发展非常落后，使用赛事符号企业承担的风险较大，产品生产商要承担产品开发的任务，还要面临产品质量、产品销路等各环节面临的风险。[1] 因此，体育运营者和使用赛事符号企业要达到双赢对双方的经营能力、行业信誉度等提出了较高的要求。

（九）赛事运营者与现场观众交易关系

表 5-11　正式契约在赛事运营者与现场观众交易中对降低交易成本的重要程度

|  | $\overline{X}_t$ | Si | CVi | 标准权重 |
| --- | --- | --- | --- | --- |
| 信号传递模型 | 4.60 | 0.63 | 0.14 | 0.365 |
| 控制隐藏行为的道德风险模型 | 4.27 | 0.80 | 0.19 | 0.339 |
| 控制隐藏信息的道德风险模型 | 3.73 | 0.70 | 0.19 | 0.296 |

从表 5-11 中我们可以看出，在体育赛事运营者与现场观众发生经济交易关系的过程中，正式契约各三级指标中对降低交易成本的重要程度依次是"信号传递模型""控制隐藏行为的道德风险模型"和"控制隐藏信息的道德风险模型"，其权重分别为 0.365、0.339 和 0.296。说明专家们认为在我们国家的商业性体育赛事运作中，在该交易关系中，相比于签约后的"道德风险"，更关注签约前的"逆向选择"对交易成本的影响问题，观众在购票前充分了解赛事运营方的行业资质及声誉较为重要，这跟本研究第四章规范研究得出的结果相一致。同时，笔者在专家访谈中也了解到，在实际的赛事运作中，相比于赛事运营方，观众在购票同时确实也承担着更多的风险，由于赛事存在着因时间、地点、参赛运动员受伤等种种因素的影响而导致产品价格的不确定性，当赛事最后没有按照事先的广告宣传进行的时候，观众往往处于被动的地位，即使有降价或退票承诺，

---

[1] 王晓曦：《论体育特许产品经营的市场营销价值及其与体育赞助的异同》，《价值工程》2010 年第 20 期。

第五章　中国商业性体育赛事交易网络契约的重要性判断及存在的问题

也很难被执行。"长城之战"拳王争霸赛的流产以及大师杯重量级大腕的退赛事件就是明显的例子。

综上所述，在我们国家的商业性体育赛事运作中，在各种交易关系中，正式契约中的"信号传递模型""控制隐藏行为的道德风险模型"在降低交易成本中起着同样重要的作用。

## 二　非正式契约对降低交易成本的重要程度

（一）赛事运营者与俱乐部等主体交易关系

表 5-12　非正式契约在赛事运营者与俱乐部等主体交易中对降低交易成本的重要程度

|  | $\overline{X}_t$ | Si | CVi | λ |
| --- | --- | --- | --- | --- |
| 联系的强弱 | 4.07 | 0.96 | 0.24 | 0.095 |
| 网络的密度 | 3.93 | 0.80 | 0.20 | 0.092 |
| 网络位置的中心性 | 4.07 | 0.70 | 0.17 | 0.095 |
| 人际信任 | 4.80 | 0.41 | 0.09 | 0.112 |
| 义务与期望 | 4.47 | 0.64 | 0.14 | 0.104 |
| 共同遵守的规范 | 4.73 | 0.46 | 0.10 | 0.110 |
| 声誉 | 4.67 | 0.49 | 0.10 | 0.109 |
| 共享的语言和符号 | 4.73 | 0.77 | 0.16 | 0.098 |
| 共享的愿景 | 4.40 | 0.63 | 0.14 | 0.102 |
| 默会知识 | 3.60 | 0.74 | 0.21 | 0.083 |

从表 5-12 中我们可以看出，在体育赛事运营者与俱乐部等主体发生经济交易关系获得运动员、教练员等生产要素的过程中，非正式契约各三级指标中对降低交易成本的重要程度最大的是"人际信任"，其次是"共同遵守的规范"和"声誉"，其权重分别为 0.112、0.110 和 0.109。说明专家们认为在我们国家的商业性体育赛事运作中，在该交易关系中，非正式契约中的关系维度对降低交易成本起着重要的作用。在访谈中了解到，专家认为，运动员处于赛事的核心地位对商业性体育赛事的成功举办起着决定性的作用，商业性体育赛事运作过程中会产生很多的不确定性，而保证明星运动员的正常参赛是最重要的，赛事运营者和俱乐部间基于长期交往产生的信任可以极大规避运动员的机会主义行为，保证比赛的顺利进行，而"共同遵守的规范"和"声誉"是建立信任的基础。

## （二）赛事运营者与裁判协会交易关系

表 5-13　非正式契约在赛事运营者与裁判协会交易中对降低交易成本的重要程度

|  | $\bar{X}_t$ | Si | CVi | 标准权重 |
|---|---|---|---|---|
| 联系的强弱 | 3.87 | 0.83 | 0.21 | 0.093 |
| 网络的密度 | 3.60 | 0.63 | 0.18 | 0.086 |
| 网络位置的中心性 | 3.67 | 0.72 | 0.20 | 0.088 |
| 人际信任 | 4.00 | 0.93 | 0.23 | 0.096 |
| 义务与期望 | 4.60 | 0.63 | 0.14 | 0.111 |
| 共同遵守的规范 | 4.33 | 0.82 | 0.19 | 0.104 |
| 声誉 | 5.00 | 0 | 0 | 0.120 |
| 共享的语言和符号 | 4.33 | 0.90 | 0.21 | 0.104 |
| 共享的愿景 | 4.40 | 0.83 | 0.19 | 0.105 |
| 默会知识 | 3.87 | 0.92 | 0.24 | 0.093 |

从表 5-13 中我们可以看出，在体育赛事运营者与裁判协会发生经济交易关系获得裁判员该生产要素的过程中，非正式契约各三级指标中对降低交易成本的重要程度最大的是"声誉"，其次是"义务与期望"和"共享的愿景"，其权重分别为 0.120、0.111 和 0.105。学者王大洲认为，声誉机制可以担负一种信息传递和奖优罚劣的功能，裁判员出于对自我声誉的维护，同时出于对体育事业的高度的热爱，会驱使他们认真钻研业务，努力提高自己的业务水平，最大限度抵抗各种物质的诱惑，秉公执法，当然同时也希望自己的努力被网络内成员所认可，这将在很大程度上抑制自己的机会主义行为，降低由此带来的交易成本。

## （三）赛事运营者与后勤保障团队所属组织或个人交易关系

表 5-14　非正式契约在赛事运营者与后勤保障团队所属组织或个人交易中对降低交易成本的重要程度

|  | $\bar{X}_t$ | Si | CVi | 标准权重 |
|---|---|---|---|---|
| 联系的强弱 | 4.00 | 0.85 | 0.21 | 0.096 |
| 网络的密度 | 4.00 | 0.85 | 0.21 | 0.096 |
| 网络位置的中心性 | 4.00 | 0.76 | 0.19 | 0.096 |
| 人际信任 | 4.33 | 0.62 | 0.14 | 0.105 |
| 义务与期望 | 4.73 | 0.59 | 0.12 | 0.114 |

（续表）

|  | $\bar{X}_t$ | Si | CVi | 标准权重 |
|---|---|---|---|---|
| 共同遵守的规范 | 4.40 | 0.51 | 0.12 | 0.106 |
| 声誉 | 4.93 | 0.26 | 0.05 | 0.120 |
| 共享的语言和符号 | 3.80 | 0.86 | 0.23 | 0.092 |
| 共享的愿景 | 3.87 | 0.92 | 0.24 | 0.093 |
| 默会知识 | 3.40 | 0.74 | 0.22 | 0.082 |

从表5-14中我们可以看出，在体育赛事运营者与后勤保障团队所属组织或个人发生经济交易关系获得安保、交通、食宿、医务、运输等生产要素的过程中，非正式契约各三级指标中对降低交易成本的重要程度最大的是"声誉"，其次是"义务与期望"和"共同遵守的规范"，其权重分别为0.120、0.114和0.106。说明专家们认为在我们国家的商业性体育赛事运作中，在该交易关系中，非正式契约中的关系维度对降低交易成本起着重要的作用。访谈中了解到，在我国商业性体育赛事运作中，后勤团队基本会请一些专业公司承担，作为市场经营主体，树立良好的声誉当然是其立足市场的根本，同时，"义务与期望"和"共同遵守的规范"都跟声誉关系密切，也是抑制自身的机会主义行为、降低交易成本的重要方面。

（四）赛事运营者与票务公司交易关系

表5-15 非正式契约在赛事运营者与票务公司交易中对降低交易成本的重要程度

|  | $\bar{X}_t$ | Si | CVi | 标准权重 |
|---|---|---|---|---|
| 联系的强弱 | 4.00 | 0.65 | 0.16 | 0.098 |
| 网络的密度 | 4.07 | 0.70 | 0.17 | 0.098 |
| 网络位置的中心性 | 4.13 | 0.64 | 0.15 | 0.101 |
| 人际信任 | 4.07 | 0.88 | 0.22 | 0.099 |
| 义务与期望 | 4.67 | 0.49 | 0.10 | 0.114 |
| 共同遵守的规范 | 4.27 | 0.70 | 0.16 | 0.104 |
| 声誉 | 4.87 | 0.35 | 0.07 | 0.119 |
| 共享的语言和符号 | 3.73 | 0.88 | 0.24 | 0.091 |
| 共享的愿景 | 3.93 | 0.88 | 0.22 | 0.096 |
| 默会知识 | 3.27 | 0.80 | 0.24 | 0.080 |

从表 5-15 中我们可以看出，在体育赛事运营者与票务公司发生经济交易关系委托其销售门票的过程中，非正式契约各三级指标中对降低交易成本的重要程度最大的是"声誉"，其次是"义务与期望"和"共同遵守的规范"，其权重分别为 0.119、0.114 和 0.104。说明专家们认为在我们国家的商业性体育赛事运作中，在该交易关系中，非正式契约中的关系维度对降低交易成本起着重要的作用。

（五）赛事运营者与体育场馆经营主体交易关系

表 5-16　非正式契约在赛事运营者与体育场馆经营主体交易中对降低交易成本的重要程度

| | $\overline{X}_t$ | Si | CVi | 标准权重 |
|---|---|---|---|---|
| 联系的强弱 | 4.87 | 0.35 | 0.07 | 0.114 |
| 网络的密度 | 3.73 | 0.70 | 0.19 | 0.087 |
| 网络位置的中心性 | 4.00 | 0.85 | 0.21 | 0.093 |
| 人际信任 | 4.47 | 0.64 | 0.14 | 0.104 |
| 义务与期望 | 4.20 | 0.68 | 0.16 | 0.098 |
| 共同遵守的规范 | 4.20 | 0.77 | 0.18 | 0.098 |
| 声誉 | 4.53 | 0.64 | 0.14 | 0.106 |
| 共享的语言和符号 | 3.87 | 0.74 | 0.19 | 0.090 |
| 共享的愿景 | 4.80 | 0.41 | 0.09 | 0.112 |
| 默会知识 | 4.20 | 0.77 | 0.18 | 0.098 |

从表 5-16 中我们可以看出，在体育赛事运营者与体育场馆经营主体发生经济交易关系获得体育场馆以及附带的体育设备、用品、管理人员等投入品资源的过程中，非正式契约各三级指标中对降低交易成本的重要程度最大的是"联系的强弱"，其次是"共享的愿景"和"声誉"，其权重分别为 0.114、0.112 和 0.106。访谈中一位资深赛事运作专家认为：一个地区能够满足大型体育赛事条件的场馆常常只有一家，我们做赛事的人跟管理场馆的人会较熟悉，毕竟大家都是一个圈子的，经常要合作的，如果大家关系好的话，当赛事刚有目标的时候，打个电话招呼一声就行，只要场馆不发生冲突，至于租金，那是小意思了，有钱大家一起赚，合同嘛，也就是一个形式了，关系相当重要啊。因此，在体育赛事运营者与体

育场馆经营主体交易关系中,"联系的强弱"在降低交易成本中起着非常重要的作用。

(六)赛事运营者与赞助商交易关系

表 5-17 非正式契约在赛事运营者与赞助商交易中对降低交易成本的重要程度

|  | $\overline{X}_t$ | Si | CVi | 标准权重 |
| --- | --- | --- | --- | --- |
| 联系的强弱 | 4.67 | 0.62 | 0.13 | 0.108 |
| 网络的密度 | 4.00 | 0.53 | 0.13 | 0.092 |
| 网络位置的中心性 | 3.93 | 0.70 | 0.18 | 0.091 |
| 人际信任 | 4.67 | 0.49 | 0.10 | 0.108 |
| 义务与期望 | 4.67 | 0.49 | 0.10 | 0.108 |
| 共同遵守的规范 | 4.53 | 0.64 | 0.14 | 0.104 |
| 声誉 | 4.93 | 0.26 | 0.05 | 0.114 |
| 共享的语言和符号 | 4.13 | 0.83 | 0.20 | 0.095 |
| 共享的愿景 | 4.20 | 0.77 | 0.18 | 0.097 |
| 默会知识 | 3.67 | 1.05 | 0.29 | 0.084 |

从表 5-17 中我们可以看出,在体育赛事运营者与赞助商发生经济交易关系获得货币、物质或服务等生产要素的过程中,非正式契约各三级指标中对降低交易成本的重要程度最大的是"声誉",其次是"联系的强弱""人际信任""义务与期望",其权重分别为 0.114、0.108、0.108 和 0.108。表明在体育赛事运营者与赞助商发生交易关系中,非正式契约中的关系维度指标在降低交易成本中起着重要的作用,声誉机制在抑制双方的机会主义行为上仍然起着最重要的作用,赛事运营者与赞助商之间的"联系的强弱"也是一个重要的指标。

(七)赛事运营者与媒体交易关系

表 5-18 非正式契约在赛事运营者与媒体交易中对降低交易成本的重要程度

|  | $\overline{X}_t$ | Si | CVi | 标准权重 |
| --- | --- | --- | --- | --- |
| 联系的强弱 | 4.47 | 0.64 | 0.14 | 0.105 |
| 网络的密度 | 4.00 | 0.93 | 0.23 | 0.094 |
| 网络位置的中心性 | 3.67 | 0.82 | 0.22 | 0.086 |
| 人际信任 | 4.40 | 0.74 | 0.17 | 0.104 |

(续表)

|  | $\overline{X}_t$ | Si | CVi | 标准权重 |
|---|---|---|---|---|
| 义务与期望 | 4.47 | 0.64 | 0.14 | 0.105 |
| 共同遵守的规范 | 4.07 | 0.96 | 0.24 | 0.096 |
| 声誉 | 4.93 | 0.26 | 0.05 | 0.116 |
| 共享的语言和符号 | 4.20 | 1.01 | 0.24 | 0.099 |
| 共享的愿景 | 4.67 | 0.62 | 0.013 | 0.110 |
| 默会知识 | 3.60 | 1.06 | 0.29 | 0.085 |

从表5-18中我们可以看出，在体育赛事运营者与媒体发生经济交易关系的过程中，非正式契约各三级指标中对降低交易成本的重要程度最大的是"声誉"，其次是"共享的愿景""联系的强弱""义务与期望"，其权重分别为0.116、0.110、0.105和0.105。表明在体育赛事运营者与媒体发生交易关系中，非正式契约中的关系维度指标在降低交易成本中起着重要的作用，声誉机制在抑制双方的机会主义行为上仍然起着最重要的作用。作为传播体育文化的窗口，"共享的愿景"在抑制双方的机会主义行为方面也起着重要的作用。

（八）赛事运营者与使用赛事符号企业交易关系

表5-19　非正式契约在赛事运营者与使用赛事符号企业交易中对降低交易成本的重要程度

|  | $\overline{X}_t$ | Si | CVi | 标准权重 |
|---|---|---|---|---|
| 联系的强弱 | 4.87 | 0.35 | 0.072 | 0.125 |
| 网络的密度 | 3.13 | 0.35 | 0.11 | 0.081 |
| 网络位置的中心性 | 3.40 | 0.51 | 0.15 | 0.088 |
| 人际信任 | 4.67 | 0.49 | 0.10 | 0.120 |
| 义务与期望 | 4.73 | 0.46 | 0.097 | 0.122 |
| 共同遵守的规范 | 4.07 | 0.70 | 0.17 | 0.105 |
| 声誉 | 4.93 | 0.26 | 0.052 | 0.127 |
| 共享的语言和符号 | 3.06 | 0.26 | 0.084 | 0.079 |
| 共享的愿景 | 3.00 | 0 | 0 | 0.077 |
| 默会知识 | 2.93 | 0.26 | 0.088 | 0.076 |

从表 5-19 中我们可以看出,在体育赛事运营者与使用赛事符号企业发生产权交易关系的过程中,非正式契约各三级指标中对降低交易成本的重要程度最大的是"声誉",其次是"联系的强弱"和"义务与期望",其权重分别为 0.127、0.125 和 0.122。说明在该交易关系中,非正式契约中的关系维度指标在降低交易成本上起着重要的作用。

(九)赛事运营者与现场观众交易关系

表 5-20 非正式契约在赛事运营者与现场观众交易中对降低交易成本的重要程度

|  | $\bar{X}_t$ | Si | CVi | 标准权重 |
| --- | --- | --- | --- | --- |
| 联系的强弱 | 3.40 | 0.91 | 0.27 | 0.087 |
| 网络的密度 | 3.53 | 0.99 | 0.28 | 0.090 |
| 网络位置的中心性 | 3.87 | 0.99 | 0.26 | 0.099 |
| 人际信任 | 3.87 | 0.74 | 0.19 | 0.099 |
| 义务与期望 | 4.47 | 0.64 | 0.14 | 0.114 |
| 共同遵守的规范 | 4.20 | 0.68 | 0.16 | 0.107 |
| 声誉 | 4.80 | 0.41 | 0.09 | 0.123 |
| 共享的语言和符号 | 3.80 | 1.01 | 0.27 | 0.097 |
| 共享的愿景 | 4.07 | 1.16 | 0.29 | 0.104 |
| 默会知识 | 3.13 | 0.83 | 0.27 | 0.080 |

从表 5-20 中我们可以看出,在体育赛事运营者与现场观众发生经济交易关系的过程中,非正式契约各三级指标中对降低交易成本的重要程度最大的是"声誉",其次是"义务与期望"和"共同遵守的规范",其权重分别为 0.123、0.114 和 0.107。访谈中一位专家认为:体育赛事存在着很多的不确定性,最严重的表现为明星运动员因为受伤原因的退赛,或者出现"假球""黑哨"的现象。但购票后观众是明显的弱势群体,退票?打折?都没有那么容易,没有精力折腾,最后观众往往自认倒霉,但也会从此选择"用脚投票",因此赛事运营者为维护市场声誉而做出的自我约束很重要,如果想培养消费群体,就得实事求是搞宣传,得有系统的危机公关方案,真的出现问题时,得实现承诺给消费者明确的交代。因此,声誉机制在规避机会主义行为、降低交易成本上起着重要的作用。

综上所述,在我们国家的商业性体育赛事运作中,在各种交易关系中,非正式契约中的关系维度指标在降低交易成本中起着重要的作用。

## 三　正式契约与非正式契约对降低交易成本的重要程度

### （一）赛事运营者与俱乐部等主体交易关系

表 5-21　　不同契约在赛事运营者与俱乐部等主体交易中
对降低交易成本的重要程度

|  | $\overline{X}_t$ | Si | CVi | λ |
|---|---|---|---|---|
| 信号传递模型 | 4.60 | 0.51 | 0.11 | 0.081 |
| 控制隐藏行为的道德风险模型 | 4.80 | 0.41 | 0.09 | 0.085 |
| 控制隐藏信息的道德风险模型 | 4.20 | 0.68 | 0.16 | 0.074 |
| 联系的强弱 | 4.07 | 0.96 | 0.24 | 0.072 |
| 网络的密度 | 3.93 | 0.80 | 0.20 | 0.069 |
| 网络位置的中心性 | 4.07 | 0.70 | 0.17 | 0.072 |
| 人际信任 | 4.80 | 0.41 | 0.09 | 0.085 |
| 义务与期望 | 4.47 | 0.64 | 0.14 | 0.079 |
| 共同遵守的规范 | 4.73 | 0.46 | 0.10 | 0.084 |
| 声誉 | 4.67 | 0.49 | 0.10 | 0.083 |
| 共享的语言和符号 | 4.73 | 0.77 | 0.16 | 0.074 |
| 共享的愿景 | 4.40 | 0.63 | 0.14 | 0.078 |
| 默会知识 | 3.60 | 0.74 | 0.21 | 0.064 |

从表 5-21 及图 5-1 中我们可以看出，在体育赛事运营者与俱乐部等发生经济交易关系获得运动员、教练员等生产要素的过程中，契约关系各三级指标中对降低交易成本的作用程度最大的是"控制隐藏行为的道德风险模型"和"人际信任"两个因素，其权重均为 0.085，可见正式契约中的"控制隐藏行为的道德风险模型"和非正式契约中的"人际信任"是最重要的指标。从上文分析可知，在该交易过程中，签约后的机会主义主要表现为运动员"出工不出力"这种隐藏行动的道德风险现象，而设计一种激励合同将运动员和赛事运营者的经济利益捆绑在一起，促使运动员从自身利益出发选择对赛事运营者最有利的行动——尽最大的努力赛出运动水平，从而达到最大限度控制运动员的机会主义行为是一种最有效的措

施。同时,作为"主宰经济交易过程的一种控制机制"的"信任",[①] 在降低该交易过程中的不确定性和机会主义方面起着同样重要的作用。商业性体育赛事从签订运动员参赛合同到比赛结束,一般需要一年半载的时间,其间会产生很多的不确定性,如气候、交通、观众、运动员以及其他的不可抗拒力等,赛事运营者与俱乐部之间基于长期的交往所产生的信任使得他们在面对意外事件发生时能够选择最简洁的方式解决问题,从而能够极大地降低由该不确定性所带来的再签约成本、监督成本和违约成本,同时,他们之间信任关系的建立使得反映运动员成绩、健康等资质的信号传递成为一种形式,也使得搜寻信息的成本大大降低。

排在"控制隐藏行为的道德风险模型"和"人际信任"两个因素之后的是"共同遵守的规范"和"声誉",其权重分别是 0.084 和 0.083,这两个指标作为非正式契约下面关系性维度的下位指标,本身就有着很大的关系,一般来说,良好声誉总是建立在遵守行业各种规范的基础上的,这种规范不仅包括正式的规则,还包括行业规范、体育风俗、道德传统、宗教礼仪等,譬如运动员无论在比赛场上还是在比赛场下,都能够遵守运动员道德,不耍大牌,积极配合赛事主办方所安排的各种活动,以健康、乐观、上进的形象展示在大众面前,这对建立运动员声誉起着重要的作用,而遵守这些规范都将自觉地抑制双方的机会主义行为。运动员的运动成绩以及随之具有的声誉直接决定了商业性体育赛事的票房,"姚之队"对姚明的运作无疑被认为是成功的典范,除了姚明自己塑造的无可替代的影响力之外,"姚之队"的专业精神也发挥着重要的作用,他们把姚明塑造成一个非常"年轻有为、蓬勃向上、勤奋好学、有责任心的青年形象",这种良好的声誉的建立为姚明的市场运作打下了基础。声誉如此重要,而运动员出于对声誉的维护也将促使他们自觉抵制各种机会主义行为。

排在最后的是"默会知识"和"网络的密度",其权重分别是 0.064 和 0.069,默会知识即隐性知识,是一种只可意会不可言传的知识,大多是基于共同的文化背景基础上产生的,商业性体育赛事的运动员来自于世界各地,与赛事运营者之间较难形成默会知识,而且,默会知识的作用更

---

[①] Bradaeh,J.L.& Eccles,R.G.Price,Authority and Trust:From ideal types to plural for ms,Annual Review of Sociology,1989(15):97-118.

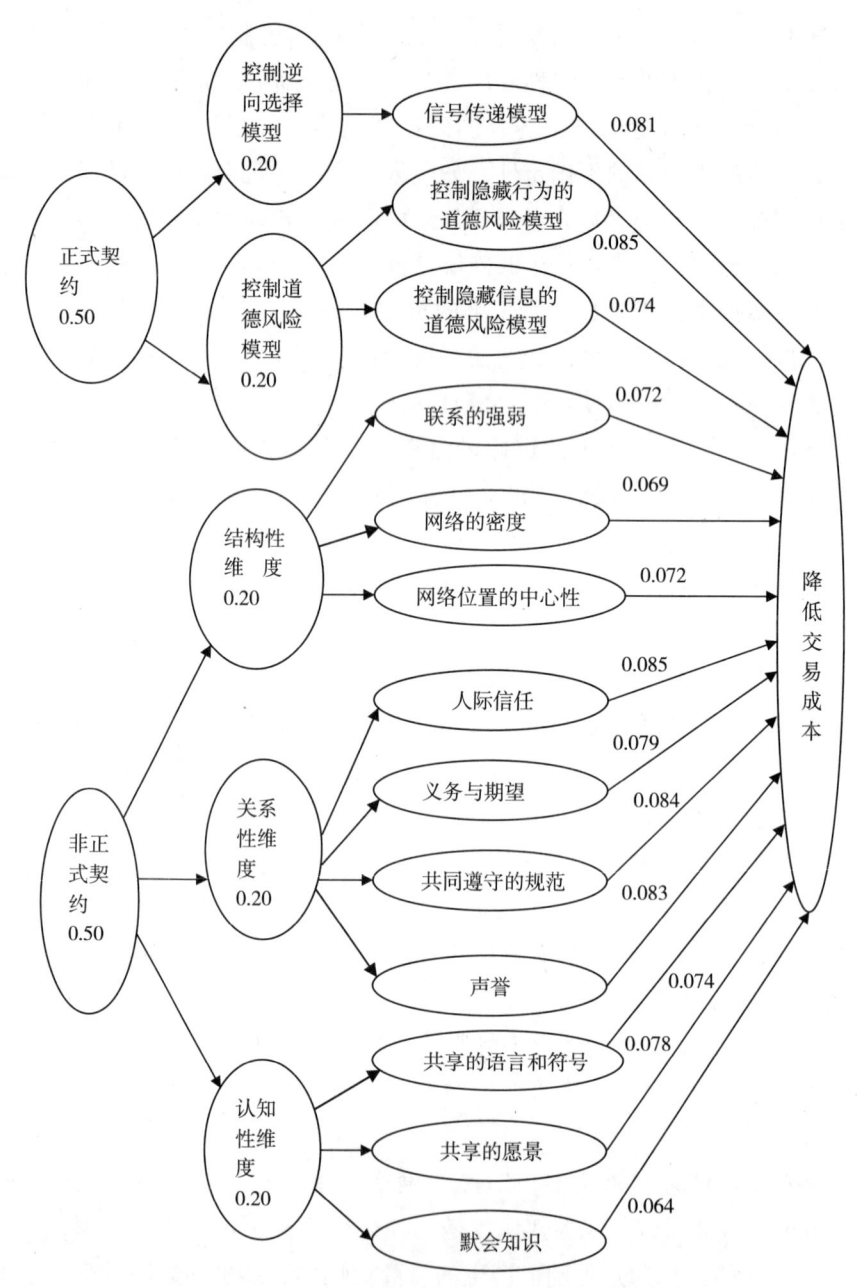

图 5-1　不同契约在赛事运营者与俱乐部等主体交易中
对降低交易成本的重要程度

多地体现在具有复杂的创新活动环境中，在赛事运营者和俱乐部的交易过程中，其作用相对不明显；在赛事生产过程中，对运动员而言，最重要的是"拿成绩说话",因此,网络内各参与主体间是否彼此具有密切的联系对其行为的影响相对较小。

因此我们认为,在体育赛事运营者与俱乐部等交易关系的治理中,主要通过正式契约中的"隐藏行为的道德风险模型"和非正式契约中的"人际信任""共同遵守的规范"和"声誉",抑制运动员的机会主义行为、降低赛事运作过程中的不确定性和信息的不对称,从而控制搜寻成本、签约成本、监督成本和违约成本。

(二) 赛事运营者与裁判协会交易关系

表5-22 不同契约在赛事运营者与裁判协会交易中对降低交易成本的重要程度

|  | $\bar{X}_t$ | Si | CVi | 标准权重 |
|---|---|---|---|---|
| 信号传递模型 | 4.27 | 0.80 | 0.19 | 0.079 |
| 控制隐藏行为的道德风险模型 | 4.27 | 0.59 | 0.14 | 0.079 |
| 控制隐藏信息的道德风险模型 | 4.00 | 0.85 | 0.21 | 0.074 |
| 联系的强弱 | 3.87 | 0.83 | 0.21 | 0.071 |
| 网络的密度 | 3.60 | 0.63 | 0.18 | 0.066 |
| 网络位置的中心性 | 3.67 | 0.72 | 0.20 | 0.068 |
| 人际信任 | 4.00 | 0.93 | 0.23 | 0.074 |
| 义务与期望 | 4.60 | 0.63 | 0.14 | 0.085 |
| 共同遵守的规范 | 4.33 | 0.82 | 0.19 | 0.080 |
| 声誉 | 5.00 | 0 | 0 | 0.093 |
| 共享的语言和符号 | 4.33 | 0.90 | 0.21 | 0.080 |
| 共享的愿景 | 4.40 | 0.83 | 0.19 | 0.080 |
| 默会知识 | 3.87 | 0.92 | 0.24 | 0.071 |

从表5-22及图5-2中我们可以看出,在体育赛事运营者与裁判协会发生经济交易关系获得裁判员该生产要素的过程中,契约关系各三级指标中对降低交易成本的作用程度最大的是"声誉",权重为0.093,远远超过了其他指标,说明该指标在降低交易成本中起着举足轻重的作用。如上文所述,商业性体育赛事的大部分执法裁判是由单项裁判协会指定的,而且,所有裁判都是在国家体育局的项目管理中心注册的,所以不会存在签约前的机会主义行为,针对签约后的机会主义行为,尽管通过设计激励契

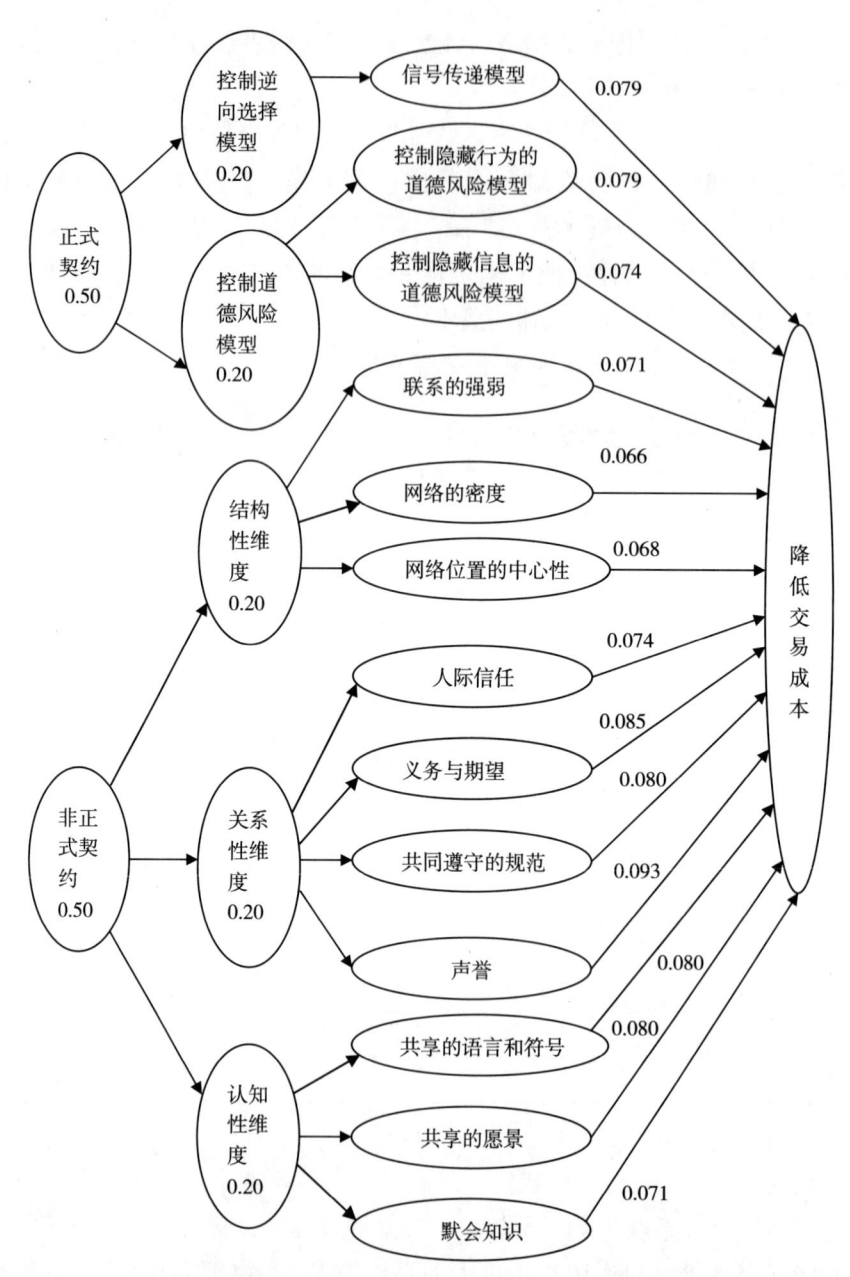

图 5-2 不同契约在赛事运营者与裁判协会交易中对降低交易成本的重要程度

约以"高薪养廉"的方式可以在一定程度上规避裁判员的机会主义行为,但相比于正式契约,社会资本中的声誉起着更为重要的作用。一方面从金钱激励这个角度来看,赛事给裁判员的裁判报酬无论如何都比不上裁判员

"黑哨"所产生的经济利益；另一方面，在声誉市场上，企业和个人的任何机会主义行为，将会通过信息传播效应被迅速传播，获得这些信息的成员在未来的合作中会谨慎地选择是否与其合作。中国足坛反赌行动中的裁判事件无疑极大地影响了中国足球裁判在国际上的声誉，从而不可避免带来一连串的负面影响。足管中心主任韦迪表示，陆俊、黄俊杰、周伟新等国际级裁判的落网，严重影响了中国裁判的国际形象。"直接后果是亚足联近期选择中国裁判出去执法的比例明显下降，同时我们已经进入了世界杯执法大名单的穆宇欣裁判，能否执法已画上大问号了。"而在国际足联公布的名单里，中国裁判穆宇欣入选助理裁判员。[①] 在体育赛事网络中，其中流动着的声誉资本极大地约束着裁判员机会主义行为的选择。裁判员为了维护自己在网络中的声誉，会时刻注意自己在人们眼里的形象，不仅会遵守裁判规则公平执法，而且还会脚踏实地认真学习，努力提高自己的业务水平。

其次为"义务与期望"，权重为 0.085。上文所述，声誉在约束裁判员机会主义行为方面起着最重要的作用，而"义务与期望"与"声誉"关系密切，良好声誉的建立和维护需要裁判员遵守各种行业规则，公平、公正执法，同时在努力完成自己应尽义务的前提下，也希望网络成员对自己的业务能力、职业道德方面有一个充分的肯定，譬如获得更多的参赛机会、晋级等。因此，"义务与期望"对抑制裁判员机会主义方面同样起着重要的作用。

排在最后的是"网络的密度"和"网络位置的中心性"，其权重分别是 0.066 和 0.068，在赛事生产过程中，对裁判员而言，最重要的是"拿场上的执法表现说话"，因此，网络内各参与主体间是否彼此具有密切的联系以及谁居于该赛事网络的中心位置对其行为的影响相对较小。

因此，我们认为，在赛事运营者与裁判员单项协会交易关系中，主要通过社会资本的"声誉"机制以及"义务与期望"抑制裁判员的机会主义行为，以达到控制监督成本和违约成本的目的，正式契约起补充的作用。

---

① 《黑哨影响声誉 中国无缘南非》，京华时报，http://news.163.com/10/0329/03/62TPH0F7000146BB.html，2010 年 3 月 29 日。

## （三）赛事运营者与后勤保障团队所属组织或个人交易关系

**表 5-23　不同契约在赛事运营者与后勤保障团队所属组织或个人交易中
对降低交易成本的重要程度**

|  | $\bar{X}_t$ | Si | CVi | 标准权重 |
| --- | --- | --- | --- | --- |
| 信号传递模型 | 4.67 | 0.48 | 0.10 | 0.086 |
| 控制隐藏行为的道德风险模型 | 4.00 | 0.85 | 0.21 | 0.074 |
| 控制隐藏信息的道德风险模型 | 3.87 | 0.83 | 0.21 | 0.072 |
| 联系的强弱 | 4.00 | 0.85 | 0.21 | 0.074 |
| 网络的密度 | 4.00 | 0.85 | 0.21 | 0.074 |
| 网络位置的中心性 | 4.00 | 0.76 | 0.19 | 0.074 |
| 人际信任 | 4.33 | 0.62 | 0.14 | 0.080 |
| 义务与期望 | 4.73 | 0.59 | 0.12 | 0.088 |
| 共同遵守的规范 | 4.40 | 0.51 | 0.12 | 0.081 |
| 声誉 | 4.93 | 0.26 | 0.05 | 0.092 |
| 共享的语言和符号 | 3.80 | 0.86 | 0.23 | 0.070 |
| 共享的愿景 | 3.87 | 0.92 | 0.24 | 0.072 |
| 默会知识 | 3.40 | 0.74 | 0.22 | 0.063 |

从表 5-23 及图 5-3 中我们可以看出，在体育赛事运营者与后勤保障团队所属组织或个人发生经济交易关系获得安保、交通、食宿、医务、运输等生产要素的过程中，契约关系各三级指标中对降低交易成本的作用程度最大的是"声誉"，权重为 0.092。从专家访谈中了解到，目前很多赛事在聘请安保、食宿、运输等对象时会寻找专业的公司，这些专业公司想在市场上立足必须树立良好的声誉，只有树立了良好的声誉才能扩大市场影响力，持续不断地吸引回头客，作为一种隐性的公司资产，良好的声誉可以吸引优秀的人才，增加同合作伙伴谈判的筹码，提高产品和服务的溢价并增强消费者的忠诚度，方便在资本市场上的融资。① 因此，声誉机制将起到约束作用，使得这些专业的后勤保障团队为了获得长远的效益而采取守信行为，避免为了眼前的短暂收益而采取机会主义行为。

其次是"义务与期望"和"信号传递模型"，权重分别为 0.088 和 0.086。如上文所述，"义务与期望"与"声誉"关系密切，良好"声誉"

---

① 《企业管理人员如今愈来愈知道公司声誉的重要性》，《商机网》2008 年 11 月 2 日。

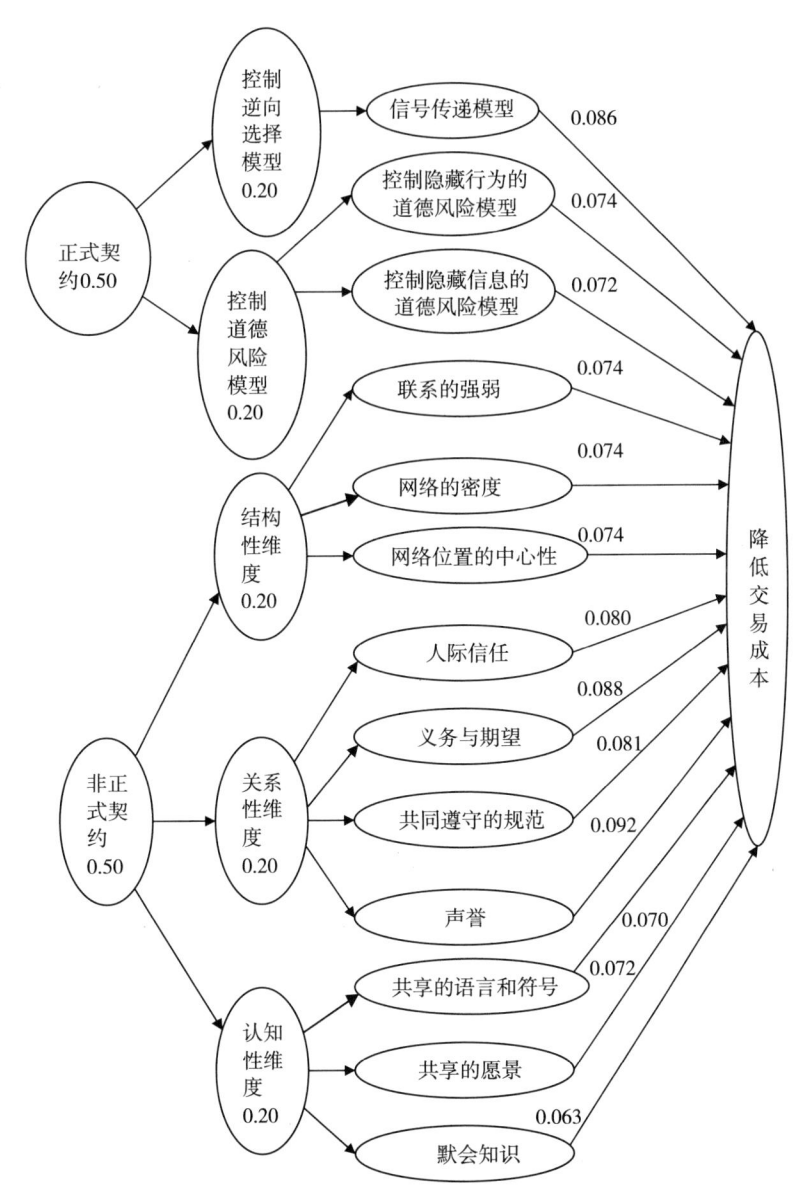

# 第五章 中国商业性体育赛事交易网络契约的重要性判断及存在的问题

图 5-3 不同契约在赛事运营者与后勤保障团队所属组织或个人交易中对降低交易成本的重要程度

的建立和维护需要这些后勤保障组织或个人在赛事运作过程中遵守各种行业规则和契约规则，配合赛事提供优质的服务，同时在努力完成自己应尽义务的前提下，也希望网络成员对自己的业务能力、职业道德方面有一个充分的肯定，譬如希望再次合作、希望推荐新客户、希望在媒体进行正面宣传等，因此，"义务与期望"对抑制后勤保障团队所属组织或个人的机会主义行为同样起着重要的作用。"信号传递模型"是正式契约中一个重要要素，在决定签约之前，赛事运营者要求对方提供反映其行业资质的材料，如工商、税务、银行的信用等级，资产负债表、利润表、现金流量表等以及行业信誉度等，通过这些材料，可以正确判断对方的企业实力和行业信誉，选择规范、可靠的合作对象。

排在最后的是"共享的语言和符号"，其权重是 0.070，"共享的语言和符号"的形成是以网络成员基于共同的专业和文化背景为前提的，而这里的后勤保障团队属于服务行业，它的服务对象涉及各种专业，因此该指标在赛事生产过程中对彼此行为的影响相对较小。

因此，我们认为，在赛事运营者与后勤保障团队所属组织或个人交易关系中，主要通过非正式契约中的"声誉""义务与期望"和正式契约中的"信号传递模型"抑制后勤保障团队的机会主义行为、降低赛事运作过程中的不确定性和信息的不对称，从而控制搜寻成本、签约成本、监督成本和违约成本。

（四）赛事运营者与票务公司交易关系

表 5-24　不同契约在赛事运营者与票务公司交易中对降低交易成本的重要程度

| | $\overline{X}_t$ | $S_i$ | $CV_i$ | 标准权重 |
|---|---|---|---|---|
| 信号传递模型 | 4.20 | 0.56 | 0.13 | 0.078 |
| 控制隐藏行为的道德风险模型 | 4.67 | 0.49 | 0.10 | 0.087 |
| 控制隐藏信息的道德风险模型 | 4.00 | 0.65 | 0.16 | 0.074 |
| 联系的强弱 | 4.00 | 0.65 | 0.16 | 0.074 |
| 网络的密度 | 4.07 | 0.70 | 0.17 | 0.076 |
| 网络位置的中心性 | 4.13 | 0.64 | 0.15 | 0.077 |
| 人际信任 | 4.07 | 0.88 | 0.22 | 0.076 |
| 义务与期望 | 4.67 | 0.49 | 0.10 | 0.087 |
| 共同遵守的规范 | 4.27 | 0.70 | 0.16 | 0.079 |
| 声誉 | 4.87 | 0.35 | 0.07 | 0.090 |
| 共享的语言和符号 | 3.73 | 0.88 | 0.24 | 0.069 |
| 共享的愿景 | 3.93 | 0.88 | 0.22 | 0.073 |
| 默会知识 | 3.27 | 0.80 | 0.24 | 0.060 |

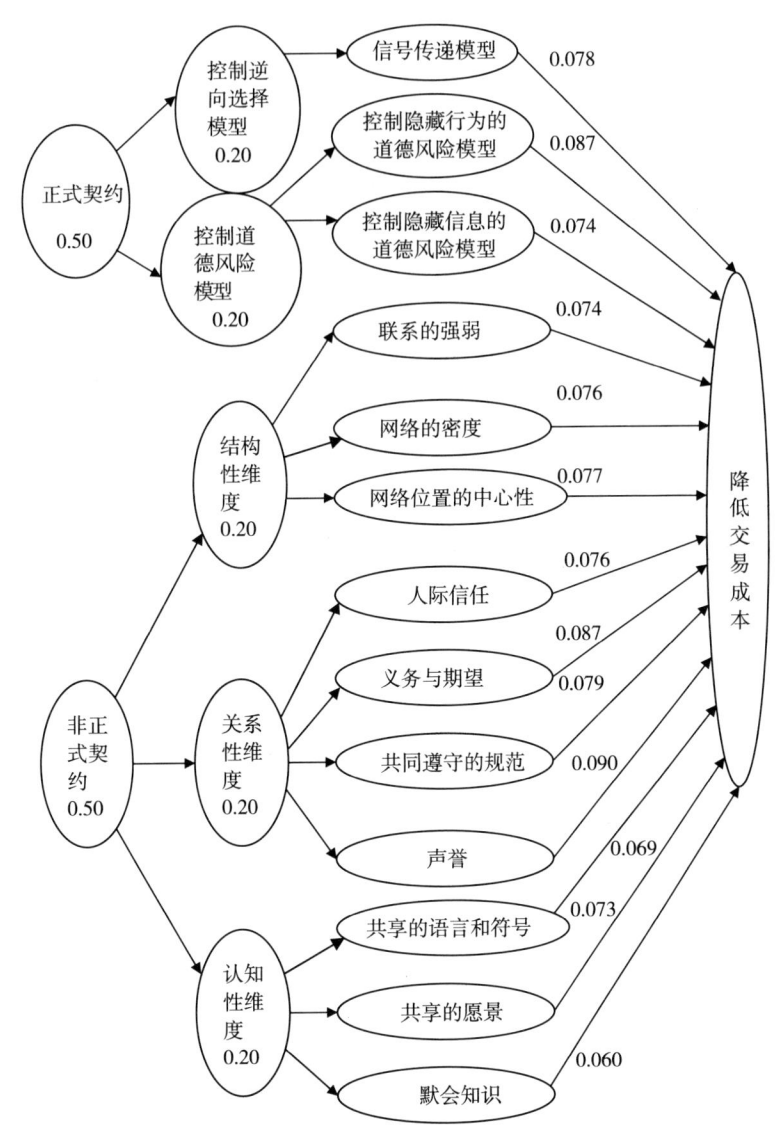

## 图 5-4　不同契约在赛事运营者与票务公司交易中对降低交易成本的重要程度

```
正式契约 0.50
├─ 控制逆向选择模型 0.20
│   └─ 信号传递模型 ──────────── 0.078
├─ 控制道德风险模型 0.20
│   ├─ 控制隐藏行为的道德风险模型 ── 0.087
│   └─ 控制隐藏信息的道德风险模型 ── 0.074

非正式契约 0.50
├─ 结构性维度 0.20
│   ├─ 联系的强弱 ──────────── 0.074
│   ├─ 网络的密度 ──────────── 0.076
│   └─ 网络位置的中心性 ──────── 0.077
├─ 关系性维度 0.20
│   ├─ 人际信任 ─────────────── 0.076
│   ├─ 义务与期望 ───────────── 0.087
│   ├─ 共同遵守的规范 ────────── 0.079
│   └─ 声誉 ────────────────── 0.090
└─ 认知性维度 0.20
    ├─ 共享的语言和符号 ──────── 0.069
    ├─ 共享的愿景 ───────────── 0.073
    └─ 默会知识 ──────────────── 0.060

→ 降低交易成本
```

从表 5-24 及图 5-4 中我们可以看出，在体育赛事运营者与票务公司发生经济交易关系委托其销售门票的过程中，契约关系各三级指标中对降低交易成本的作用程度最大的是"声誉"，权重为 0.090。类似于后勤保障公司，这些专业公司想在市场上立足必须树立良好的声誉，声誉机制将起到约束作用，使得这些专业公司为了获得长远的效益而采取守信行为，避免为了眼前的短暂收益而采取机会主义行为。如上文所述，签约后票务公司可能出现暗地抬高票价或者暗地跟"黄牛"勾结，一起倒票炒高票价的机会主义行为，针对这种行为，除了举报、查处、配合公安打击倒卖活动外，最主要还是靠"声誉"的约束机制起作用。

其次是"义务与期望"和"控制隐藏行为的道德风险模型"，权重都为 0.087。同样类似于后勤保障公司，良好"声誉"的建立和维护需要票务公司在工作过程中遵守各种行业规则和契约规则，努力加强促销手段，同时在努力完成自己应尽义务的前提下，也希望网络成员对自己的业务能力、职业道德方面有一个充分的肯定，譬如希望再次合作、希望推荐新客户、希望在媒体进行正面宣传等，因此，"义务与期望"对抑制票务公司的机会主义行为同样起着重要的作用。"控制隐藏行为的道德风险模型"是正式契约的一个重要指标，如上文所述，签约后票务公司的机会主义也表现为票务公司可能向委托人赛事运营方隐瞒市场信息，工作不够努力，针对这种现象，设计一种激励合同将票务公司和赛事运营者的经济利益捆绑在一起，促使票务公司从自身利益出发选择对赛事运营者最有利的行动——尽最大的努力促销门票，从而达到最大限度控制其机会主义行为是一种最有效的措施。

排在最后的是"默会知识"，其权重是 0.060，"默会知识"的形成也是网络成员基于共同的专业和文化背景为前提的，而票务公司属于一种服务行业，它的服务对象涉及各种专业，因此该指标在赛事生产过程中对彼此行为的影响相对较小。

因此，我们认为，在赛事运营者与票务公司交易关系中，主要通过非正式契约中的"声誉""义务与期望"和正式契约中的"控制隐藏行为的道德风险模型"抑制其机会主义行为、降低赛事运作过程中的不确定性和信息的不对称，从而控制搜寻成本、签约成本、监督成本和违约成本。

（五）赛事运营者与体育场馆经营主体交易关系

表 5-25　不同契约在赛事运营者与体育场馆经营主体交易中对降低交易成本的重要程度

| | $\overline{X}_t$ | $S_i$ | $CV_i$ | 标准权重 |
|---|---|---|---|---|
| 信号传递模型 | 3.47 | 0.74 | 0.21 | 0.064 |

（续表）

|  | $\bar{X}_t$ | Si | CVi | 标准权重 |
|---|---|---|---|---|
| 控制隐藏行为的道德风险模型 | 4.00 | 1.00 | 0.25 | 0.074 |
| 控制隐藏信息的道德风险模型 | 3.87 | 0.99 | 0.26 | 0.071 |
| 联系的强弱 | 4.87 | 0.35 | 0.07 | 0.090 |
| 网络的密度 | 3.73 | 0.70 | 0.19 | 0.069 |
| 网络位置的中心性 | 4.00 | 0.85 | 0.21 | 0.074 |
| 人际信任 | 4.47 | 0.64 | 0.14 | 0.083 |
| 义务与期望 | 4.20 | 0.68 | 0.16 | 0.077 |
| 共同遵守的规范 | 4.20 | 0.77 | 0.18 | 0.077 |
| 声誉 | 4.53 | 0.64 | 0.14 | 0.084 |
| 共享的语言和符号 | 3.87 | 0.74 | 0.19 | 0.071 |
| 共享的愿景 | 4.80 | 0.41 | 0.09 | 0.089 |
| 默会知识 | 4.20 | 0.77 | 0.18 | 0.077 |

从表5-25及图5-5中我们可以看出，在体育赛事运营者与体育场馆经营主体发生经济交易关系获得体育场馆以及附带的体育设备、用品、管理人员等投入品资源的过程中，契约关系各三级指标中对降低交易成本的作用程度最大的是"联系的强弱"和"共享的愿景"，权重分别为0.090和0.089。如上文所述，在赛事生产者与体育场馆经营主体交易关系中，由于一个城市可适用于大型体育赛事的体育场馆一般只有一两家，而且其所有权通常归当地政府，关于场馆的硬件、软件设施等基本信息大家均有目共睹，因此出现逆向选择问题的可能性较小，同时，体育场馆出租时一般附带相应的管理人员，所以一般情况下也不存在损坏场馆的情况，因此在该交易过程中，搜寻信息成本、监督成本和违约成本均可以忽略不计，而防止被"敲竹杠"的讨价还价的签约成本是最重要的部分。针对该签约成本，当赛事运营者和体育场馆经营主体之间保持经常的互动、亲密的好感以及长时间的持续友谊时，由这种长期的交往带来的相互熟悉和信任可以避免该"敲竹杠"行为的发生，很多时候，由于这种"哥们"关系的存在，往往一个电话就可以解决问题，合约的签订往往成了一种形式。大型体育场馆无疑对当地体育文化的传播起着重要的作用，当体育场馆的经营主体拥有"提高赛事质量，传播体育文化，推广项目发展，满足人民需求"的共享愿景的时候，在获取一定经济回报的同时，为了实现共同的目标，他们会努力配合赛事运营者做好各种工作，包括不会为了一味追求经济利益而做出"敲竹杠"的事情。

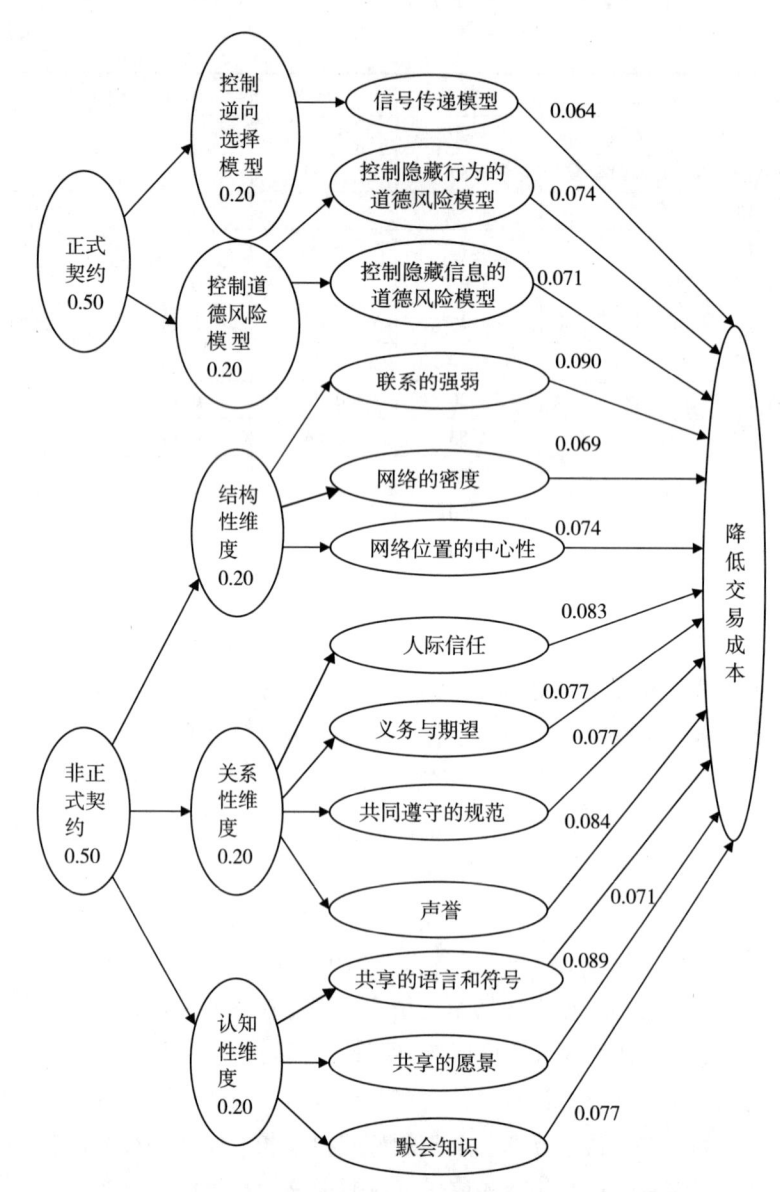

图 5-5　不同契约在赛事运营者与体育场馆经营主体交易中
对降低交易成本的重要程度

其次是"声誉"和"人际信任",权重分别为 0.084 和 0.083。大型体育场馆无论采取承包管理还是资本多元化的现代企业管理方式,[①] 采用

---

[①] 余惠清、张宏等:《浅析大型体育场馆的经营和管理》,《广州体育学院学报》2002 年第 3 期。

市场化手段获取一定的经济利益确保场馆的自给自足一定是选择的方式之一，因此，场馆经营主体无论是从实现"共享的愿景"出发还是从市场经营的角度出发，树立良好的市场"声誉"都是其竭力追求的，在这里，声誉机制也将起到约束作用，使得场馆经营主体不会为了眼前的短暂收益而采取"敲竹杠"的机会主义行为。"人际信任"无疑是一个重要的因素，无论是双方的强联系还是出于对身份的维护，其对机会主义的抑制机制都是源于信任，强联系带来的信任降低讨价还价的签约成本，维护声誉也是确信良好的声誉能够实现对网络成员正面的预期。

排在最后的是"信号传递模型"，其权重是 0.064，如上文所述，在赛事生产者与体育场馆经营主体交易关系中，出现逆向选择的可能较小，因此该指标在治理中所起的作用相对较小。

因此，我们认为，在赛事运营者与场馆经营主体交易关系中，主要通过非正式契约中的"联系的强弱""共享的愿景""声誉""人际信任"等因素抑制其机会主义行为，降低赛事运作过程中的不确定性，主要控制其签约成本。正式契约起补充作用。

（六）赛事运营者与赞助商交易关系

表 5-26　不同契约在赛事运营者与赞助商交易中对降低交易成本的重要程度

| | $\overline{X}t$ | Si | CVi | 标准权重 |
|---|---|---|---|---|
| 信号传递模型 | 4.80 | 0.41 | 0.09 | 0.084 |
| 控制隐藏行为的道德风险模型 | 4.67 | 0.49 | 0.10 | 0.081 |
| 控制隐藏信息的道德风险模型 | 4.53 | 0.64 | 0.14 | 0.079 |
| 联系的强弱 | 4.67 | 0.62 | 0.13 | 0.081 |
| 网络的密度 | 4.00 | 0.53 | 0.13 | 0.070 |
| 网络位置的中心性 | 3.93 | 0.70 | 0.18 | 0.069 |
| 人际信任 | 4.67 | 0.49 | 0.10 | 0.081 |
| 义务与期望 | 4.67 | 0.49 | 0.10 | 0.081 |
| 共同遵守的规范 | 4.53 | 0.64 | 0.14 | 0.079 |
| 声誉 | 4.93 | 0.26 | 0.05 | 0.086 |
| 共享的语言和符号 | 4.13 | 0.83 | 0.20 | 0.072 |
| 共享的愿景 | 4.20 | 0.77 | 0.18 | 0.073 |
| 默会知识 | 3.67 | 1.05 | 0.29 | 0.064 |

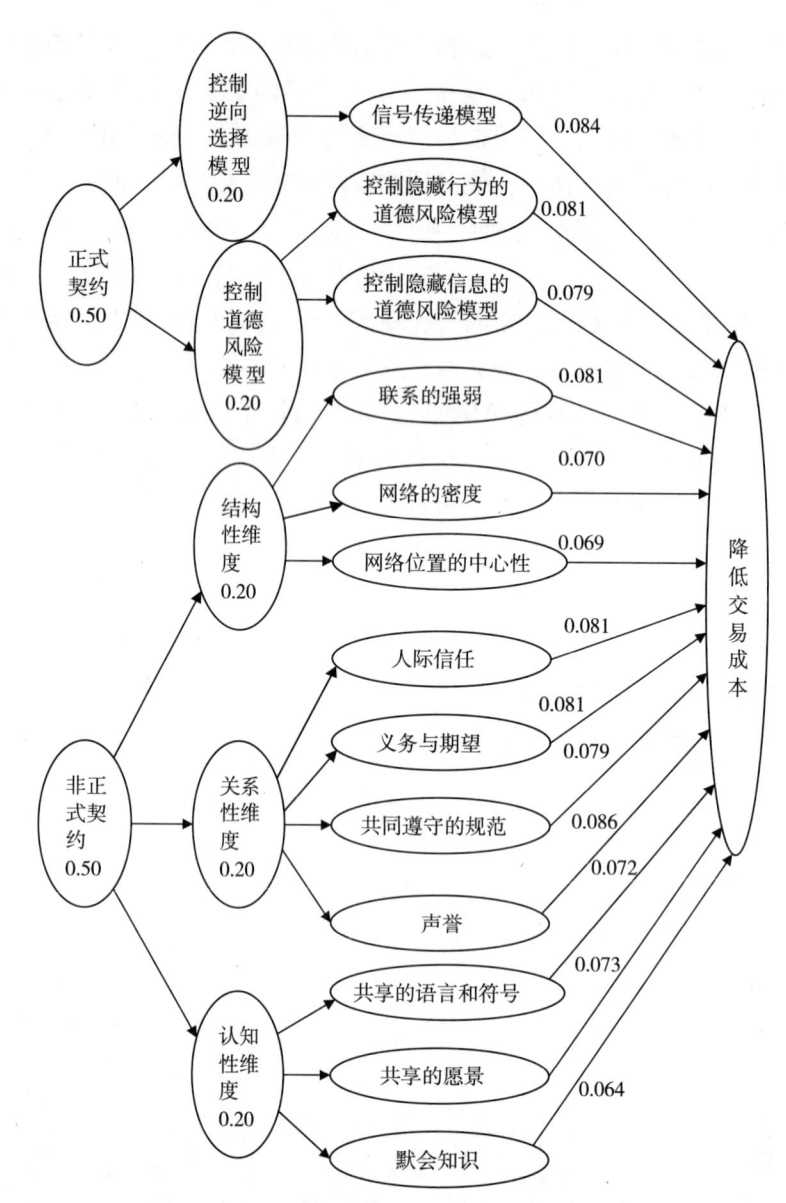

图 5-6  不同契约在赛事运营者与赞助商交易中对降低交易成本的重要程度

从表 5-26 及图 5-6 中我们可以看出，在体育赛事运营者与赞助商发生经济交易关系获得货币、物质或服务等生产要素的过程中，契约关系各三级指标中对降低交易成本的作用程度最大的是"声誉"和"信号传递模型"，权重分别为 0.086 和 0.084。如上文所述，在该交易关系中，体育赛事运营者和赞助商分别既是委托人也是代理人，他们都有可能发生签约前后的机会主义行为。体育赞助是市场经济条件下体育融入经济的切入点，是体育产业开发的重要内容，也是现代企业营销的重要手段。[①] 能否吸引赞助商的目光、获得赞助商的青睐已是体育赛事是否获得成功的前提，同样，在激烈的市场竞争中，越来越多的企业选择精彩的体育赛事作为展示其产品的平台，无疑，体育赞助是"双赢之策"。体育赛事运营方和赞助商分别作为自主经营、自负盈亏，按照市场规律运作的企业，在市场上立足无疑必须树立良好的声誉，只有树立了良好的声誉，体育赛事才能吸引众多赞助商的目光，赞助商才能找到合适的、与自己产品形象相匹配的体育赛事。如上文所述，作为一种隐性的公司资产，良好的声誉可以吸引优秀的人才，增加同合作伙伴谈判的筹码，提高产品和服务的溢价并增强消费者的忠诚度，方便在资本市场上的融资。[②] 因此，声誉机制将起到约束作用，使得双方为了获得长远的效益而采取守信行为，避免为了眼前的短暂收益而采取机会主义行为。"信号传递模型"是正式契约中一个重要要素，在决定签约之前，赛事运营者要求对方提供反映其企业资质的材料，可以正确判断对方的企业实力和行业信誉，选择规范、可靠的合作对象；对赞助商而言，也要求赛事运营者提供能反映其企业资质的材料，以及参赛运动员和媒体情况，同时通过行业协会了解赛事生产方的行业评价，可以正确判断该赛事运营方的"实力""诚信"及"非正式口头保证"的确定性，进而决定是否与其合作。因此，信号传递可以很好了解一个企业的实力和品质，可以减少彼此搜寻对方正确信息的成本，同时也能减少签约后的监督成本和可能出现的违约成本。

其次是"控制隐藏行为的道德风险模型""联系的强弱""人际信任"和"义务与期望"，权重均为0.081。上文显示，在该交易过程中，赛事运营方和赞助商都可能存在签约后的机会主义行为，运用正式契约的激励和惩罚机制（这里主要是惩罚机制）对违反合同的行为进行惩罚无疑可以抑制彼此的机会主义行为；当赛事运营者和赞助商之间能够保持经常的互动、亲密的好感以及长时间的持续友谊时，由这种长期的交往带来的相互熟悉以及由此带来的信任可以极大地降低搜寻彼此信息的

---

[①] 鲍明晓：《体育产业——新的经济增长点》，人民体育出版社2000年版，第129页。
[②] 《企业管理人员如今愈来愈知道公司声誉的重要性》，商机网，http://www.28.com/alfx/jx/n-33804.html, 2008年11月2日。

成本，而且，商业性体育赛事从签约到比赛结束一般需要一年半载时间，其间会产生很多的不确定性，如气候、交通、观众、运动员以及其他的不可抗拒力等，赛事运营者与赞助商之间基于长期的交往所产生的信任使得他们在面对意外事件发生时能够选择最简洁的方式解决问题，从而能够极大地降低由该不确定性所带来的再签约成本、监督成本和违约成本；"义务与期望"与"声誉"关系密切，良好"声誉"的建立和维护需要双方在赛事运作过程中遵守各种行业规则和契约规则，作为利益共同体，需要经常站在对方的立场考虑和处理问题。同时，在努力完成自己应尽义务的前提下，也希望网络成员对自己的业务能力、职业道德方面有一个充分的肯定，譬如希望再次合作、希望推荐新客户、希望在媒体进行正面宣传等，因此，"义务与期望"对抑制彼此的机会主义行为同样起着重要的作用。

排在最后的是"默会知识"，其权重是 0.064，"默会知识"的形成也是网络成员基于共同的专业和文化背景为前提的，体育赞助属于两个不同行业的结合，因此该指标在赛事生产过程中对彼此行为的影响相对较小。

因此，我们认为，在赛事运营者与赞助商交易关系中，主要通过非正式契约中的"声誉""联系的强弱""人际信任"和"义务与期望"以及正式契约中的"信号传递模型"和"控制隐藏行为的道德风险模型"抑制彼此的机会主义行为，降低赛事运作过程中的不确定性和信息的不对称，从而控制搜寻成本、签约成本、监督成本和违约成本。

（七）赛事运营者与媒体交易关系

表 5-27　不同契约在赛事运营者与媒体交易中对降低交易成本的重要程度

| | $\bar{X}_t$ | Si | CVi | 标准权重 |
| --- | --- | --- | --- | --- |
| 信号传递模型 | 4.13 | 0.92 | 0.22 | 0.075 |
| 控制隐藏行为的道德风险模型 | 4.80 | 0.41 | 0.086 | 0.087 |
| 控制隐藏信息的道德风险模型 | 4.00 | 0.93 | 0.23 | 0.072 |
| 联系的强弱 | 4.47 | 0.64 | 0.14 | 0.081 |
| 网络的密度 | 4.00 | 0.93 | 0.23 | 0.072 |
| 网络位置的中心性 | 3.67 | 0.82 | 0.22 | 0.066 |
| 人际信任 | 4.40 | 0.74 | 0.17 | 0.080 |

（续表）

|  | $\overline{X}_t$ | Si | CVi | 标准权重 |
|---|---|---|---|---|
| 义务与期望 | 4.47 | 0.64 | 0.14 | 0.080 |
| 共同遵守的规范 | 4.07 | 0.96 | 0.24 | 0.073 |
| 声誉 | 4.93 | 0.26 | 0.05 | 0.090 |
| 共享的语言和符号 | 4.20 | 1.01 | 0.24 | 0.076 |
| 共享的愿景 | 4.67 | 0.62 | 0.013 | 0.084 |
| 默会知识 | 3.60 | 1.06 | 0.29 | 0.064 |

从表5-27及图5-7中我们可以看出，在体育赛事运营者与媒体发生经济交易关系的过程中，契约关系各三级指标中对降低交易成本的作用程度最大的是"声誉"和"控制隐藏行为的道德风险"，权重分别为0.090和0.087。如上文所述，在该交易关系中，体育赛事运营者和媒体分别既是委托人也是代理人，因为他们都有可能发生签约前后的机会主义行为（媒体的逆向选择的可能性较小，因为电视台一般来说具有较垄断地位，其行业资质、公众影响力等方面的信息较透明）。如上文所述，体育赛事与媒体已成为一种互惠互利的共生关系，体育赛事的举办离不开媒体的宣传和推广，而体育赛事本身的魅力使得媒体的内容更丰富，从而大大提高媒体的收视率进而以卖出广告时段的方式获取经济利益。无论电视媒体采用何种管理手段，采用市场化手段运作获取一定的经济利益一定是其选择的方式及目标之一，因此，体育赛事运营方和媒体在市场上立足无疑必须树立良好的声誉，只有树立了良好的声誉，体育赛事运营者举办的体育赛事才能吸引媒体的目光，成为品牌赛事；媒体才能吸引更多精彩的赛事，成为品牌媒体。因此，声誉机制将起到约束作用，使得双方为了获得长远的效益而采取守信行为，任何时候都会避免为了眼前的短暂收益而采取机会主义行为。如中央电视台5频道无疑是一个品牌媒体，其包揽了90%的中国赛事转播权，包括所有世界级的锦标赛，以及其他所有高质量的体育赛事。这除了跟中央电视台5频道是国家台的优势外，还跟该台长期来所拥有的声誉有关。[①] 据上文分析可知，在该交易过程中，赛事运营方和

---

[①] 王子朴、王晓虹：《体育赛事举办者、电视转播方、赞助商合作与共赢发展现状的多维审视——基于第二届体育电视国际论坛的综述》，《首都体育学院学报》2006年第6期。

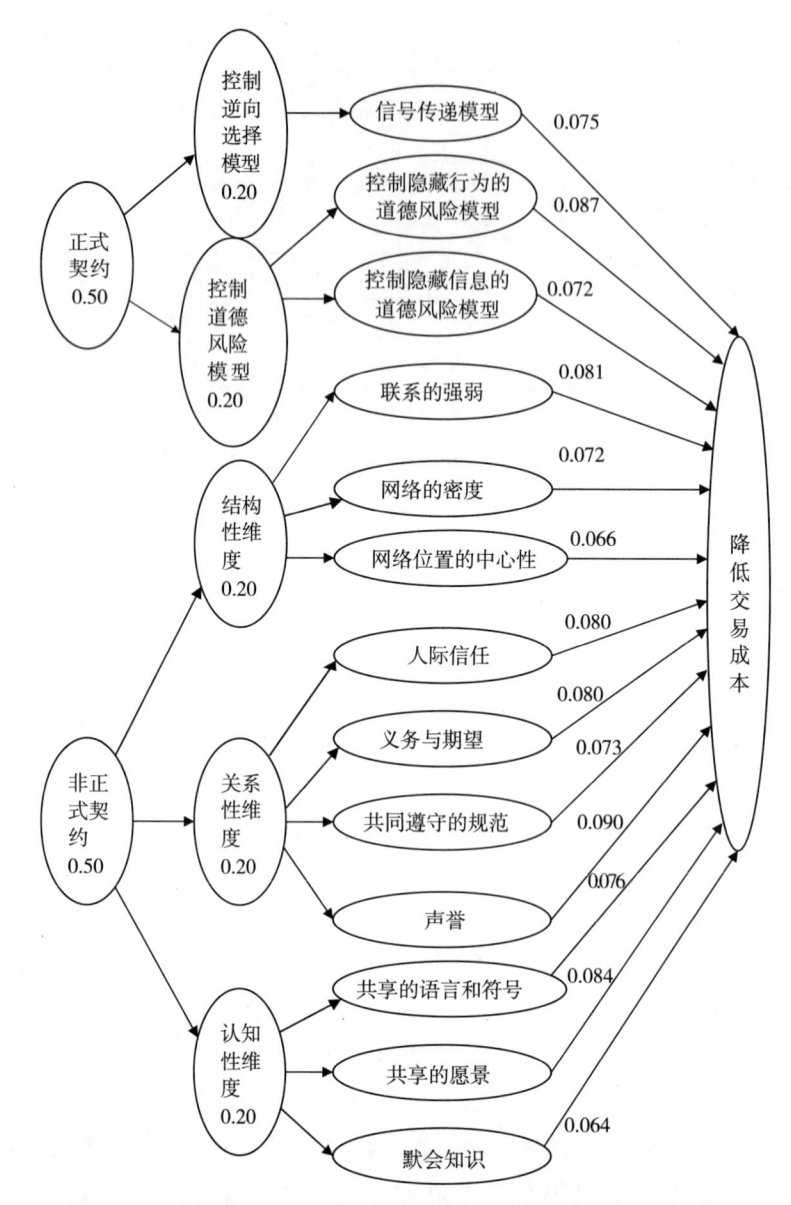

图 5-7　不同契约在赛事运营者与媒体交易中对降低交易成本的重要程度

媒体都可能存在签约后的机会主义行为，在体育赛事电视转播权转让合同中明确违约处罚条款，运用正式契约的激励和惩罚机制（这里主要是惩罚机制）对违反合同的行为进行惩罚无疑可以抑制彼此的机会主义行为。

其次是"共享的愿景""联系的强弱"和"人际信任"，权重分别为 0.084、0.081 和 0.080。新闻媒体起着喉舌的作用，无疑对当地体育文化的传播起着重要的作用,当"提高赛事质量,传播体育文化,推广项目发展,满足人民需求"成为媒体以及赛事运营者共享的愿景的时候,为了实现共享的愿景,为了这种责任感和使命感,他们彼此都会遵守各种行业规则和契约规则,作为利益共同体,他们会经常站在对方的立场考虑和处理问题,不会为了眼前的利益而采取机会主义行为。当赛事运营者和媒体保持经常的互动、亲密的好感以及长时间的持续友谊时,由这种长期的交往带来的相互熟悉和信任可以极大降低签约成本以及由不确定性带来的再签约成本、监督成本和违约成本。

因此,我们认为,在赛事运营者与媒体交易关系中,主要通过非正式契约中的"声誉""共享的愿景""联系的强弱""人际信任"以及正式契约中的"控制隐藏行为的道德风险模型"等抑制彼此的机会主义行为,降低赛事运作过程中的不确定性和信息的不对称,从而控制搜寻成本、签约成本、监督成本和违约成本。正如访谈中一位赛事运营专家在谈到与媒体的关系时说的:经常做赛事的人,跟当地媒体特别是体育媒体的关系一定很熟悉的,没有媒体帮你宣传赛事怎么做啊?有最好的运动员也没有人知道啊,当然媒体也需要我们精彩的赛事作为传播内容。所以,大家都知道,彼此搞好关系非常重要,合作共赢呗。如何抑制机会主义?合同当然是需要的,但最重要的还是靠声誉啊,大家的交情啊这些东西,合作久了,大家不会蒙骗对方的,除非有那些不可抗拒力的出现,譬如有一些政治性质的转播,如果这样,我们也会相互谅解,很快达成一致给出我们大家都损失最小的方案。

(八)赛事运营者与使用赛事符号企业交易关系

表 5-28　　不同契约在赛事运营者与使用赛事符号企业交易中
对降低交易成本的重要程度

|  | $\bar{X}_t$ | Si | CVi | 标准权重 |
| --- | --- | --- | --- | --- |
| 信号传递模型 | 4.87 | 0.35 | 0.072 | 0.093 |
| 控制隐藏行为的道德风险模型 | 4.80 | 0.41 | 0.086 | 0.088 |
| 控制隐藏信息的道德风险模型 | 3.80 | 0.41 | 0.11 | 0.073 |
| 联系的强弱 | 4.87 | 0.35 | 0.072 | 0.093 |
| 网络的密度 | 3.13 | 0.35 | 0.11 | 0.060 |
| 网络位置的中心性 | 3.40 | 0.51 | 0.15 | 0.065 |
| 人际信任 | 4.67 | 0.49 | 0.10 | 0.089 |

(续表)

|  | $\bar{X}_t$ | Si | CVi | 标准权重 |
| --- | --- | --- | --- | --- |
| 义务与期望 | 4.73 | 0.46 | 0.097 | 0.091 |
| 共同遵守的规范 | 4.07 | 0.70 | 0.17 | 0.078 |
| 声誉 | 4.93 | 0.26 | 0.052 | 0.094 |
| 共享的语言和符号 | 3.06 | 0.26 | 0.084 | 0.059 |
| 共享的愿景 | 3.00 | 0 | 0 | 0.057 |
| 默会知识 | 2.93 | 0.26 | 0.088 | 0.056 |

从表5-28及图5-8中我们可以看出，在体育赛事运营者与使用赛事符号企业发生产权交易关系的过程中，契约关系各三级指标中对降低交易成本的作用程度最大的是"声誉""信号传递模型"和"联系的强弱"，权重分别为0.094、0.093和0.093。如上文所述，在该交易关系中，体育赛事运营者和使用赛事符号企业分别既是委托人也是代理人，他们都有可能发生签约前后的机会主义行为。一方面，体育赛事运营方和使用赛事符号企业分别作为自主经营、自负盈亏，按照市场规律运作的企业，在市场上立足无疑必须树立良好的声誉，只有树立了良好的声誉，体育赛事和企业之间才能彼此吸引。如上文所述，作为一种隐性的公司资产，良好的声誉可以吸引优秀的人才，增加同合作伙伴谈判的筹码，提高产品和服务的溢价并增强消费者的忠诚度，方便其在资本市场上的融资。[①] 因此，声誉机制将起到约束作用，避免双方为了眼前的短暂收益而采取机会主义行为。另一方面，从对赛事运作专家的访谈中了解到，在体育赛事运营者与使用赛事符号企业发生产权交易关系的实际操作中，在法律层面如何规避双方签约后的机会主义行为是一个较复杂的问题，对于赛事运营者而言，使用赛事符号生产、销售企业不按照合同规定加大生产销售数量、提高产品价格、改变或扩大销售地域范围等现象较为隐秘；而对使用赛事符号的企业而言，赛事运营方经营体育赛事产品不善，导致体育赛事基础产品、衍生产品的价值减弱，或者赛事运营方对排他权执行差等现象也较为隐秘，因此，相对而言，声誉的自我约束机制在降低交易成本中显得尤为重要。

---

[①] 《企业管理人员如今愈来愈知道公司声誉的重要性》，商机网，http://www.28.com/alfx/jx/n-33804.html，2008年11月2日。

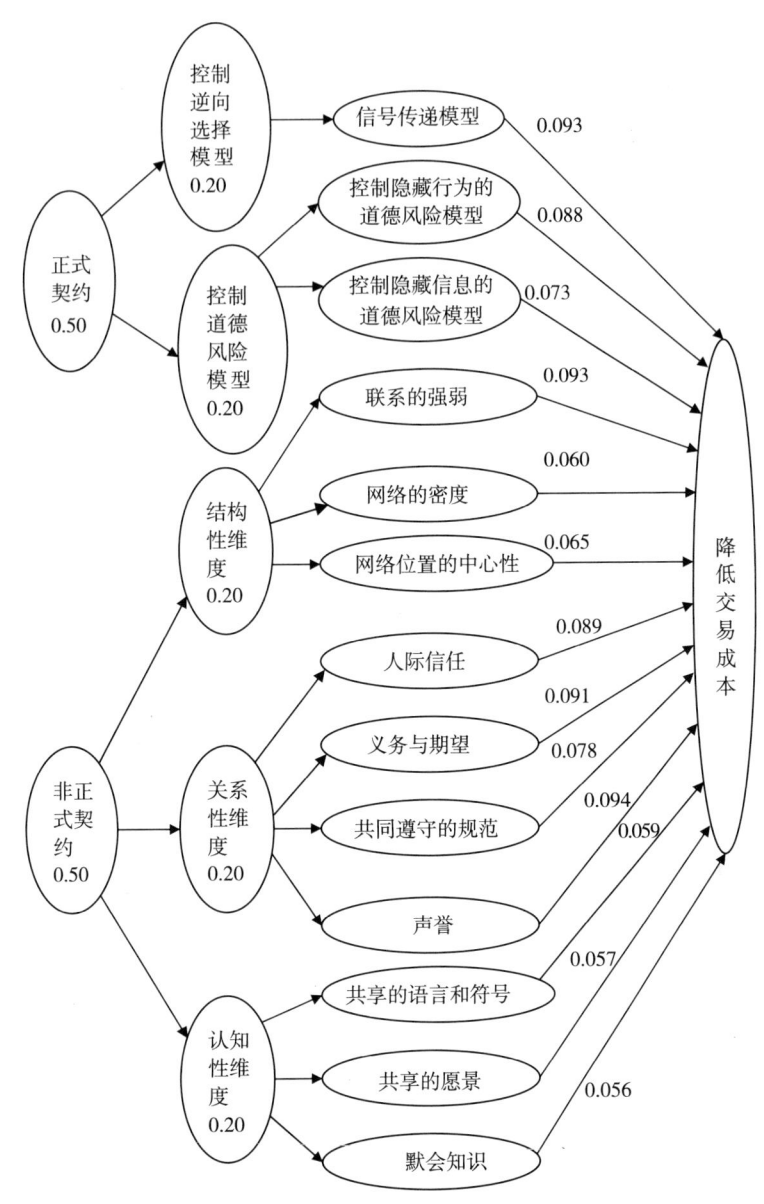

# 第五章 中国商业性体育赛事交易网络契约的重要性判断及存在的问题

**图 5-8 不同契约在赛事运营者与使用赛事符号企业交易中对降低交易成本的重要程度**

图中主要节点与权重：

- 正式契约 0.50
  - 控制逆向选择模型 0.20
    - 信号传递模型 → 降低交易成本 0.093
  - 控制道德风险模型 0.20
    - 控制隐藏行为的道德风险模型 → 0.088
    - 控制隐藏信息的道德风险模型 → 0.073
- 非正式契约 0.50
  - 结构性维度 0.20
    - 联系的强弱 → 0.093
    - 网络的密度 → 0.060
    - 网络位置的中心性 → 0.065
  - 关系性维度 0.20
    - 人际信任 → 0.089
    - 义务与期望 → 0.091
    - 共同遵守的规范 → 0.078
    - 声誉 → 0.094
  - 认知性维度 0.20
    - 共享的语言和符号 → 0.059
    - 共享的愿景 → 0.057
    - 默会知识 → 0.056

"信号传递模型"也是一个重要的指标，当正式契约的激励和惩罚机制较难规避签约后的机会主义行为的时候，运用"信号传递"了解双方的企业实力和行业信誉，降低彼此搜寻对方正确信息的成本，进而减少签约后的监督成本和可能出现的违约成本显得非常重要;"联系的强弱"反映了赛事运营者与使用赛事符号企业间的私人关系,当双方能够保持经常的互动、亲密的好感以及长时间的持续友谊时,由这种长期的交往带来的相互熟悉以及由此带来的信任可以极大地降低搜寻彼此信息的成本以及由赛事的不确定性所带来的再签约成本、监督成本和违约成本。

其次是"义务与期望"和"人际信任",权重分别为0.091和0.089。"义务与期望"与"声誉"关系密切,而"人际信任"与"联系的强弱"关系密切,因此这两个指标同样对抑制双方的机会主义行为起着重要的作用。

因此,我们认为,在赛事运营者与使用赛事符号企业交易关系中,主要通过非正式契约中的"声誉""联系的强弱""人际信任"和"义务与期望"以及正式契约中的"信号传递模型"抑制彼此的机会主义行为,降低赛事运作过程中的不确定性和信息的不对称,从而控制搜寻成本、签约成本、监督成本和违约成本。

(九)赛事运营者与现场观众交易关系

表5-29 不同契约在赛事运营者与现场观众交易中对降低交易成本的重要程度

| | $\bar{X}_t$ | Si | CVi | 标准权重 |
| --- | --- | --- | --- | --- |
| 信号传递模型 | 4.60 | 0.63 | 0.14 | 0.089 |
| 控制隐藏行为的道德风险模型 | 4.27 | 0.80 | 0.19 | 0.082 |
| 控制隐藏信息的道德风险模型 | 3.73 | 0.70 | 0.19 | 0.072 |
| 联系的强弱 | 3.40 | 0.91 | 0.27 | 0.066 |
| 网络的密度 | 3.53 | 0.99 | 0.28 | 0.068 |
| 网络位置的中心性 | 3.87 | 0.99 | 0.26 | 0.075 |
| 人际信任 | 3.87 | 0.74 | 0.19 | 0.075 |
| 义务与期望 | 4.47 | 0.64 | 0.14 | 0.086 |
| 共同遵守的规范 | 4.20 | 0.68 | 0.16 | 0.081 |
| 声誉 | 4.80 | 0.41 | 0.09 | 0.093 |
| 共享的语言和符号 | 3.80 | 1.01 | 0.27 | 0.073 |
| 共享的愿景 | 4.07 | 1.16 | 0.29 | 0.079 |
| 默会知识 | 3.13 | 0.83 | 0.27 | 0.061 |

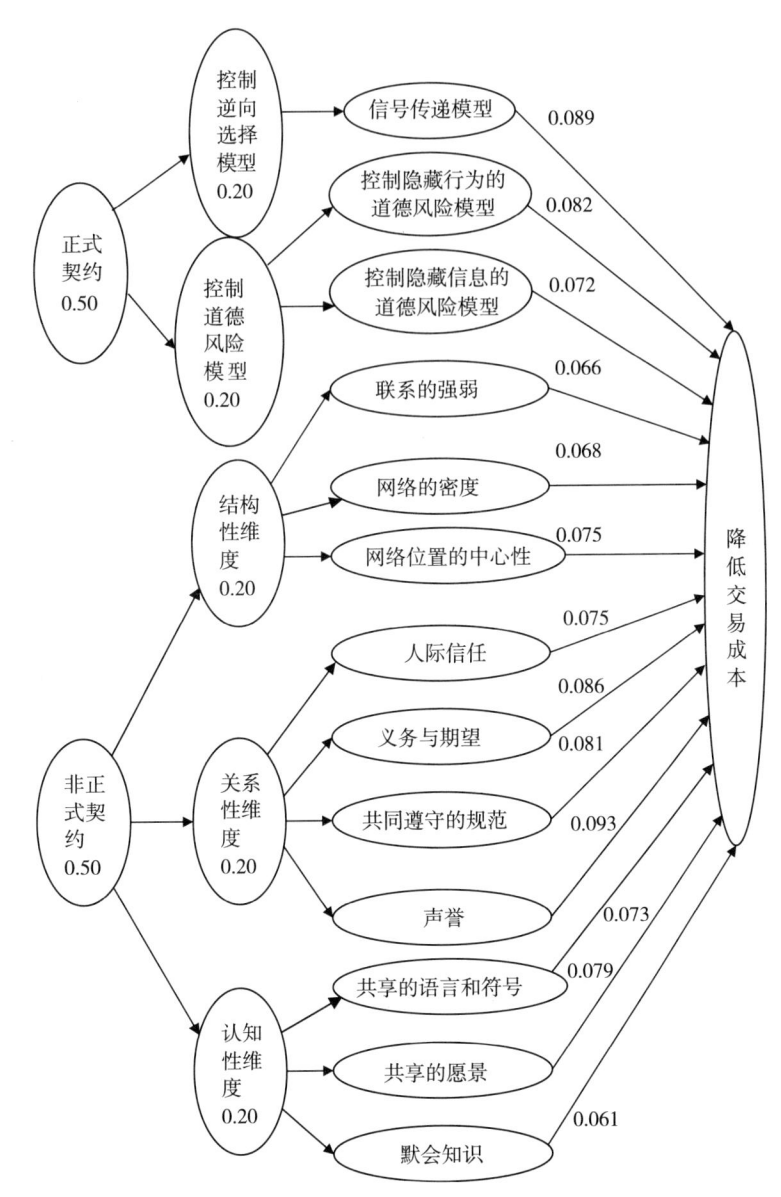

# 第五章 中国商业性体育赛事交易网络契约的重要性判断及存在的问题

图 5-9 不同契约在赛事运营者与现场观众交易中
对降低交易成本的重要程度

从表 5-29 及图 5-9 中我们可以看出，在体育赛事运营者与现场观众发生经济交易关系的过程中，契约关系各三级指标中对降低交易成本的作用程度最大的是"声誉"和"信号传递模型"，权重分别为 0.093

和 0.089。如上文所述，在该交易关系中，现场观众观看体育赛事就要购买门票，门票是观看资格与权利的载体，体现着赛事运营者和观众之间的合同关系。在这种合同法律关系中，合同要求赛事运营者在保证现场观众安全的前提下提供一场符合体育精神本质要求的赛事表演——尽最大努力为观众提供一场精彩的、充满悬念的、真实的比赛，满足观众的精神享受以达到门票消费的价值。① 但赛事运营者往往利用自己的优势地位在制定门票时增加购票人的义务，减少自己的责任。体育赛事运营者作为代理人存在着签约前后的机会主义。我们认为"声誉"机制是制约其机会主义的最重要因素。体育赛事运营者作为自主经营、自负盈亏，按照市场规律运作的企业，在市场上立足无疑必须树立良好的声誉，只有树立了良好的声誉，才能逐步培育观众及球迷市场，促进城市体育文化的发展，从而拥有良好的市场前景。促成2009年曼联—绿城赛的中国国际体育文娱传媒有限公司总经理武林表示："我要打造属于浙江的体育传媒，整合各种传媒的力量，用集团化的管理手段运营体育赛事，只有这样，浙江体育的火焰才能越烧越旺……曼联作为世界顶级足球俱乐部做客杭州，这是一次商机，也是足球理念上的一次碰撞。"据报道，为了培育良好的市场声誉，这次赛事主办方宁愿赔本赚吆喝买卖。② "信号传递"是正式契约中一个重要因素，在决定购买门票之前，消费者需要了解赛事运营者的行业资质，消费者观测到这些信号之后判断该赛事生产方的"诚信"及"非正式口头保证"的确定性，进而决定是否购买赛事门票。因为信号传递可以很好了解一个企业的实力和品质，可以减少彼此搜寻对方正确信息的成本，同时也能减少签约后的监督成本和可能出现的违约成本。

其次是"义务与期望"和"控制隐藏行为的道德风险模型"，权重分别为0.086和0.082。良好"声誉"的建立和维护需要赛事运营者在赛事运作过程中遵守各种行业规则和契约规则，尽自己最大努力为观众创造精彩赛事，同时在努力完成自己应尽义务和责任的前提下，也希望观众对自己所组织的赛事有一个充分的肯定，譬如希望能够逐渐培育球迷市场，能

---

① 朱建红：《体育赛事违约责任中的精神损害赔偿研究——从"假球"、"黑哨"看球迷的权利保护》，《南京体育学院学报》2011年第4期。

② 《主办方只求不赔本，"联城决"赔本赚吆喝买卖》，今日早报，http://www.hzmotv.com/forum.php?mod=viewthread&tid=4230，2009年7月13日。

够拥有越来越多的忠实观众等。因此,"义务与期望"对抑制赛事运营者的机会主义行为同样起着重要的作用。"控制隐藏行为的道德风险模型"是正式契约的一个重要指标,如上文所述,签约后赛事方的机会主义也表现为其所提供的比赛过程中存在运动员"出工不出力"、裁判员"黑哨""漏哨"等隐藏行为的道德风险现象。针对这种现象,可以通过对赛事运营者制定一定的惩罚机制来进行规避。即赛事运营者在门票销售的同时对消费者进行相应有损其利益情况下的降价或退票承诺,而这种承诺需要行业协会以及法律机构的监督。譬如被称为"大失杯"的2005年上海大师杯,由于萨芬、休伊特、罗迪克、纳达尔和阿加西5位本年度ATP排名前八的球员退出了大师杯,使这次比赛彻底沦为鸡肋,在很多球迷喊出了"退票"的口号中,为了留住球迷,经过了彻夜的协商后,ATP和上海大师杯组委会终于在球迷赔偿方案上达成一致:已经购买本届大师杯球票的球迷,可以凭借票根在明年购买球票时享有较大幅度的折扣优惠。而ATP方面也做出承诺,将在未来三到六个月之间,邀请一些明星球员来上海和球迷进行互动活动。①

因此,我们认为,在赛事运营者与现场观众交易关系中,主要通过非正式契约中的"声誉""义务与期望"以及正式契约中的"信号传递"和"控制隐藏行为的道德风险模型"等要素抑制赛事运营者的机会主义行为,降低赛事运作过程中的不确定性和信息的不对称性,从而控制搜寻成本、签约成本、监督成本和违约成本。

## 第三节 中国商业性体育赛事交易网络契约关系存在的问题

本章节主要通过专家访谈法、文献资料法对我国商业性体育赛事运作过程中各类交易关系中普遍存在的问题进行提炼,为下文进一步讨论商业性体育赛事政策提供依据。专家论证表明,在商业性体育赛事生产者与赛事相关的交易主体,即俱乐部、裁判协会、后勤服务公司、票务服务公司、赞助商等的交易过程中,社会网络资源指标中的"声誉""人际信

---

① 《上海大师杯补偿球迷:可凭票根享明年购票优惠》,新闻晨报,http://sports.sina.com.cn,2005年11月16日。

任""义务与期望"和"联系的强弱"等指标是最重要的,但在对上海、广州商业赛事管理运行专家的实际评估调研中,却呈现出上述指标在赛事交易中的嵌入程度不高,即商业体育赛事各类交易主体社会网络资源的嵌套程度较低的问题,同时存在着赛事运营方经营水平亟待提高的问题。主要反映在以下各类交易关系中。

1. 赛事运营者与俱乐部等主体交易关系

通过专家访谈和文献所知,在体育赛事运营者与俱乐部等发生经济交易关系获得运动员、教练员等生产要素的过程中,通常存在着"声誉缺失""信任不够"的现象,主要表现为运动员在比赛过程中的"出工不出力"行为。2003年南方网讯发表的一篇题为《龙队国脚为钱险些罢战皇马　总教练年维泗极愤慨》的文章,[1] 充分说明了该问题的存在,2009年搜狐体育发表的一篇题为《国米在京曾耍大牌威胁罢赛　蓝鹰夺冠后夜店狂欢》也同样说明了该问题。[2] 如访谈中一位赛事运行专家提到:由于正式的合同不可能事事俱细提到任何可能出现的问题,运动员因为抱怨出场费不够或接待上不满意等问题威胁罢赛或出工不出力是最让主办方头痛的,毕竟运动员是比赛的核心啊,这些行为的出现一方面跟运动员不注重维护自己的声誉有关,另一方面也跟主办方跟俱乐部之间的信任建立不够有关。

2. 赛事运营者与裁判协会交易关系

通过专家访谈和文献所知,在体育赛事运营者与裁判协会发生经济交易关系获得裁判员该生产要素的过程中,通常存在着"声誉"缺失的现象,主要表现为裁判员的"黑哨"行为。前些时间轰轰烈烈的中国足球扫黑行动中抓获的一大批违法裁判充分说明了这一点,当然,这些现象主要出现在各种职业联赛中。访谈中一位赛事运作专家认为:裁判"黑哨"现象主要出现在职业联赛上,较少出现在一次性的商业赛事中,一些裁判在经济利益的驱使下违背职业道德,不惜损害自己的声誉,甚至做出违法的事情,严重损害了赛事主办方及消费者的利益。抑制这种现象的出现,

---

[1]《龙队国脚为钱险些罢战皇马　总教练年维泗极愤慨》,南方网讯,http://www.southcn.com/sports/scroll/200308040738.htm,2003年8月4日。

[2]《国米在京曾耍大牌威胁罢赛　蓝鹰夺冠后夜店狂欢》,搜狐体育,http://sports.sohu.com/20090811/n265876409.shtm,2009年8月11日。

除了用法律制裁和高薪养廉外，更重要的是需要通过行业协会建立监督机制，并促使声誉机制在整个行业内充分发挥作用。

3. 赛事运营者与后勤保障团队所属组织或个人交易关系

通过专家访谈和文献所知，在体育赛事运营者与后勤保障团队所属组织或个人发生经济交易关系获得安保、交通、食宿、医务、运输等生产要素的过程中，通常存在安保人员"工作不力"无法维护赛场安全的问题。如"3·24"西安球迷骚乱向球员、裁判和警察投掷石块和矿泉水瓶，焚烧塑料座和警车；2004年8月4日北京球迷闹事焚烧国安旗子，群殴武警战士；全世界历史最悠久的波士顿马拉松赛爆炸案造成了严重的人员伤亡，更给赛事的举办敲响警钟。造成这些事件的原因主要有两种：①安保人员能力不足；②安保人员"出工不出力"。随着2014年国务院《关于加快发展体育产业促进体育消费的若干意见》、国家体育总局《关于推进体育赛事审批制度改革的若干意见》文件的发布，我国体育产业已经进入黄金发展十年，商业性体育赛事作为体育产业中的重要组成部分，将越来越成为全民健身和体育消费的重要途径。事实证明，城市马拉松的举办已呈现出了"井喷式"发展现象，数据显示，2011—2014年中国马拉松赛事分别举办了22场、33场、39场和51场，而2015年在中国田协注册的马拉松赛事及相关的运动赛事，一共134场，总计参赛人数是150万人，比2014年的90万人多出了60万人。目前城市马拉松赛事已经成为中国最具影响力的体育赛事活动之一。但马拉松赛事的开放性特征可谓是户外赛事中最难进行安全保障的，由于其商业性、民办性的特征，在政府逐渐淡出的背景下，主办方在赛事的交通、安保以及其他资源的配置方面将面临巨大的成本和管理难度的压力。

首都体育学院院长钟秉枢表示，今后一段时间内，大型体育赛事为了防范恐怖主义的渗透，安保工作肯定会加强，从体育赛事的筹办和组织而言，成本要增加，比赛也更难办了。有关专家表示，除了对安保工作加强和升级外，通过行业协会建立监督机制，并促使声誉机制在整个行业内充分发挥作用，从而进一步提高赛事安保人员的素质是重要的措施。

4. 赛事运营者与票务公司交易关系

通过专家访谈所知，在体育赛事运营者与票务公司发生经济交易关系委托其销售门票的过程中，通常存在着"声誉"缺失的问题，主要表现为票务公司可能出现暗地抬高票价或者暗地跟"黄牛"勾结，一起倒票炒高票价的机会主义行为。针对这种现象，专家认为，除了举报、查处、配合公安打击倒卖活动外，最主要还是靠"声誉"的约束机制起作用，使得这些专业公司为了获得长远的效益而采取守信行为，避免为了眼前的短暂收益而采取机会主义行为。

5. 赛事运营者与赞助商交易关系

通过专家访谈和文献所知，在体育赛事运营者与赞助商发生经济交易关系获得货币、物质或服务等生产要素的过程中，赛事运营者和赞助商通常都存在着签约前后的机会主义行为，签约前的机会主义表现为赞助企业有可能向赛事运营者隐瞒企业实际的生产规模和能力，夸大企业产品的质量以及销售量，也可能表现为赛事运营者所做的赛事广告宣传严重不实，夸大赛事的规模，承诺某某著名运动员的参赛（实际上还没有谈妥该协议），夸大赛事的影响力，并进一步夸大赛事所拥有的广告权所可能带来的利益预期等现象，以此诱导赞助商不惜重金将赛事作为企业营销的平台（赞助回报价值的基础是注意力，而注意力与赛事推广，赛事活动的精彩性、悬念性以及媒体的报道方式有关）；签约后的机会主义表现为赞助商为了节约成本可能提供劣质的物资和服务，并寻找种种借口减少、拖延、有的甚至拒付事先合约规定的赞助费，或者超越合同规定的使用权、使用期和使用范围，也可能表现为赛事运营者经营体育赛事产品不善，导致体育赛事基础产品、衍生产品的价值减弱，如比赛中运动员为获取自身利益，弄虚作假或"消极怠工"，丧失体育道德；裁判员为获取自身利益，故意错判、漏判，违反体育竞赛的公正性原则；赛事生产方为单方利益，市场开发过多，对赞助商的排他权执行差等现象，如九运会赛场就出现中国电信与中国联通、可口可乐与乐百氏同场竞放广告的现象。针对这些情况，访谈中众多专家认为，除了运用合同的形式规范双方的行为外，更多的还是需要双方重视和维护自己的声誉，只有树立了良好的声誉，体育赛事才能持续吸引众多赞助商的目光，赞助商才能找到合适的、与自己产品形象相匹配的体育赛事；另外，要加强双方间的日常沟通，这种长期的交往带来的相互熟悉以及由此带来的信任可以极大地降低搜寻彼此信息的成本，而且，商业性体育赛事从签约到比赛结束一般需要一年半载时间，其间会产生很多的不确定性，如气候、交通、观众、运动员以及其他的不可抗拒力等，赛事运营者与赞助商之间基于长期的交往所产生的信任使得他们在面对意外事件发生时能够选择最简洁的方式解决问题，从而能够极大地降低由该不确定性所带来的再签约成本、监督成本和违约成本。最后,专家认为,赛事运营方应该努力提高自身的赛事运作水平,无论在赛事的组织管理还是赛事的营销方面,我们国家的赛事管理人员其能力远远低于国外赛事经纪团队。

6. 赛事运营者与现场观众交易关系

通过专家访谈和文献所知,在体育赛事运营者与现场观众发生经济交易关系的过程中,通常存在着赛事运营方的机会主义行为。门票销售前的机会主义主要表现为赛事的广告宣传严重不实,夸大赛事的规模,承诺某某著名运动员的参赛(实际上还没有谈妥该协议)等现象,以此诱导消费者为睹心中的偶像而不惜重金购买门票,从而产生逆向选择问题,因为消费者对赛事的了解永远不可能比赛事运营者本身更多;签约后的机会主义主要表现为赛事运营者所提供的比赛过程中存在运动员"出工不出力"、裁判员"黑哨""漏哨"等隐藏行为的道德风险现象,严重损害了消费者的利益。专家认为,造成这种现象的主要原因,一方面是因为"声誉"缺失,赛事运营方对自身的声誉维护不够;另一方面是因为赛事运营方本身经营水平不够。针对这种情况,专家认为,一方面要通过行业协会建立监督机制,并促使声誉机制在整个行业内充分发挥作用;另一方面,要通过各种学习、培训渠道,提高赛事运营方自身的赛事运作水平。

从访谈所知,针对我国商业性体育赛事运作过程中的实际情况,大部分专家认为在赛事运营方与体育场馆经营主体、媒体、使用赛事符号企业交易过程中较少存在机会主义行为,因此,在此不做讨论。总的来说,在我国商业性体育赛事运作过程中各类交易关系普遍存在着社会网络资源的嵌套程度较低的问题,特别表现为"声誉"缺失的问题,同时存在着赛事运营方经营水平亟待提高的问题。

## 小 结

本章首先运用德尔菲法对我国商业性体育赛事交易网络契约关系结构的指标体系进行了论证,并进一步运用专家模糊评价法对契约关系结构中各指标降低赛事生产过程中各种交易关系交易成本的重要程度进行了判断。研究认为,正式契约和非正式契约中各指标在降低各类交易关系交易成本中所起的重要程度各不相同。在雇佣合约关系中,非正式契约关系性维度中的"声誉""信任""义务与期望"以及正式契约中的"信号传递"和"控制隐藏行为的道德风险模型"等要素起着较为重要的作用；在出租合约关系中，非正式契约三维度中的"声誉""联系的强弱""人际信任""共享的愿景"以及正式契约中的"信号传递"和"控制隐藏行为的道德风险模型"等要素起着较为重要的作用；在销售合约关系中，非正式契约中的"声誉""义务与期望"以及正式契约中的"信号传递"和"控制隐藏行为的道德风险模型"等要素起着较为重要的作用。总体而言，在我国商业性体育赛事契约关系中，正式契约起着基础性的作用，非正式契约对正式契约的履行起着保障的作用；在绝大部分的交易关系中，非正式契约起着更为重要的作用；在各类交易关系中，声誉机制在降低交易成本方面均起着非常重要的作用。在我国商业性体育赛事运作过程中各类交易关系普遍存在社会网络资源的嵌套程度较低的问题，特别表现为"声誉"缺失的问题，同时存在着赛事运营方经营水平亟待提高的问题。上述研究为下文从竞争力和国际化方面提出我国商业性体育赛事的发展政策提供了基础。

# 第六章

# 中国商业性体育赛事的发展政策研究

商业性体育赛事产业的发展政策是指围绕商业性体育赛事产业的发展，旨在实现一定的商业性体育赛事产业发展目标而使用多种手段所制定的一系列具体政策的总称。从现阶段商业性体育赛事的发展来看，提升商业性体育赛事的竞争力以及使其走向国际化是该产业发展最重要的两个方面。在上文运用专家模糊评价法对契约关系结构中各指标降低交易成本的重要程度以及对我国商业性体育赛事交易网络契约关系中存在的问题进行讨论的基础上，本章节首先通过对相关文件的整理梳理了现阶段我国商业性体育赛事产业的政策结构以及主要内容；进一步对现行商业性体育赛事产业发展政策中存在的主要问题及原因进行分析；最后从推动国际化和提升竞争力两个方面对我国商业性体育赛事发展政策提出了调整的意见和建议。

## 第一节　中国商业性体育赛事产业的发展政策结构

商业性体育赛事产业包含于体育竞赛行业之中，属于体育产业中的一个重要组成部分，从我国现有发布的文件来看，没有专门有关商业性体育赛事的政策文件，对该赛事的相关政策均包含于体育竞赛以及体育产业文件中，通过对相关文件（国家层面和省、直辖市层面官方网站发布的有关体育竞赛、体育产业方面的文件）搜索、整理得出目前我国商业性体育赛事产业政策结构中主要包含以下几大部分的内容：市场准入政策、财政金融政策、税收优惠政策、人才培养政策等。

## 一 市场准入政策

现有政策对商业性体育赛事举办的市场准入条件进行了规定,主要包括从国务院、国家体育总局到地方体育部门的审批制度和申请举办体育竞赛的组织和个人应当具备的条件两方面。继 2014 年 10 月国务院《关于加快发展体育产业促进体育消费的若干意见》发布后,国家体育总局随后于 12 月发布的《关于推进体育赛事审批制度改革的若干意见》文件第六条提出:"《赛事名录》外的赛事,此类赛事既包括商业性和群众性体育赛事,也包括公益性赛事中的部分赛事。体育总局及其各厅司局、直属单位针对此类赛事的审批,一律取消。"意味着《全国体育竞赛管理办法(试行)》中关于赛事市场准入政策的规定被废除,该管理办法第二章第五条、第六条明确规定了对各类体育竞赛活动实行审批登记制度的规定:国务院体育行政部门负责审批在中华人民共和国境内举办的全国性和国际性体育竞赛;县级以上地方各级人民政府体育行政部门负责审批地方性体育竞赛……国务院体育行政部门和县级以上地方各级人民政府体育行政部门每年年底统一审批、制订第二年体育竞赛计划,由各级单项体育协会或经审批机关授权的单位管理和组织实施等。《关于推进体育赛事审批制度改革的若干意见》文件的出台,标志着我国长期以来申办赛事所设置的高门槛大大降低,对商业性和群众性赛事的申办彻底松绑。

在申请举办体育竞赛的组织和个人应当具备的条件方面,《全国体育竞赛管理办法(试行)》第二章第七条,对此进行了明确的规定:(一)能够独立承担民事责任;(二)拥有与竞赛规模相当的组织机构和管理人员;(三)已经制定具体的竞赛规程和比赛组织实施方案;(四)拥有与竞赛规模相适应的经费;(五)已经确定体育竞赛所需的场地、设施和器材。根据上述文件精神,各省市分别制定了相应的实施细则,如《北京市体育竞赛管理办法》《上海市体育竞赛管理办法》《北京市人民政府关于加快发展体育产业促进体育消费的实施意见》《浙江省人民政府关于加快发展体育产业促进体育消费的实施意见》等,对商业性体育赛事在内的所有体育赛事的计划和审批进行了规定。

## 二 财政金融政策

现有政策在加大商业性体育赛事的财政、投融资支持力度方面有一定规定，主要表现为体育产业发展引导资金、体育产业发展资金项目库的设立和体育产业发展引导资金贷款贴息办法等。《国务院办公厅关于加快发展体育产业的指导意见》中提出要加大对体育产业的投融资力度：拓宽体育产业发展资金来源渠道，政府可以通过安排补助资金等方式促进体育产业发展。支持有条件的体育企业进入资本市场融资，通过发行债券、股票，以及项目融资、资产重组、股权置换等方式筹措发展资金。积极鼓励民间和境外资本投资体育产业……根据这个指导文件，各省市纷纷制定了相应的财政金融政策，如《北京市的体育产业发展引导资金管理办法》、《北京市体育产业发展引导资金贷款贴息管理办法（试行）》等，据悉，自2007年开始，北京市政府设立每年5亿元的体育产业专项资金，来源于财政拨款，采取贷款贴息、项目补贴、政府重点采购、后期赎买和后期奖励等方式，对符合政府重点支持方向的体育产业、体育产品服务和企业给予扶持，如北京国安每年获得专项资金1亿元，北京首钢则是6000万元，[①] 同时，《北京市体育产业发展引导资金贷款贴息管理办法》中对在本市地域范围内从事体育产业及相关活动的企业及项目单位在项目实施期内从商业银行获得信贷资金后，对发生的利息利用发展引导资金进行归还部分补贴进行了规定，同时对贷款贴息条件进行了说明；江苏省从2011年起，设立了省级体育产业发展引导资金，由财政、体彩共同出资，是继北京后第二个设立当地体育产业发展引导资金的省（市）。江苏省体育局副局长颜争鸣表示，江苏具体做法是：在省级体育彩票公益金中提取一定比例，设立体育产业创业投资基金、体育设施建设投资基金、体育产业科技创新扶持基金、体育产业特色城市奖励基金、体育产业示范基地奖励基金等，从而带动社会资本投资，以资助、贴息等方式扶持体育企业、体育赛事、体育人才。据悉，2012年江苏省体育产业发展引导资金为6000万元；[②] 还有如福建省，2012年体育产业专项资金达到4500万元，资金来源包括省财政预算内资金、省经贸委工商发展资金、省体育彩票公益金和省人力资源和社会保障厅就业专项资金，其中省体育彩票公益金支持竞赛、健身休闲产业链建设及广告宣传，省人力资源和社会保障厅就业专项资金主要支持

---

① 《三问上海体育产业：100多项国家级以上体育赛事》，上海国资，http://finance.sina.com.cn/leadership/mroll/20120829/132812988648.shtml，2012年8月30日。
② 《江苏明年设省级体育产业发展引导资金 上不封顶》，中国新闻网，http://www.chinanews.com/ty/2010/10-25/2611033.shtml，2010年10月25日。

体育产业人才队伍建设；2015年浙江省体育产业发展资金预算安排为5000万元。

还包括其他一些投融资支持政策。国务院《关于加快发展体育产业促进体育消费的若干意见》中提到要"大力吸引社会投资"：鼓励社会资本进入体育产业领域，建设体育设施，开发体育产品，提供体育服务。进一步拓宽体育产业投融资渠道，支持符合条件的体育产品、服务等企业上市……推广和运用政府和社会资本合作等多种模式，吸引社会资本参与体育产业发展。政府引导设立由社会资本筹资的体育产业投资基金……《中共北京市委北京市人民政府关于促进体育产业发展的若干意见》中，在促进体育产业发展的保障措施中提出"拓宽投融资渠道"：放宽市场准入政策，鼓励民营资本和外资以独资、合资、合作、联营、参股、特许经营等方式投资体育产业。鼓励和支持有条件的体育企业进入资本市场融资。非国有经济投资的体育产业项目和建设的体育场馆，在市场准入、土地使用、信贷、上市融资等方面享有与国有经济投资同等的待遇……《北京市朝阳区人民政府关于加快发展体育产业促进体育消费的实施意见》中提出：加大财政对体育产业工作经费投入力度，设立专项资金，制定专项资金使用政策，以项目资助、贷款贴息和奖励等方式对产业基地建设、技术创新、品牌培育、人才培养等方面进行扶持，重点帮扶中小微企业发展壮大。鼓励社会资本设立体育产业投资基金。吸引社会投资，鼓励境外资本投资，扩大对外开放，鼓励多种方式投资体育，促进体育市场繁荣。如《福建省加快发展体育产业的实施意见》中提到：各地对社会力量引进重大国际和国内赛事的，由当地体育部门给引进方在场地租金上予以20%的优惠；《河北省人民政府办公厅关于扶持体育产业发展的通知》中提到：各地对社会力量引进重大国际和国内赛事的，当地体育部门给予引进方在场地租金上15%—20%的优惠；《江苏省政府关于加快发展体育产业的实施意见》中提到：支持符合条件的体育企业进入资本市场，通过股票上市、企业债券、项目融资、产权置换等方式筹措资金。鼓励和引导金融机构对体育企业给予信贷支持，并在国家允许的贷款利率浮动幅度内给予一定的利率优惠或适当延长贷款期限……

### 三 税收优惠政策

现有政策在加大商业性体育赛事的税收优惠方面有一定规定。《国务院办公厅关于加快发展体育产业的指导意见》在"完善税费优惠政策"中提到：符合条件的体育类非营利性组织的收入，可按税法有关规定，享受企业所得税相关优惠政策。《国务院关于加快发展体育产业促进体育消费的若干意见》中进一步提出"完善税费价格政策"：充分考虑体育产业特点，将体育服务、用品制造等内容及其支撑技术纳入国家重点支持的高新技术领域，对经认定为高新技术的体育企业，减按15%的税率征收企业所得税……落实企业从事文化体育业按3%的税率计征营业税……体育场馆自用的房产和土地，可享受有关房产税和城镇土地使用税优惠……

根据这些指导文件，各省市纷纷制定了相应的税收优惠政策，如《河北省人民政府办公厅关于加快发展体育产业的实施意见》中的完善税费优惠政策中提出：符合条件的体育类非营利组织的收入，可按有关规定，享受企业所得税优惠政策；对企业发生的体育竞赛表演等冠名赞助费用，凡符合广告费支出条件的，除国家财政、税务主管部门另有规定外，不超过当年销售（营业）收入15%的部分，可在计算应纳税所得额时扣除，超过部分可在以后纳税年度结转扣除……对国家正式公布的体育项目经营活动，按3%税率征收营业税……针对46号文件指示，各省市在实施意见的政策措施中按照基本的文件精神提出了相应要求。

## 四　人才培养政策

《国务院办公厅关于加快发展体育产业的指导意见》中的"加快体育产业管理人才培养"中指出：鼓励多方投入，开展各类体育教育培训，多渠道培养既懂经济又懂体育的复合型体育产业管理人才。有关高等院校要积极推进教育教学改革，优化专业和课程设置，培养适应体育产业发展需要的专门人才；《体育产业发展"十三五"规划》（总局经济司2016年7月13日）提出：继续落实《全国体育人才发展规划（2010—2020）》，鼓励校企合作，培养各类体育经营策划、运营管理、技能操作等专业应用型人才。开展"体育产业创新创业教育服务平台"建设，帮助企业、高校、金融机构进一步有效对接。加强从业人员职业培训，提高体育健身场所工作人员的服务水平和专业技能……《关于加快发展体育产业促进体育消费的若干意见》中提出：鼓励有条件的高等院校设立体育产业专业，重点培养体育经营管理、创意设计、科研、中介等专业人才……鼓励多方投入，开展各类职业教育和培训加强体育产业人才培养的国际交流与合作……完善政府、用人单位和社会互为补充的多层次人才奖励体系……加强创业孵化,研究对创新创业人才的扶持政策。

根据上述指导文件,各省市也制订了相应的体育人才培养计划。如《中共北京市委北京市人民政府关于促进体育产业发展的若干意见》(北京市体育局体育产业发展处2013年4月23日)中提到"加大体育产业人才培养力度":大力发展体育职业教育,培养既懂经济又懂体育的经营管理人才,特别是精通体育运动规律和体育事务知识的营销人才。在高等院校增设相关专业或课程,有计划地培养体育服务业专门人才。加强现有体育服务业从业人员的岗位职业培训,建立体育服务业专业人员资质认证制度,提高体育服务业从业人员素质。加强体育产业人才培养的国际交流与合作;北京还制定了《北京市鼓励和吸引优秀文化体育人才来京创业工作的若干暂行规定实施办法》,其中对"业内公认的制作策划、编辑出版、体育科研人才以及业绩突出的经营管理人才","综合素质高、发展潜力大、有良好前景的优秀中青年文化体育人才"进行引进人才及办理《北京市工作居住证》的规定;《浙江省人民政府办公厅关于加快发展体育产业的实施意见》中提到:加快体育产业管理人才的培养和引进,紧紧抓住人才培养、引进、使用三个环节,着力完善政策、创新机制、优化环境,大力培养既懂经济又懂体育的复合型体育经营管理人才……深化体育产业经营单位人事、分配等制度的配套改革,加快引进和培养高素质体育产业人才……《浙江省人民政府关于加快发展体育产业促进体育消费的实施意见》提出:鼓励有条件的高等院校根据社会需求设立体育产业专业,支持高等院校、科研院所、职业培训机构和体育企业建立体育产业教学、科研和培训基地。重点开展对体育产业管理人员、一线服务人员、专业技能人才和行业领军人才的培养培训……另外,国家工商行政管理局于2004年出台了《经纪人管理办法》(2004-08-28第十四号令)后,北京、上海、广州、浙江等城市分别出台了体育经纪人管理办法,文件中对申请取得体育经纪资格的人员应具备的条件、培训考核、《体育经纪资格证书》的年度审验、从事体育经纪服务的条件等进行了规定。

除了上述市场准入政策、财政金融政策、税收优惠政策、人才培养政策等外,还有对商业性体育赛事发展关系重大的赛事转播权政策,在我们国家,一直以来赛事转播权受制于央视垄断,导致竞技体育大头收入的缺失,严重抑制了商业性体育赛事的发展。直到2014年国务院46号文件的出台，在优化市场环境中明确提出了：放宽赛事转播权的限制，除奥运会、亚运会、世界杯足球赛外的其他国内外各类体育赛事外，各电视台可直接购买或转让。自此，赛事转播权的央视垄断地位被彻底打破，随着腾讯、新浪、乐视、PPTV等一大批新媒体的崛起，央视在赛事转播方面的老大地位正在被动摇。

## 第二节 中国商业性体育赛事发展政策存在的主要问题及原因分析

经过了20多年的发展，我国商业性体育赛事无论从规模、数量、社会影响力还是其自身的经济价值方面都有了快速的提升，同时，其"商业性"的特征，决定了运营者是以经济利益最大化为其主要目标的，这与那些以社会效益为主要目标的体育赛事活动相比，其运营机制有着较大的差别，因此，现行包含于体育竞赛以及体育产业文件中的相关政策文件，无论从结构还是内容方面已极大地阻碍了当今商业性体育赛事的健康发展。从上文给出的"商业性体育赛事交易网络结构图"显示，在商业性体育赛事的运作过程中，存在着赛事运营者与投入品提供部门和赛事产品资源消费部门之间的一系列交易，如何有效降低赛事运作过程中的生产和交易成本，是赛事运营者所要考虑的，也是商业性体育赛事健康发展的重要保证，同时，从现阶段商业性体育赛事的发展来看，推动赛事的国际化也是其产业发展的重要方面。通过对相关政策文件、学术文献以及对相关赛事运作事务领域的专家、赛事研究领域的专家以及行政管理领导等的访谈材料整理，本章节主要从提升竞争力和推动国际化两个方面对现行商业性体育赛事产业的发展政策中存在的主要问题及原因进行分析。

### 一 政府的行政垄断限制了商业性体育赛事资源的市场化流动

2014年国务院《关于加快发展体育产业促进体育消费的若干意见》、国家体育总局《关于推进体育赛事审批制度改革的若干意见》文件的发布，标志着我国体育产业已经进入黄金发展十年，而具有商业性质的体育赛事和群众性体育赛事审批制度的全部取消，彻底改变了以往"每一次商业性体育赛事的举办都必须同其他类型的赛事一样获得国家体育总局和地方政府的审批，由于政府公共资源的稀缺性以及政府机关可能的私利性，赛事申办者不仅面临很大的申办成功风险，而且要支付数目不菲的审批费，同时也要花费大量的精力和时间成本，这将大大增加赛事生产和交易成本"的局面，打破了承办商业性体育赛事的市场壁垒，极大地推动了商业性体育赛事的发展。但通过对现行制度和赛事运行者的访谈可知，仍存在着政府的行政垄断限制了商业性体育赛事资源的市场化流动的问题，表现为运动员、教练员和赛事中介资源的国际流动政策尚不尽完善以及政策的执行不够彻底等方面。

根据我们国家的竞赛管理体制，从20世纪50年代初开始，我国竞技体育运用"思想一盘棋、组织一条龙、训练一贯制"的指导思想，形成了以青少年学生为主要对象，以发现、培养和训练运动人才为主要目的，以国家、省（市）优秀运动队和少年体校为中心环节的纵向层层衔接的三级训练体制，① 运动员有形的资产及无形资产的获得均是在国家直接或间接培养下确立的，因此，运动员的使用权也归国家所有。进入市场经济时期后，竞技体育的社会功能逐渐发生了变化，竞赛体制也相应发生了调整，原来单一的培养模式逐渐被打破，各种训练组织形式相继产生。然而，在这个阶段，高水平运动员产权问题并没有实质性变化，在运动员的管理上形成了由体育总局→项目管理中心→职业俱乐部（或省市队）→职业运动员（或专业队运动员）的管理层次。在俱乐部管理方面，目前俱乐部往往隶属于企业和政府的体育行政部门，一般不具有独立法人资格，不是自我经营、独立发展的经济实体，其产权较为模糊，政府的介入导致了俱乐部参与商业活动的机制不灵活，极大阻碍了俱乐部的商业化运作。就运动员方面，我国高水平运动人才的管理仍然完全由中央和地方的体育行政部门负责。在这种管理体制下，作为国家或俱乐部的运动员出席各种商业活动包括转会、参加各种商业比赛都必须获得国家及地方体育行政部门的同意。商业性体育赛事主要是以营利为目的而组织的竞赛，运动员的竞技表演能力直接决定了观众、赞助商、媒体等消费主体的行为选择，作为商业性体育赛事的直接投入品，运动员在提高赛事质量和数量方面起着极其重要的作用。现有制度尽管在运动员、教练员国际间转会政策

---

① 于文谦、王乐：《我国高水平运动员产权的形成与分配策略》，《中国体育科技》2010年第1期。

上逐步有所完善，但由于我国体育人才资源的长期"官办"与"垄断"的运作惯性，以及运动员人力资本产权划分的问题，在相关制度安排上仍然难以促使大多数运动项目的国内外运动员和赛事中介的实际流动。同时，在外籍运动员的个税、住房、子女就学等方面也缺乏相应的优惠政策。这些无疑极大抑制了商业性体育赛事行业的质量和规模。①

随着《国务院关于加快发展体育产业促进体育消费的若干意见》的出台，体育总局很快公布了《关于推进体育赛事审批制度改革的若干意见》《体育总局关于印发"全国性单项体育协会竞技体育重要赛事名录"的通知》和《体育总局关于印发"在华举办国际体育赛事审批事项改革方案"的通知》三个配套文件，据凤凰体育《道略体育产业》资料显示：不论是媒体还是体育专家，在解读体育总局的上述文件时都认为，体育总局在取消赛事审批权时"扭扭捏捏"。针对未经相关部门确认，不得使用"中国""全国""国家""中华"字样或具有类似含义的词汇来命名体育赛事的规定，著名社会体育研究专家、华南师范大学博士生导师卢元镇在一次论坛上说："我不明白，为什么中国体育要把自己束缚成这样？文艺界可以随便用什么中国好声音，一播就好几个月，而体育却不可以。我认为，体育总局还是不肯放权。""赛事审批的背后，必然存在所谓的赛事审批费用，这是事实，说白了，单项协会或项目中心，就是靠这个支撑的。"从体育产业的角度出发，在单项体育协会自留的这 167 项比赛中，有不少市场潜力不错的赛事，在业界专家看来，体育总局的所作所为既和国务院加快体育产业发展的要求相背离，在中国体育政企不分的大背景下，又继续给了各单项协会或项目中心"权利寻租"的空间。② 有学者认为："从文件上看，组建职业体育联盟，已经没有任何法律上的障碍了，关键要看体制改革是否彻底。这样，协会才能发挥指导作用，而把体育竞赛表演还给市场，体育竞赛表演有了好的产品，配以完善的法律保障，就会带动广告、赞助、旅游、互联网、视频等相关领域，体育产业本身也能得到很大的发展。"③

---

① 丛湖平、郑芳等：《我国体育产业政策研究》，《体育科学》2013 年第 4 期。
② 《赛事审批权松绑不容易》，《中国青年报》2015 年 1 月 12 日。
③ 同上。

## 二 财政、税收等扶持政策供给不足抑制了商业性体育赛事的获利空间

从现有政策来看，政府对商业性体育赛事产业在财政、税收方面的扶持政策明显供给不足。表现为：①根据《国务院办公厅关于加快发展体育产业的指导意见》中提出要加大对体育产业的投融资力度，很多省市如北京、江苏、福建等相继出台了体育产业发展专项基金、体育产业发展引导资金的使用办法，但从访谈所知，目前各省体育产业发展专项基金或引导资金的资助很少覆盖到具体的商业性体育赛事中，政策的倾向性不够。②根据《国务院办公厅关于加快发展体育产业的指导意见》《关于加快发展体育产业促进体育消费的若干意见》中提出要完善税费优惠政策，一些省市如福建、河北等在对企业发生的体育竞赛表演等冠名赞助费用以及大型赛事的广告宣传等方面提出了具体的税收优惠政策，但没有涉及赛事运作过程中产生的其他费用的税收优惠，如门票、其他类型的赞助费等，而从我国现阶段各类赛事的运作情况来看，门票是获得赛事收益的最重要渠道。③大型体育赛事的举办需要大量的间接投入品，主要包括安保、交通、餐饮、医务、运输、通信、电力等，从商业性体育赛事交易网络结构图可知，这些投入品都需要赛事运营者与后勤工作团队所属的组织或个人通过市场交易获得，其间不但需要花费大量的生产成本，还需要大量的交易成本。如马拉松赛事，其开放性特征可谓是户外赛事中最难进行安全保障的，由于其商业性、民办性的特征，在政府逐渐淡出的背景下，主办方在赛事的交通、安保以及其他资源的配置方面将面临巨大的成本和管理难度的压力。如2015年的富力海口马拉松，造成当地交通的长期拥堵，从而受到了来自广大普通市民的质疑。凤凰体育道略体育产业资料显示，造成马拉松拥堵局面的原因，除了组织者缺乏经验以外，深层次的因素还是成本问题，譬如对于一项由政府组办的体育赛事来说，可以直接通过行政指令的方式，要求在交通、安保乃至人员方面进行配置，其中需要直接投入的经济成本可以忽略不计，但换成民间力量来办，维持和原先相同等级的配置，需要为此支付的金额恐怕为天文数字。

商业性体育赛事的性质决定了赛事运营者是以经济利益最大化为其主要目标的，自负盈亏是其最本质的特征。但体育赛事公共性和私人性的特征也决定了商业性体育赛事在其生产过程中将产生大量的外部性，如何将

商业性体育赛事的正外部性内部化是政府需要考虑的一个问题,而财政、税收等扶持政策的供给不失为是一个较为有效的手段。政府以财政扶持、税收优惠等政府行为的介入,降低其边际成本,而成本的降低促进净现值的增加,为举办赛事盈利创造更为有利的条件,从而鼓励企业、社会团体和个人更加积极广泛地参与和投入。① 而目前政府扶持政策的供给不足抑制了商业性体育赛事的获利空间,加大了商业性赛事运营者的运营风险。

### 三 商业性体育赛事各类交易主体社会网络资源的嵌套程度较低加大了交易成本

上文基于社会资本三维度理论(结构、关系和认知)的框架,通过体育赛事研究领域的专家学者、体育赛事运作实务领域的专家、负责体育赛事管理的行政管理领导等 15 位专家多轮论证,提炼了影响商业性体育赛事交易网络有效性的社会网络资本的重要指标;采用结构性访谈法获得了上海、广州、北京等城市商业体育赛事管理者、运营者及行政管理领导对实际的社会网络重要指标状态的评估材料。专家论证表明,在商业性体育赛事生产者与赛事相关的交易主体,即俱乐部、裁判协会、后勤服务公司、票务服务公司、赞助商等的交易中,社会网络资源指标中的"声誉""人际信任""共同遵守规范""信息传递"和"联系强弱"等指标在降低赛事交易成本中是最重要的。但在对上海、广州商业赛事管理运行专家的实际评估调研中,却呈现出上述指标在赛事要素交易中的嵌入程度不高的问题。具体表现在:①运动员因为抱怨出场费不够或接待上不满意等问题威胁罢赛或出工不出力等消极现象;②裁判员执裁过程中的若干"负外部"行为;③安保人员能力不足或出工不出力等赛场安全、秩序维护"缺位"的现象;④票务公司在有些赛事中存在暗地倒票等机会主义行为;⑤赞助商存在向赛事生产者隐瞒企业规模和能力,夸大其产品质量和销量等现象;而赛事生产者也存在追求单方利益,对赞助商排他权规则保护不力等现象。针对上述现象,许多专家认为,上述问题在很大程度上表明,目前在我国商业性体育赛事的经济性交易网络中,"声誉""人际信任""共同遵守的规范""信号传递模型"和"联系的强弱"等社会网络

---

① 倪腊贵、田恩庆:《我国举办大型国际体育赛事的税收政策研究》,《体育科学》2010 年第 3 期。

指标尚未起到降低赛事主体间交易成本的作用,在我国商业性体育赛事运作过程中各类交易关系普遍存在社会网络资源的嵌套程度较低的问题,特别表现为"声誉"的缺失,同时存在着赛事运营方经营水平亟待提高的问题。

## 第三节　中国商业性体育赛事发展政策的调整

如上文所述,现有政策主要在政府的行政垄断以及财政、税收等扶持政策供给不足以及社会网络资源的嵌套程度较低等方面限制了赛事资源的市场化流动、增大了赛事的生产和交易成本,抑制了商业性体育赛事的获利空间。借鉴文化产业政策,以体育产业发展政策为依托,结合商业性体育赛事的特性,通过调查、访谈以及相关资料的收集,结合上文的研究结果,本章主要从管理制度、财政金融、税收优惠、人才培养、社会网络的嵌入等方面就促进赛事优质资源的流动促进国际化、降低赛事运营成本进而提升赛事竞争力提出政策建议。

### 一　完善商业性体育赛事基础资源的合理流动政策,促进优质资源国际化

商业体育赛事的基础资源除了赛事品牌本身,还包含运动员、教练员、赛事中介、运动场馆、设备等劳动和资本,需要建立赛事优质资源国际化流动的优惠政策,促进优质资源在全球范围内合理流动。随着体育商业化的不断加深,运动员、俱乐部、地方和国家之间的矛盾冲突逐渐加大,明晰俱乐部、运动员产权已是当务之急,是促使赛事资源合理流动的基础。我国职业体育俱乐部是从计划经济向市场经济转型的过程中建立起来的,国有企业和政府的介入在其发展过程中发挥了重要的作用,但随着社会的发展,市场化程度的深入,已不能够很好地适应市场和行业的发展要求。在俱乐部管理制度改革方面,建议国有企业或者体育局政府通过转让经营权、所有权的方式逐渐退出俱乐部的经营管理,将产权性质改为民营企业,使其成为独立控股、独立经营的市场主体;在我们国家,运动员是国家通过财政拨款培养的,其成才有国家的主要因素,但是作为公民的权利,只要在不违背国家利益损害国家形象的前提下,运动员也和普通市

民一样拥有自身的无形资产,享有自身的肖像权和形象权。① 因此,建议尽快改革运动员管理制度,明晰运动员产权,遵循"谁投资,谁收益"的原则,将国家、地方、俱乐部和运动员自身的投入折合成股权,其收益按照股权比例分配;采用市场化原则下的契约化管理,在国家、地方、俱乐部和运动员之间搭建一个双向制约、民主平等、公开透明的平台,将各种与双方利益密切相关的事项在股权比例的基础上用合同、协议、纪要的形式书面固定下来,纳入规范化、制度化管理的轨道,明确各方的责、权、利;在建立优质资源评级基础上,对达到优等的基础资源放宽进入我国市场的政策安排;完善运动员国际间转会制度,其中,落实优秀外籍队员转会、教练加盟过程各环节的合法性、个税、"永久居留证"的公民待遇、子女入学、配偶安置、医疗保险、户籍住房等方面的政策安排,以吸引优质人力资源,提升商业赛事产品质量。②

## 二 改革财政金融、税收优惠制度,加大对商业性体育赛事扶持力度

商业性体育赛事在其生产过程中具有大量的正外部性,如何补偿这种正外部性是政府需要考虑的问题。从现存政策来看,不少省市主要以设立体育产业发展专项资金或引导资金的方式通过安排资金补助以及货款贴息促进体育产业的发展,该政策确实也惠及了体育竞赛表演市场,如北京国安每年获得专项资金1亿元,北京首钢则是6000万元,但几乎没有涉及具体的某项商业性体育赛事。建议各省市在设立体育产业发展资金或引导资金的同时制定相关的商业性体育赛事的倾斜政策,同时可以辅之于相应的政府和赛事经营者之间的收益共享配套政策,以鼓励社会资本进入该行业;现存制度在体育竞赛表演冠名赞助费用以及广告宣传等方面提出了具体的税收优惠政策,但没有涉及赛事运作过程中产生的其他收入。建议部分政策可以参考财政部、国家海关总署、国家税务总局三部门对2010年广州第16届亚洲运动会、2011年深圳第26届世界大学生夏季运动会和2009年哈尔滨第24届世界大学生冬季运动会在运动会组委会的税收、运

---

① 于文谦、王乐:《我国高水平运动员产权的形成与分配策略》,《中国体育科技》2010年第1期。

② 丛湖平等:《我国体育产业政策研究》,《体育科学》2013年第9期。

动会参与者的税收以及运动会的进口税收方面制定的相应的优惠政策。在赛事运营者的税收政策方面，建议商业赛事的门票、其他各类赞助、电视转播、符号特许经营权转让等收入均免征部分应缴纳的营业税；在运动会参与者的税收政策方面，对参赛运动员因比赛获得的奖金和其他奖赏收入，征免部分应缴纳的个人所得税；在运动会的进口税收政策方面，对国内不能生产或性能不能满足需要的直接用于比赛的消耗品，免征关税、进口环节增值税和消费税；赛事中介购买必须的竞赛器材、检测设备、安保设备、通信设备等专业技术设备，免征部分进口税收；对组委会进口的其他特需物资，包括：亚奥理事会、国际大体联或国际单项体育组织指定的、我国国内不能生产或性能不能满足需要的体育竞赛器材、医疗检测设备、安全保障设备、交通通信设备、技术设备，在运动会期间按暂准进口货物规定办理，运动会结束后复运出境的予以核销；对其他各类赞助、电视转播、符号特许经营权转让等给予一定的优惠支持。政府通过政策性公共品的供给，完善我国利用国际优质赛事基础资源的环境，加速商业体育赛事产业的发展。①

卢元镇指出，即便是体育总局取消审批权的那些赛事，也不能对比赛放任不管，而要提供相应的服务和保障。许多专家表示，尽管商业性体育赛事会成为未来的一种大趋势，但在整体行进的过程中，还存在着无数现实困难需要克服，绝非是只需把主办权从政府移交到企业手中就能万事大吉，更需要政府和企业各自明确自身的定位。即便政府不再成为比赛的主办者，但其基本服务功能却并不能缺失。②

### 三　改革体育人才培养制度，培育、推动中介业规范发展

体育中介市场是在体育竞赛市场的发展下逐步形成的，其发展程度取决于体育商业化的繁荣程度，而体育商业化的发展也需要高素质的体育中介人才以及规范的体育中介市场的支持，两者相辅相成。现有体育人才培养制度较为笼统，不具可操作性，如"鼓励多方投入，开展各类体育教育培训，多渠道培养既懂经济又懂体育的复合型体育产业管理人才"；"有关高等院校要积极推进教育教学改革，优化专业和课程设置，培养适应体

---

① 《赛事审批权松绑不容易》，《中国青年报》2015年1月12日。
② 同上。

育产业发展需要的专门人才",等等,更没有明确涉及体育中介人才的培养问题,各省市出台的体育经纪人管理办法中,也同样缺乏相应的可操作的实施细则。建议将"体育中介人才培养制度"纳入"体育人才培养制度"中;制定体育市场中各种资源主体的管理办法与法规,明确各类参与主体包括各类体育投资者、体育赞助商、体育俱乐部、运动员、体育协会、体育中介公司、体育经纪人、体育管理者及社会各方面的权利、责任与义务,明确规范确保体育中介市场的健康发展;① 尽快制定与《体育法》《体育经纪人管理办法》相配套的有关规定与实施细则,规范细化体育中介市场所涉及的各类合同,包括运动员代理合同、转会合同、赛事推广、佣金合同等,以规范各种市场行为;通过减免税、低税或延迟收税等优惠政策,降低投资风险,以鼓励、扶持和保护社会兴办民营体育中介企业,积极开发各类体育中介市场;将体育中介机构与体育经纪人直接纳入国家体育与工商监管机关的宏观监管范围中,逐步建立政府监管、行业自律与社会监管相结合的体育中介市场监管体系,加强对体育经纪人的资格、市场准入条件与中介行为的监督管理,形成高效的监管机制,② 提升体育中介的赛事运作能力。

## 四 建立引导社会网络资源嵌入体育赛事主体经济交易的政策

在商业性体育赛事的交易过程中,社会网络中的"声誉""人际信任""共同遵守的规范""联系的强弱"在降低交易成本方面均起着极其重要的作用,现有制度表明了社会网络优化政策的供给缺损。社会网络中的信任和声誉等指标的营造是一种长期的过程,可以通过政府部门、体育中介协会等行为主体通过建立奖惩机制、合作机制、信用机制等制度政策以约束、规范人们的行为,促进人和人之间的协作和信任,使得赛事利益共生体内的每个成员一直保持信誉和职业素质,从而进入一种长期的信赖和合作关系。建议进一步完善惩恶扬善的法规体系,切实、有效惩罚市场行为主体的机会主义行为,宣传、奖励守信企业;组织成立体育行业协会,充分发挥其在商业赛事运作过程中对各市场主体的监督、管理、维

---

① 谭建湘:《加快发展体育中介市场的建议》,http://www.sports.cn/,2004年12月30日。
② 同上。

权、协调和服务作用,并定期对各市场行为主体进行行业评价;完善社会监督机制,充分发挥社会舆论的约束作用,可以通过新闻媒介进行舆论监督,对那些失信的企业进行曝光,以便规范市场竞争秩序,惩罚不守信行为,促使赛事网络内的各成员诚实守信,① 降低其交易成本。

具体而言,可以从两个层面建立促使上述指标嵌入体育赛事经济交易主体,以降低交易成本的相关政策。第一,在体育行政部门层面,建立体育赛事各类交易主体协作和利益共生体信誉的资质评级引导政策,以体育赛事各类交易主体的资源品质和"声誉""人际信任""共同遵守的规范""联系的强弱"等社会网络指标为基础形成评估体系,对商业性体育赛事资源已有交易经历的各类主体进行等级水平定级,其结果定期在"官方网站"上公布,形成企业资质评级的引导政策;第二,在行业协会层面,建立在商业赛事运作过程中对各市场主体的监督、维权、协调等服务政策与机制。政策核心应指向行业道德规范约束、失约行为协调与仲裁制度的运行机制,同时,充分利用社会舆论监督的作用,以促"声誉""人际信任""共同遵守的规范""联系的强弱"等社会网络指标在各主体之间赛事资源交易的有效性。

---

① 肖艳玲等:《基于声誉约束的信任保障机制》,《价值工程》2011年第22期。

# 第七章

# 总　　结

## 第一节　全书总结

商业性体育赛事作为一种经济现象，是一项具有典型投入—产出性的生产活动，赛事运营者需要与众多的投入品提供者和产品消费者进行各种资源的交换，以达到生产和销售的目的。交易成本是生产者投入成本中重要的组成部分，如何能够最大限度地降低赛事运营者与众多的投入品提供者以及赛事产品的消费者在各种产权交易过程中的交易成本以提高赛事的竞争力，必定也是赛事运营者所考虑的。

本研究基于客观现象的考察，在对体育赛事属性进行评述和对网络理论思想发展演进进行梳理的基础上，首先构建能解释商业性体育赛事本质属性的交易网络结构并进一步讨论其特征；进一步在此基础上考虑降低该交易网络交易成本的契约关系问题，同时运用德尔菲法和专家模糊评价法对我国商业性体育赛事交易网络契约关系结构的指标体系进行论证，并对契约关系结构中各类指标对降低交易成本的重要程度进行了判断，进一步提炼了我国商业性体育赛事交易网络契约关系中存在的问题；最后通过对我国商业性体育赛事产业政策以及相关文献的梳理，对我国当前商业性体育赛事产业相关政策结构进行归纳，进一步基于上文契约关系中存在的问题对现有产业政策存在的问题及原因进行分析，最后依托文化产业政策和体育产业政策理论，对我国商业性体育赛事产业的发展政策提出意见和建议。本研究选择这样一个研究主题，试图能构建并完善体育经济知识体系中商业性体育赛事竞争力的理论框架，也为我国城市商业性体育赛事竞争力的培育和提升提供理论的参考依据。得出以下主要结论：

（1）在商业性体育赛事交易网络中，以共赢为目的，赛事运营者作为网络的中心节点分别与各投入品的供给主体和产品的消费主体签订和执行一系列商业合同，建立不同形式的产权交易关系。该网络结构具有高中心性和低密度性、半开放性和松散型、非地域根植性、复杂性等特征，与一般的企业集聚网络相比，赛事生产过程中将产生更多的交易成本。

（2）正式契约和非正式契约是降低商业性体育赛事交易网络交易成本的两大主要要素。在各类交易关系中，正式契约主要是从逆向选择和道德风险两个方面规避代理人的机会主义行为，降低不确定性，从而降低交易成本；非正式契约主要从结构性、关系性和认知性三个维度，其本质在于通过赛事网络内各参与主体间的人际互动产生"人际信任""义务与期望""共同遵守的规范""良好的声誉""共享的语言和符号""共享的愿景"等要素，促进信息的流动和知识的传播、促进合作过程中各种问题的顺利协商和解决，从而降低合作过程中的不确定性、抑制签约前后的各种机会主义，进而进一步降低交易过程中所产生的各种交易成本。

（3）在各类交易关系中，正式契约和非正式契约中各类指标所起的作用程度各不相同。在雇佣合约关系中，非正式契约关系性维度中的"声誉""信任""义务与期望"以及正式契约中的"信号传递模型"和"控制隐藏行为的道德风险模型"等要素起着较为重要的作用，其中，在赛事运营者与裁判员单项协会交易关系中，社会资本的"声誉"机制起主要作用；在出租合约关系中，非正式契约三维度中的"声誉""联系的强弱""人际信任""共享的愿景"以及正式契约中的"信号传递模型"和"控制隐藏行为的道德风险模型"等要素起着较为重要的作用，其中，在赛事运营者与场馆经营主体交易关系中，非正式契约中的"联系的强弱""共享的愿景""声誉""人际信任"等因素起主要作用；在销售合约关系中，非正式契约中的"声誉""义务与期望"以及正式契约中的"信号传递模型"和"控制隐藏行为的道德风险模型"等要素起着较为重要的作用。

（4）在商业性体育赛事交易网络的契约关系中，正式契约和非正式契约相互补充、相互推动，使商业性体育赛事交易成本得到有效的控制。在非正式契约的作用下，具有高中心性和低密度性、半开放性和松散型、非地域根植性等特征的商业性体育赛事交易网络得到进一步的优化。

（5）在我国商业性体育赛事运作过程中各类交易关系普遍存在着社会网络资源的嵌套程度较低的问题，特别表现为"声誉"的缺失；同时存在着赛事运营方经营水平亟待提高的问题。

（6）现行商业性体育赛事的发展政策中存在着政府的行政垄断限制了商业性体育赛事资源的市场化流动、财政税收等扶持政策供给不足抑制了商业性体育赛事的获利空间、各类交易主体社会网络资源的嵌套程度较低加大了交易成本等问题。

（7）从完善商业赛事基础资源的合理流动政策，促进优质资源国际化；改革财政金融、税收优惠制度，加大对商业性体育赛事扶持力度；改革体育人才培养制度，培育、推动中介业规范发展；建立引导社会网络资源嵌入体育赛事主体经济交易的政策等方面提出了若干建议。

## 第二节　本书研究不足及今后研究方向

本书涉及多学科理论和方法，书中虽然对该问题进行了探讨，也取得了一定的研究成果，但由于时间、精力、个人能力等方面的局限，使得本书存在诸多有待于进一步深入研究的方面，主要内容如下。

（1）商业性体育赛事交易网络是一个复杂的网络，涉及众多的参与主体，其交易关系呈现出多样性、依赖性和互补性的特征。因此，在本研究讨论赛事运营者与各参与主体两两间交易关系的基础上，进一步讨论整个交易网络以及几大主要相互依赖参与主体之间的作用关系及降低交易成本的作用机制是下一步的工作。

（2）由于专家模糊评价法作为一种主观赋权法很难判断要素之间的交互作用对另一要素的作用程度，因此本研究实证部分只涉及契约关系结构中各指标在各种交易关系中降低交易成本的重要程度，没有涉及各指标间的交互作用对降低交易成本的作用程度。进一步通过实证方式解决该问题是本研究后续需要考虑的问题。

（3）本研究所选择的专家团体均来自国内，这些专家成员在国内体育赛事行业内均具有很高的知名度，因此本研究第五部分的结论适合我们国家的情况，进一步的研究将扩大专家团体的选择面，使得研究结论更具有一般性意义。

（4）商业性体育赛事作为一项大型的生产活动，不仅受国家宏观层面产业政策的影响,而且其经济交易行为深深地嵌入于一定区域的社会结构中,受其中的制度、文化等因素的影响。区域赛事环境如何影响着良好的赛事产权交易契约和社会资本等因素的形成,进而促进交易网络交易成本的下降,是作者后续需要研究的重要问题。

# 附件 1

问卷 1：

## 我国商业性体育赛事交易网络的契约关系结构指标体系筛选专家问卷（第一轮）

尊敬的专家：

您好！

首先感谢您在百忙之中抽出时间完成此问卷。本问卷旨在通过专家系统确定我国商业性体育赛事交易网络契约关系结构指标体系的结构效度和内容效度。问卷依托网络治理、契约经济学、社会资本等相关的理论，列出了具体的指标体系，对于这些指标是否有效，请您给予评判。本问卷仅为研究所用，没有任何其他用途，我们保证遵守调查道德，对您提供的材料严格保密。再次感谢您的支持！

课题组

2011.12

总负责人：

联系人：

### 指标体系的构建思路

本研究根据学者王大洲的网络治理思想，认为网络治理结构中包含正式契约和非正式契约两大要素。在商业性体育赛事交易过程中，我们认为产权交易契约和社会资本分别代表了正式契约和非正式契约，在正式契约和非正式契约的共同作用下，赛事交易网络交易成本得到有效的控制。进一步依托契约经济学和社会资本理论构建指标体系，认为正式契约主要包括控制逆向选择和控制道德风险两类模型，非正式契约主要包括结构性、关系性和认知性三个维度，具体指标体系见下图：

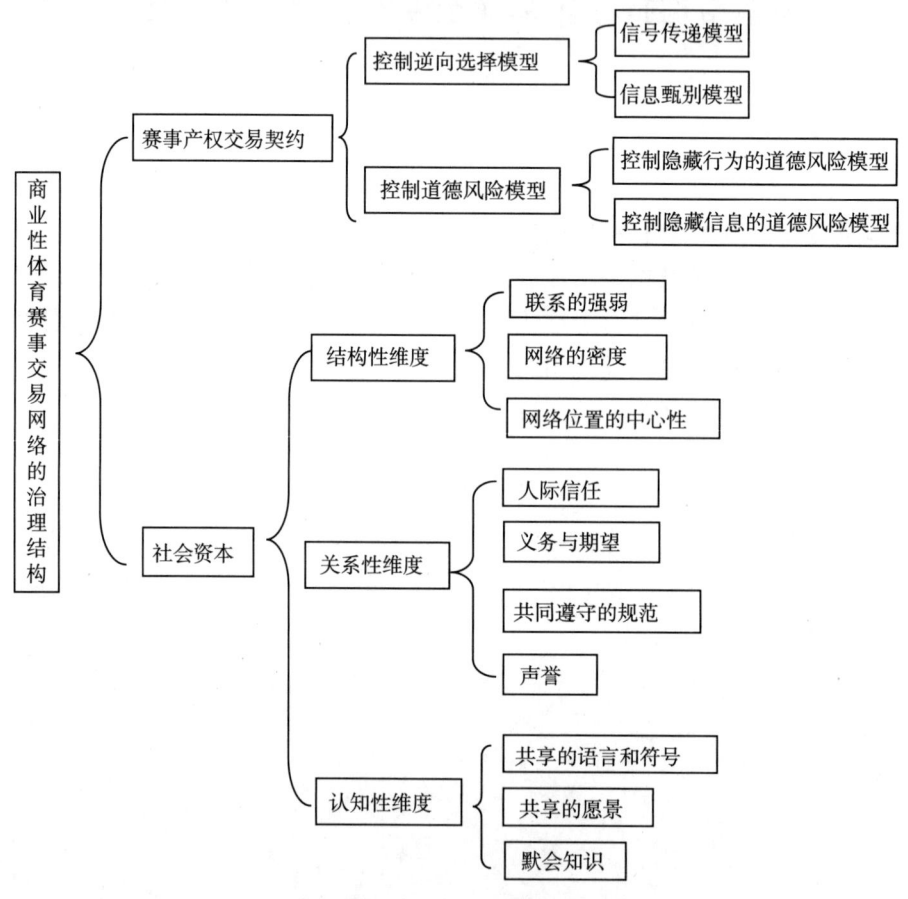

商业性体育赛事交易网络的治理结构
- 赛事产权交易契约
  - 控制逆向选择模型
    - 信号传递模型
    - 信息甄别模型
  - 控制道德风险模型
    - 控制隐藏行为的道德风险模型
    - 控制隐藏信息的道德风险模型
- 社会资本
  - 结构性维度
    - 联系的强弱
    - 网络的密度
    - 网络位置的中心性
  - 关系性维度
    - 人际信任
    - 义务与期望
    - 共同遵守的规范
    - 声誉
  - 认知性维度
    - 共享的语言和符号
    - 共享的愿景
    - 默会知识

**商业性体育赛事交易网络的契约关系结构**

## 商业性体育赛事交易网络的契约关系结构指标说明

| 一级指标 | 二级指标 | 三级指标 | 指标说明 |
|---|---|---|---|
| 正式契约 | 控制逆向选择模型 | 信号传递模型 | 反映赛事参与者自身能力的资质证明,如运动成绩、健康证明,工商、税务、银行的信用等级,资产负债表、利润表、现金流量表等 |
| | | 信息甄别模型 | 委托人提供多个契约供代理人选择,代理人根据自己的类型选择一个最适合自己的契约,并根据契约选择行动 |
| | 控制道德风险模型 | 控制隐藏行为的道德风险模型 | 设计激励和惩罚契约以规避对方隐藏行动方面的机会主义 |
| | | 控制隐藏信息的道德风险模型 | 设计激励和惩罚契约以规避对方隐藏信息方面的机会主义 |
| 非正式契约 | 结构性维度 | 联系的强弱 | 从赛事网络成员"互动的频率、感情力量、亲密程度和互惠交换"等方面来表现关系的强弱 |
| | | 网络的密度 | 用赛事网络中实际的连接数与最大可能存在的连接数的比值来表示,用来衡量一个网络中各个节点之间连接的紧密程度 |
| | | 网络位置的中心性 | 即整个赛事网络围绕一个点或一组点来组织运行的程度,表征的是整个网络的集中或集权程度 |
| | 关系性维度 | 人际信任 | 指的是在赛事网络成员双方长期的频繁互动而对对方产生的正面预期 |
| | | 义务与期望 | 指的是赛事网络成员在相应的社会关系中应该进行的价值付出以及人对实现某一目标的可能性的主观估计 |
| | | 共同遵守的规范 | 指的是在一定社会条件下,由赛事网络成员约定的用以指导人们行为的准则。一般来说,社会习俗、道德传统、宗教礼仪、行业规则等都可以归为社会规范,通常是不成文的,但为社会成员所普通理解和接受 |
| | | 声誉 | 指的是赛事网络成员对能够反映个人身份的、用来传递信息或吸引注意力的一种标志的保护,在这里我们可以理解为是一种对名誉、声望的保护 |
| | 认知性维度 | 共享的语言和符号 | 指的是赛事网络成员之间基于共同专业和文化背景下达成一致的共同的行业用语、立场及价值观 |
| | | 共享的愿景 | 指的是由赛事网络成员所制定并获得组织一致的共识,形成大家愿意全力以赴努力的未来方向。这里的共享愿景可以理解为:提高赛事质量,传播体育文化,推广项目发展,满足人民需求 |
| | | 默会知识 | 指的是赛事网络成员间一种经常使用却又不能通过语言文字符号予以清晰表达或直接传递的知识 |

下面已经列出商业性体育赛事交易网络契约关系的一级、二级和三级指标,并将这些指标分别与上一级指标的相关重要度划分五个等级,1——不重要、2——一般、3——重要、4——很重要、5——极重要。请

根据您所认为的指标的重要程度,在其后面的括号内填入相应数字,每个指标只选择一个重要程度。如果您有修改意见,认为有哪些指标需补充或删除,请您填写在修改意见栏中。

商业性体育赛事交易网络的契约关系结构指标体系专家问卷

| 一级指标 | 二级指标 | 三级指标 | 指标补充及修正意见 |
|---|---|---|---|
| 赛事产权交易契约 | 控制逆向选择模型( ) | 信号传递模型( )<br>注:反映赛事参与者自身能力的资质证明 | |
| | | 信息甄别模型( )<br>注:赛事参与者根据自身类型选择相应契约 | |
| | 控制道德风险模型( ) | 控制隐藏行为的道德风险模型( )<br>注:设计激励契约以规避对方行动方面的机会主义 | |
| | | 控制隐藏信息的道德风险模型( )<br>注:设计激励契约以规避对方信息方面的机会主义 | |
| 社会资本 | 结构性维度( ) | 联系的强弱( ) | |
| | | 网络的密度( ) | |
| | | 网络位置的中心性( ) | |
| | 关系性维度( ) | 人际信任( ) | |
| | | 义务与期望( ) | |
| | | 共同遵守的规范( ) | |
| | | 声誉( ) | |
| | 认知性维度( ) | 共享的语言和符号( ) | |
| | | 共享的愿景( ) | |
| | | 默会知识( ) | |

注:1——不重要、2——不太重要、3——一般、4——重要、5——很重要

# 附件 2

问卷 1：

## 我国商业性体育赛事交易网络的契约关系结构指标体系筛选专家问卷（第二轮）

尊敬的专家：

您好！

首先感谢您在百忙之中抽出时间完成此问卷。本问卷旨在通过专家系统确定商业性体育赛事交易网络的契约关系结构指标体系的结构效度和内容效度（契约关系目标为：交易成本的下降）。问卷依托网络治理、契约经济学、社会资本等相关的理论，列出了具体的指标体系，对于这些指标是否有效，请您给予评判。本问卷仅为研究所用，没有任何其他用途，我们保证遵守调查道德，对您提供的材料严格保密。再次感谢您的支持！

课题组

2011.12

总负责人：

联系人：

### 指标体系的构建思路

本研究根据学者王大洲的网络治理思想,认为网络治理结构中包含正式契约和非正式契约两大要素。在正式契约和非正式契约的共同作用下,赛事交易网络交易成本得到有效的控制(交易成本包括搜寻成本、签约成本、监督成本和违约成本);进一步依托契约经济学的委托—代理理论构建了正式契约指标体系,认为正式契约主要包括控制逆向选择和控制道德风险两类模型,依托社会资本理论构建了非正式契约指标体系,认为非正式契约包括结构性、关系性和认知性三个纬度,具体指标体系见下图。

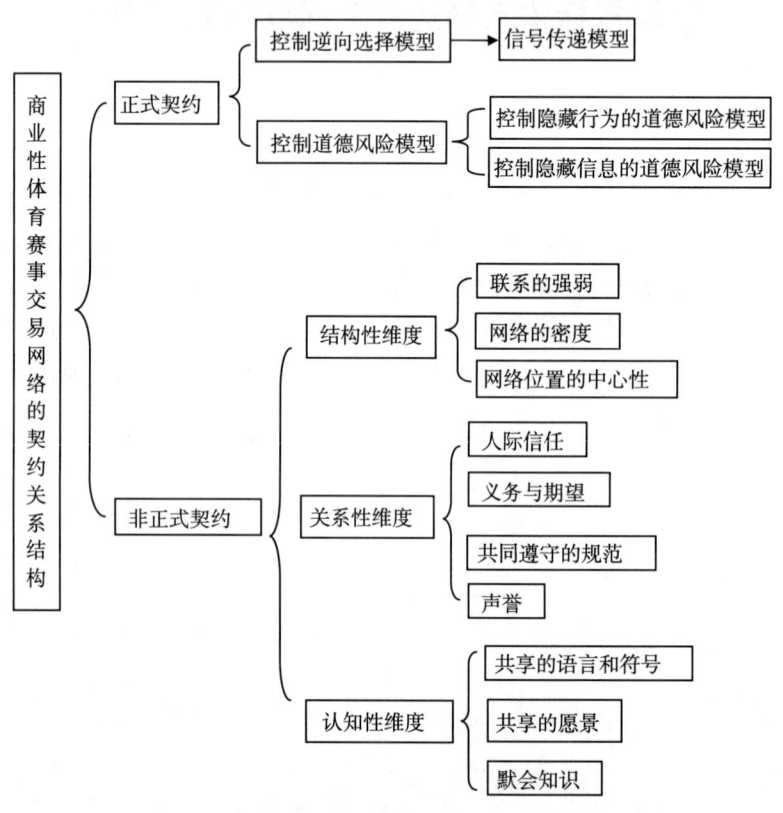

```
商业性体育赛事交易网络的契约关系结构
├─ 正式契约
│   ├─ 控制逆向选择模型 ── 信号传递模型
│   └─ 控制道德风险模型 ┬─ 控制隐藏行为的道德风险模型
│                      └─ 控制隐藏信息的道德风险模型
└─ 非正式契约
    ├─ 结构性维度 ┬─ 联系的强弱
    │            ├─ 网络的密度
    │            └─ 网络位置的中心性
    ├─ 关系性维度 ┬─ 人际信任
    │            ├─ 义务与期望
    │            ├─ 共同遵守的规范
    │            └─ 声誉
    └─ 认知性维度 ┬─ 共享的语言和符号
                 ├─ 共享的愿景
                 └─ 默会知识
```

**商业性体育赛事交易网络的契约关系结构**

### 商业性体育赛事交易网络的契约关系结构指标说明

| 一级指标 | 二级指标 | 三级指标 | 指标说明 |
| --- | --- | --- | --- |
| 正式契约 | 控制逆向选择模型 | 信号传递模型 | 反映赛事参与者自身能力的资质证明，如运动成绩、健康证明，工商、税务、银行的信用等级，资产负债表、利润表、现金流量表等 |
| | | 信息甄别模型 | 委托人提供多个契约供代理人选择，代理人根据自己的类型选择一个最适合自己的契约，并根据契约选择行动 |
| | 控制道德风险模型 | 隐藏行为的道德风险模型 | 设计激励和惩罚契约以规避对方隐藏行动方面的机会主义 |
| | | 隐藏信息的道德风险模型 | 设计激励和惩罚契约以规避对方隐藏信息方面的机会主义 |
| 非正式契约 | 结构性维度 | 联系的强弱 | 从赛事网络成员"互动的频率、感情力量、亲密程度和互惠交换"等方面来表现关系的强弱 |
| | | 网络的密度 | 用赛事网络中实际的连接数与最大可能存在的连接数的比值来表示，用来衡量一个网络中各个节点之间连接的紧密程度 |
| | | 网络位置的中心性 | 即整个赛事网络围绕一个点或一组点来组织运行的程度，表征的是整个网络的集中或集权程度 |
| | 关系性维度 | 人际信任 | 指的是在赛事网络成员双方长期的频繁互动而对对方产生的正面预期 |
| | | 义务与期望 | 指的是赛事网络成员在相应的社会关系中应该进行的价值付出以及人对实现某一目标的可能性的主观估计 |
| | | 共同遵守的规范 | 指的是在一定社会条件下，由赛事网络成员约定的用以指导人们行为的准则。一般来说，社会习俗、道德传统、宗教礼仪、行业规则等都可以归为社会规范，通常是不成文的，但为社会成员所普通理解和接受 |
| | | 声誉 | 指的是赛事网络成员对能够反映个人身份的、用来传递信息或吸引注意力的一种标志的保护，在这里我们可以理解为是一种对名誉、声望的保护 |
| | 认知性维度 | 共享的语言和符号 | 指的是赛事网络成员之间基于共同专业和文化背景下达成一致的共同的行业用语、立场及价值观 |
| | | 共享的愿景 | 指的是由赛事网络成员所制定并获得组织一致的共识，形成大家愿意全力以赴努力的未来方向。这里的共享愿景可以理解为：提高赛事质量，传播体育文化，推广项目发展，满足人民需求 |
| | | 默会知识 | 指的是赛事网络成员间一种经常使用却又不能通过语言文字符号予以清晰表达或直接传递的知识 |

下面已经列出商业性体育赛事交易网络契约关系结构的一级、二级和三级指标，并将这些指标分别与上一级指标的相关重要度划分五个等级，1——不重要、2——不太重要、3——一般、4——重要、5——很重要。

请根据您所认为的指标的重要程度,在其后面的括号内填入相应数字,每个指标只选择一个重要程度。如果您有修改意见,认为有哪些指标需补充或删除,请您填写在修改意见栏中。

商业性体育赛事交易网络的契约关系结构指标体系专家问卷

| 一级指标 | 二级指标 | 三级指标 | 指标补充及修正意见 |
| --- | --- | --- | --- |
| 正式契约 | 控制逆向选择模型（ ） | 信号传递模型（ ）<br>注：反映赛事参与者自身能力的资质证明 | |
| | 控制道德风险模型（ ） | 隐藏行为的道德风险模型（ ）<br>注：设计激励和惩罚契约以规避对方行动方面的机会主义 | |
| | | 隐藏信息的道德风险模型（ ）<br>注：设计激励和惩罚契约以规避对方信息方面的机会主义 | |
| 非正式契约 | 结构性维度（ ） | 联系的强弱（ ） | |
| | | 网络的密度（ ） | |
| | | 网络位置的中心性（ ） | |
| | 关系性维度（ ） | 人际信任（ ） | |
| | | 义务与期望（ ） | |
| | | 共同遵守的规范（ ） | |
| | | 声誉（ ） | |
| | 认知性维度（ ） | 共享的语言和符号（ ） | |
| | | 共享的愿景（ ） | |
| | | 默会知识（ ） | |

注：1——不重要、2——不太重要、3——一般、4——重要、5——很重要

# 附件 3

问卷 2：

## 我国商业性体育赛事交易网络的契约关系特征专家问卷

尊敬的专家：

您好！

首先感谢您在百忙之中抽出时间完成此问卷。本问卷旨在通过专家系统确定我国商业性体育赛事交易网络的契约关系结构中各指标对控制赛事生产过程中各种交易关系交易成本的作用程度。本研究依托契约经济学、社会资本、网络治理等相关理论，论证了在正式契约和非正式契约的共同作用下，赛事交易网络得到有效治理，其交易成本得到有效控制的命题。本问卷给出了正式契约和非正式契约两大要素的指标体系，关于这些指标对控制赛事生产过程中各种交易关系交易成本的作用程度，请您给予评判。本问卷仅为研究所用，没有任何其他用途，我们保证遵守调查道德，对您提供的材料严格保密。再次感谢您的支持！

课题组<br>
2011.12.04

总负责人：

联系人：

**请选择最符合您判断的答案，并在对应的等级上打"√"**

一、不同契约在赛事运营者与俱乐部等主体交易中对降低交易成本的重要程度

| 指　　标 | 重　要　性 | | | | |
|---|---|---|---|---|---|
| | 不重要 | 不太重要 | 一般 | 重要 | 很重要 |
| 1. 信号传递模型 | 1 | 2 | 3 | 4 | 5 |
| 2. 控制隐藏行为的道德风险模型 | 1 | 2 | 3 | 4 | 5 |
| 3. 控制隐藏信息的道德风险模型 | 1 | 2 | 3 | 4 | 5 |
| 4. 联系的强弱 | 1 | 2 | 3 | 4 | 5 |
| 5. 整体网络的密度 | 1 | 2 | 3 | 4 | 5 |
| 6. 网络位置的中心性 | 1 | 2 | 3 | 4 | 5 |
| 7. 人际信任 | 1 | 2 | 3 | 4 | 5 |
| 8. 义务与期望 | 1 | 2 | 3 | 4 | 5 |
| 9. 共同遵守的规范 | 1 | 2 | 3 | 4 | 5 |
| 10. 声誉 | 1 | 2 | 3 | 4 | 5 |
| 11. 共享的语言和符号 | 1 | 2 | 3 | 4 | 5 |
| 12. 共享的愿景 | 1 | 2 | 3 | 4 | 5 |
| 13. 默会知识 | 1 | 2 | 3 | 4 | 5 |

二、不同契约在赛事运营者与裁判协会交易中对降低交易成本的重要程度

| 指　　标 | 重　要　性 | | | | |
|---|---|---|---|---|---|
| | 不重要 | 不太重要 | 一般 | 重要 | 很重要 |
| 1. 信号传递模型 | 1 | 2 | 3 | 4 | 5 |
| 2. 控制隐藏行为的道德风险模型 | 1 | 2 | 3 | 4 | 5 |
| 3. 控制隐藏信息的道德风险模型 | 1 | 2 | 3 | 4 | 5 |
| 4. 联系的强弱 | 1 | 2 | 3 | 4 | 5 |

(续表)

| 指　　标 | 重　要　性 | | | | |
|---|---|---|---|---|---|
| | 不重要 | 不太重要 | 一般 | 重要 | 很重要 |
| 5. 整体网络的密度 | 1 | 2 | 3 | 4 | 5 |
| 6. 网络位置的中心性 | 1 | 2 | 3 | 4 | 5 |
| 7. 人际信任 | 1 | 2 | 3 | 4 | 5 |
| 8. 义务与期望 | 1 | 2 | 3 | 4 | 5 |
| 9. 共同遵守的规范 | 1 | 2 | 3 | 4 | 5 |
| 10. 声誉 | 1 | 2 | 3 | 4 | 5 |
| 11. 共享的语言和符号 | 1 | 2 | 3 | 4 | 5 |
| 12. 共享的愿景 | 1 | 2 | 3 | 4 | 5 |
| 13. 默会知识 | 1 | 2 | 3 | 4 | 5 |

三、不同契约在赛事运营者与后勤保障团队所属组织或个人交易中对降低交易成本的重要程度

| 指　　标 | 重　要　性 | | | | |
|---|---|---|---|---|---|
| | 不重要 | 不太重要 | 一般 | 重要 | 很重要 |
| 1. 信号传递模型 | 1 | 2 | 3 | 4 | 5 |
| 2. 控制隐藏行为的道德风险模型 | 1 | 2 | 3 | 4 | 5 |
| 3. 控制隐藏信息的道德风险模型 | 1 | 2 | 3 | 4 | 5 |
| 4. 联系的强弱 | 1 | 2 | 3 | 4 | 5 |
| 5. 整体网络的密度 | 1 | 2 | 3 | 4 | 5 |
| 6. 网络位置的中心性 | 1 | 2 | 3 | 4 | 5 |
| 7. 人际信任 | 1 | 2 | 3 | 4 | 5 |
| 8. 义务与期望 | 1 | 2 | 3 | 4 | 5 |
| 9. 共同遵守的规范 | 1 | 2 | 3 | 4 | 5 |
| 10. 声誉 | 1 | 2 | 3 | 4 | 5 |
| 11. 共享的语言和符号 | 1 | 2 | 3 | 4 | 5 |
| 12. 共享的愿景 | 1 | 2 | 3 | 4 | 5 |
| 13. 默会知识 | 1 | 2 | 3 | 4 | 5 |

## 四、不同契约在赛事运营者与票务公司交易中对降低交易成本的重要程度

| 指 标 | 重 要 性 | | | | |
|---|---|---|---|---|---|
| | 不重要 | 不太重要 | 一般 | 重要 | 很重要 |
| 1. 信号传递模型 | 1 | 2 | 3 | 4 | 5 |
| 2. 控制隐藏行为的道德风险模型 | 1 | 2 | 3 | 4 | 5 |
| 3. 控制隐藏信息的道德风险模型 | 1 | 2 | 3 | 4 | 5 |
| 4. 联系的强弱 | 1 | 2 | 3 | 4 | 5 |
| 5. 整体网络的密度 | 1 | 2 | 3 | 4 | 5 |
| 6. 网络位置的中心性 | 1 | 2 | 3 | 4 | 5 |
| 7. 人际信任 | 1 | 2 | 3 | 4 | 5 |
| 8. 义务与期望 | 1 | 2 | 3 | 4 | 5 |
| 9. 共同遵守的规范 | 1 | 2 | 3 | 4 | 5 |
| 10. 声誉 | 1 | 2 | 3 | 4 | 5 |
| 11. 共享的语言和符号 | 1 | 2 | 3 | 4 | 5 |
| 12. 共享的愿景 | 1 | 2 | 3 | 4 | 5 |
| 13. 默会知识 | 1 | 2 | 3 | 4 | 5 |

## 五、不同契约在赛事运营者与体育场馆经营主体交易中对降低交易成本的重要程度

| 指 标 | 重 要 性 | | | | |
|---|---|---|---|---|---|
| | 不重要 | 不太重要 | 一般 | 重要 | 很重要 |
| 1. 信号传递模型 | 1 | 2 | 3 | 4 | 5 |
| 2. 控制隐藏行为的道德风险模型 | 1 | 2 | 3 | 4 | 5 |
| 3. 控制隐藏信息的道德风险模型 | 1 | 2 | 3 | 4 | 5 |
| 4. 联系的强弱 | 1 | 2 | 3 | 4 | 5 |
| 5. 整体网络的密度 | 1 | 2 | 3 | 4 | 5 |
| 6. 网络位置的中心性 | 1 | 2 | 3 | 4 | 5 |
| 7. 人际信任 | 1 | 2 | 3 | 4 | 5 |
| 8. 义务与期望 | 1 | 2 | 3 | 4 | 5 |
| 9. 共同遵守的规范 | 1 | 2 | 3 | 4 | 5 |
| 10. 声誉 | 1 | 2 | 3 | 4 | 4 |
| 11. 共享的语言和符号 | 1 | 2 | 3 | 4 | 5 |
| 12. 共享的愿景 | 1 | 2 | 3 | 4 | 5 |
| 13. 默会知识 | 1 | 2 | 3 | 4 | 5 |

六、不同契约在赛事运营者与赞助商交易中对降低交易成本的重要程度

| 指　标 | 重要性 | | | | |
|---|---|---|---|---|---|
| | 不重要 | 不太重要 | 一般 | 重要 | 很重要 |
| 1. 信号传递模型 | 1 | 2 | 3 | 4 | 5 |
| 2. 控制隐藏行为的道德风险模型 | 1 | 2 | 3 | 4 | 5 |
| 3. 控制隐藏信息的道德风险模型 | 1 | 2 | 3 | 4 | 5 |
| 4. 联系的强弱 | 1 | 2 | 3 | 4 | 5 |
| 5. 整体网络的密度 | 1 | 2 | 3 | 4 | 5 |
| 6. 网络位置的中心性 | 1 | 2 | 3 | 4 | 5 |
| 7. 人际信任 | 1 | 2 | 3 | 4 | 5 |
| 8. 义务与期望 | 1 | 2 | 3 | 4 | 5 |
| 9. 共同遵守的规范 | 1 | 2 | 3 | 4 | 5 |
| 10. 声誉 | 1 | 2 | 3 | 4 | 5 |
| 11. 共享的语言和符号 | 1 | 2 | 3 | 4 | 5 |
| 12. 共享的愿景 | 1 | 2 | 3 | 4 | 5 |
| 13. 默会知识 | 1 | 2 | 3 | 4 | 5 |

七、不同契约在赛事运营者与媒体交易中对降低交易成本的重要程度

| 指　标 | 重要性 | | | | |
|---|---|---|---|---|---|
| | 不重要 | 不太重要 | 一般 | 重要 | 很重要 |
| 1. 信号传递模型 | 1 | 2 | 3 | 4 | 5 |
| 2. 控制隐藏行为的道德风险模型 | 1 | 2 | 3 | 4 | 5 |
| 3. 控制隐藏信息的道德风险模型 | 1 | 2 | 3 | 4 | 5 |
| 4. 联系的强弱 | 1 | 2 | 3 | 4 | 5 |
| 5. 整体网络的密度 | 1 | 2 | 3 | 4 | 5 |
| 6. 网络位置的中心性 | 1 | 2 | 3 | 4 | 5 |
| 7. 人际信任 | 1 | 2 | 3 | 4 | 5 |
| 8. 义务与期望 | 1 | 2 | 3 | 4 | 5 |
| 9. 共同遵守的规范 | 1 | 2 | 3 | 4 | 5 |
| 10. 声誉 | 1 | 2 | 3 | 4 | 5 |
| 11. 共享的语言和符号 | 1 | 2 | 3 | 4 | 5 |
| 12. 共享的愿景 | 1 | 2 | 3 | 4 | 5 |
| 13. 默会知识 | 1 | 2 | 3 | 4 | 5 |

八、不同契约在赛事运营者与使用赛事符号企业交易中对降低交易成本的重要程度

| 指　　标 | 重　要　性 | | | | |
|---|---|---|---|---|---|
| | 不重要 | 不太重要 | 一般 | 重要 | 很重要 |
| 1. 信号传递模型 | 1 | 2 | 3 | 4 | 5 |
| 2. 控制隐藏行为的道德风险模型 | 1 | 2 | 3 | 4 | 5 |
| 3. 控制隐藏信息的道德风险模型 | 1 | 2 | 3 | 4 | 5 |
| 4. 联系的强弱 | 1 | 2 | 3 | 4 | 5 |
| 5. 整体网络的密度 | 1 | 2 | 3 | 4 | 5 |
| 6. 网络位置的中心性 | 1 | 2 | 3 | 4 | 5 |
| 7. 人际信任 | 1 | 2 | 3 | 4 | 5 |
| 8. 义务与期望 | 1 | 2 | 3 | 4 | 5 |
| 9. 共同遵守的规范 | 1 | 2 | 3 | 4 | 5 |
| 10. 声誉 | 1 | 2 | 3 | 4 | 5 |
| 11. 共享的语言和符号 | 1 | 2 | 3 | 4 | 5 |
| 12. 共享的愿景 | 1 | 2 | 3 | 4 | 5 |
| 13. 默会知识 | 1 | 2 | 3 | 4 | 5 |

九、不同契约在赛事运营者与现场观众交易中对降低交易成本的重要程度

| 指　　标 | 重　要　性 | | | | |
|---|---|---|---|---|---|
| | 不重要 | 不太重要 | 一般 | 重要 | 很重要 |
| 1. 信号传递模型 | 1 | 2 | 3 | 4 | 5 |
| 2. 控制隐藏行为的道德风险模型 | 1 | 2 | 3 | 4 | 5 |
| 3. 控制隐藏信息的道德风险模型 | 1 | 2 | 3 | 4 | 5 |
| 4. 联系的强弱 | 1 | 2 | 3 | 4 | 5 |
| 5. 整体网络的密度 | 1 | 2 | 3 | 4 | 5 |
| 6. 网络位置的中心性 | 1 | 2 | 3 | 4 | 5 |
| 7. 人际信任 | 1 | 2 | 3 | 4 | 5 |
| 8. 义务与期望 | 1 | 2 | 3 | 4 | 5 |
| 9. 共同遵守的规范 | 1 | 2 | 3 | 4 | 5 |
| 10. 声誉 | 1 | 2 | 3 | 4 | 5 |
| 11. 共享的语言和符号 | 1 | 2 | 3 | 4 | 5 |
| 12. 共享的愿景 | 1 | 2 | 3 | 4 | 5 |
| 13. 默会知识 | 1 | 2 | 3 | 4 | 5 |

附件 4

# 全国及各省市的体育赛事主要相关政策目录

| 序号 | 名称 | 颁布部门 | 颁布时间 |
| --- | --- | --- | --- |
| 1 | 中共中央国务院关于进一步加强和改进新时期体育工作的意见 | 国务院办公厅中共中央〔2002〕08号 | 20020722 |
| 2 | 彩票管理条例 | 国务院办公厅国办发〔2009〕554号 | 20090504 |
| 3 | 国务院办公厅关于加快发展体育产业的指导意见 | 国务院办公厅国办发〔2010〕22号 | 20100324 |
| 4 | 全国体育运动单项竞赛制度（试行） | 国家体育总局 | 1989 |
| 5 | 国家体委对在重大国际比赛中做出突出贡献单位的奖励试行办法 | 国家体育总局 | 1989 |
| 6 | 全国体育竞赛最佳赛区和优秀赛区评选实施办法 | 国家体育总局 | 1999 |
| 7 | 体育竞赛裁判员管理办法（试行） | 国家体育总局 | 1999 |
| 8 | 关于加快体育俱乐部发展和加强体育俱乐部管理的意见 | 国家体育总局 | 19990628 |
| 9 | 全国体育竞赛管理办法（试行） | 国家体育总局国体〔2020〕3号 | 2000 |
| 10 | 体育及相关产业分类（试行） | 国家统计局、国家体育总局 | 20080618 |
| 11 | 体育产业"十二五"规划 | 总局经济司 | 20110429 |
| 12 | 体育产业发展"十三五"规划 | 总局经济司 | 20160713 |
| 13 | 国家体育产业基地管理办法（试行） | 总局经济司 | 20111122 |
| 14 | 全国航空体育竞赛活动管理办法 | 体育总局、民航局、总参谋部 | 2012 |
| 15 | 关于加快发展体育产业促进体育消费的若干意见 | 国务院办公厅国办发〔2014〕46号 | 20141020 |
| 16 | 关于推进体育赛事审批制度改革的若干意见 | 体政字〔2014〕124号 | 201411224 |
| 17 | 北京市体育竞赛裁判员管理办法 | 地方体育局京体办字〔2001〕49号 | 2001 |

(续表)

| 序号 | 名称 | 颁布部门 | 颁布时间 |
| --- | --- | --- | --- |
| 18 | 关于促进体育产业发展的若干意见 | 地方人民政府 | 20070727 |
| 19 | 北京市体育竞赛管理办法实施细则 | 地方体育局 | 20080527 |
| 20 | 北京市体育产业功能区认定和管理办法（试行） | 北京市发展和改革委员会京发改〔2009〕1750号 | 2009 |
| 21 | 中共北京市委北京市人民政府关于促进体育产业发展的若干意见 | 北京市体育局体育产业发展处 | 2013 |
| 22 | 北京市体育产业功能区认定和管理办法（试行） | 地方发改委 | 20100224 |
| 23 | 北京市体育产业发展引导资金贷款贴息管理办法（试行） | 地方体育局京体产业字〔2010〕12号 | 20100415 |
| 24 | 北京市体育产业发展引导资金管理办法（试行） | 地方体育局京体产业字〔2010〕11号 | 20100415 |
| 25 | 北京市人民政府关于加强发展体育产业促进体育消费的实施意见 | 京政发〔2015〕36号 | 20150714 |
| 26 | 天津市体育经营活动管理办法 | 地方人民政府 | 19990118 |
| 27 | 天津市体育竞赛管理办法 | 地方人民政府 | 20010223 |
| 28 | 2012年天津市体育竞赛（竞技部分）申办、举办办法 | 地方体育局 | 2010 |
| 29 | 天津市人民政府关于加强发展体育产业促进体育消费的实施意见 | 津政发〔2015〕18号 | 20150721 |
| 30 | 上海市体育竞赛管理办法 | 地方人民政府 | 19990325 |
| 31 | 上海市体育竞赛裁判员管理办法 | 地方体育局 | 2000 |
| 32 | 上海市体育经纪人管理试行办法 | 沪工商产 | 20000218 |
| 33 | 中共上海市委、上海市人民政府关于加快上海体育事业发展的决定 | 地方人大常务委员会沪委〔2002〕14号 | 20041012 |
| 34 | 2007年度上海市体育竞赛计划 | 地方体育局 | 2007 |
| 35 | 2009年上海市体育竞赛计划 | 地方体育局 | 2009 |
| 36 | 2010年上海市体育竞赛计划（上海市第十四届运动会、市级单项比赛） | 地方体育局 | 2010 |
| 37 | 2011年上海市体育竞赛计划（市级比赛） | 地方体育局 | 2011 |
| 38 | 上海市体育事业与体育产业发展"十二五"规划 | 地方人民政府 | 20120423 |
| 39 | 上海市人民政府关于加快发展体育产业促进体育消费的实施意见 | 沪府发〔2015〕26号 | 20150805 |
| 40 | 河北省体育经营活动管理办法 | 地方人民政府 | 19961129 |
| 41 | 河北省体育竞赛管理办法 | 地方人民政府 | 20071218 |
| 42 | 河北省人民政府办公厅关于加快发展体育产业的实施意见 | 地方人民政府 | 20110127 |

(续表)

| 序号 | 名称 | 颁布部门 | 颁布时间 |
| --- | --- | --- | --- |
| 43 | 河北省人民政府办公厅关于扶持体育产业发展的通知 | 地方人民政府冀政办〔2011〕24号 | 20111215 |
| 44 | 河北省人民政府关于加快发展体育产业促进体育消费的实施意见 | 地方人民政府 | 20150529 |
| 45 | 江苏省体育局关于成立大型体育赛事及群众体育活动突发公共事件应急工作领导小组的通知 | 地方体育局 | 2007 |
| 46 | 省政府关于加快发展体育产业的实施意见 | 地方人民政府苏政发〔2010〕110号 | 20101019 |
| 47 | 江苏省体育产业发展引导资金使用管理暂行办法 | 省财政厅、省体育局 | 20110101 |
| 48 | 江苏省体育产业基地管理办法 | 省体育局 | 20110831 |
| 49 | 江苏省政府关于加快发展体育产业促进体育消费的实施意见 | 省政府 | 20150618 |
| 50 | 浙江省体育经纪人管理办法（试行） | 省体育局 | 20010810 |
| 51 | 中共浙江省委、浙江省人民政府关于进一步加强体育工作加快体育事业发展的决定 | 地方人民政府 | 20040421 |
| 52 | 浙江省体育竞赛管理办法 | 地方人民政府 | 20070919 |
| 53 | 浙江省人民政府办公厅关于加快发展体育产业的实施意见 | 地方人民政府浙政办发〔2010〕103号 | 20100803 |
| 54 | 浙江省人民政府关于加快发展体育产业促进体育消费的实施意见 | 浙政发〔2015〕19号 | 20150707 |
| 55 | 中共省委福建省人民政府关于进一步加强和改进新时期体育工作的实施意见 | 地方人民政府闽委〔2002〕86号 | 20021203 |
| 56 | 福建省体育经营活动管理条例 | 地方人大、省体育局 | 20060804 |
| 57 | 福建省人民政府关于加快发展体育产业的实施意见 | 地方人民政府 | 20110317 |
| 58 | 福建省体育产业发展专项资金管理办法 | 闽财教〔2011〕97号 | 20110923 |
| 59 | 福建省第十五届运动会社会赞助和捐赠办法 | 省体育局 | 2013 |
| 60 | 福建省第十五届运动会资源开发管理办法 | 省体育局 | 2013 |
| 61 | 福建省人民政府关于加快发展体育产业促进体育消费十条措施的通知 | 闽政〔2015〕40号 | 20150807 |
| 62 | 中共山东省委山东省政府关于进一步加强和改进新时期体育工作的意见 | 地方人大常务委员会鲁发〔2002〕8号 | 2002 |
| 63 | 山东省体育市场管理条例 | 地方人民政府 | 20040730 |
| 64 | 山东省体育竞赛管理暂行办法 | 省体育局 | 2005 |
| 65 | 关于加快发展体育产业的实施意见 | 地方人民政府 | 20120912 |

(续表)

| 序号 | 名称 | 颁布部门 | 颁布时间 |
|---|---|---|---|
| 66 | 山东省人民政府关于贯彻国发〔2014〕46号文件加快发展体育产业促进体育消费的实施意见 | 鲁政发〔2015〕19号 | 20150822 |
| 67 | 河南省体育经纪人管理办法 | 地方体育局 | 2003 |
| 68 | 河南省体育竞赛运动员代表资格注册管理办法（试行） | 地方体育局 | 2003 |
| 69 | 河南省人民政府办公厅关于加快发展体育产业的意见 | 地方人民政府豫政办〔2011〕8号 | 2011 |
| 70 | 河南省人民政府关于加快发展体育产业促进体育消费的实施意见 | 豫政〔2015〕44号 | 20150728 |
| 71 | 河南省体育局关于明确年度河南省体育竞赛申报等级运动员赛事的通知 | 省体育局 | 20160504 |
| 72 | 湖北省委省政府关于加强和改进新时期体育工作的意见 | 地方人大常务委员会鄂发〔2003〕8号 | 2003 |
| 73 | 湖北经营性体育竞赛、体育表演、体育健身、体育康复、体育娱乐、体育培训许可体育竞赛审批 | 地方体育局 | 2009 |
| 74 | 省政府关于加快发展体育产业促进体育消费的实施意见 | 鄂政发〔2015〕50号 | 20150807 |
| 75 | 中共中央、国务院关于进一步加强和改进新时期体育工作的意见 | 地方人大常务委员会 | 2003 |
| 76 | 广东省人民政府办公厅关于加快体育产业发展的实施意见 | 地方人民政府粤发〔2003〕1号 | 20121226 |
| 77 | 广东省人民政府关于加快发展体育产业促进体育消费的实施意见 | 粤府〔2015〕76号 | 20150728 |
| 78 | 广东省体育局关于体育竞赛和活动审批事项的管理办法（试行） | 粤体办〔2015〕35号 | 20150421 |
| 79 | 湖南省体育竞赛管理办法（试行） | 地方人民政府 | 2003 |
| 80 | 湖南省大型体育赛事及大众体育活动突发公共事件应急预案（修订稿） | 地方人民政府 | 2011 |
| 81 | 湖南省人民政府关于加快发展体育产业促进体育消费的实施意见 | 湘政发〔2015〕41号 | 20151008 |
| 82 | 关于推进湖南省体育赛事审批制度改革的若干意见 | 湘体字〔2015〕11号 | 20150206 |
| 83 | 关于加快我省文化体育产业发展步伐的建议 | 地方人大常务委员会琼文函〔2010〕215号 | 2010 |
| 84 | 海南省人民政府关于加快发展体育产业促进体育消费的实施意见 | 琼府〔2015〕62号 | 20150807 |
| 85 | 中共贵州省委贵州省人民政府关于进一步加强和改进新时期体育工作的意见 | 地方人大常务委员会黔党发〔2004〕9号 | 2004 |

（续表）

| 序号 | 名称 | 颁布部门 | 颁布时间 |
| --- | --- | --- | --- |
| 86 | 省人民政府办公厅关于加快发展体育产业促进体育消费的实施意见 | 黔府办发〔2015〕30号 | 20150817 |
| 87 | 云南省人民政府关于加快体育产业发展的实施意见 | 地方人民政府云政发〔2011〕43号 | 2011 |
| 88 | 云南省人民政府关于加快发展体育产业促进体育消费的实施意见 | 云政发〔2015〕39号 | 20150602 |
| 89 | 四川省青少年体育竞赛管理办法 | 地方体育局 | 2007 |
| 90 | 四川省人民政府关于加快发展体育产业促进体育消费的实施意见 | 川府发〔2015〕39号 | 20150711 |
| 91 | 山西省体育局关于推进体育赛事审批制度改革的实施意见 | 晋体政〔2015〕6号 | 20150330 |
| 92 | 山西省人民政府关于加快发展体育产业促进体育消费的实施意见 | 省政府 | 20150731 |
| 93 | 陕西省人民政府办公厅关于加快发展体育产业的意见 | 地方人民政府陕政办发〔2010〕116号 | 2010 |
| 94 | 陕西省体育彩票公益金管理暂行办法 | 地方体育局 | 2012 |
| 95 | 关于利用体彩公益金资助项目、体育赛事活动等加强体育彩票宣传工作的通知 | 地方体育局 | 2012 |
| 96 | 2012年陕西省各类体育赛事计划 | 地方体育局 | 2012 |
| 97 | 陕西省人民政府关于加快发展体育产业促进体育消费的实施意见 | 陕政发〔2015〕21号 | 20150513 |
| 98 | 关于促进青海体育产业发展的若干意见 | 青政办〔2009〕122号 | 2009 |
| 99 | 青海省人民政府关于加快发展体育产业促进体育消费的实施意见 | 青政〔2015〕50号 | 20150601 |
| 100 | 辽宁省体育竞赛管理办法 | 地方人民政府 | 20111208 |
| 101 | 辽宁省人民政府关于加快发展体育产业促进体育消费的实施意见 | 辽政发〔2015〕34号 | 20150816 |
| 102 | 中共安徽省委安徽省人民政府关于加快新时期体育发展的意见 | 地方人民政府皖发〔2003〕8号 | 2003 |
| 103 | 安徽省人民政府关于加快发展体育产业促进体育消费的实施意见 | 皖政〔2015〕67号 | 20150714 |
| 104 | 关于推进全市体育赛事审批制度改革的若干意见 | 地方体育局 | 20151228 |
| 105 | 宁夏回族自治区《关于加快体育系统体育产业发展的意见》 | 地方体育局宁政办发〔2006〕63号 | 2005 |
| 106 | 关于加快发展体育产业促进体育消费的实施意见 | 宁夏回族自治区体育局 | 20150816 |
| 107 | 甘肃省人民政府贯彻国务院关于加快发展体育产业促进体育消费若干意见的实施意见 | 甘政发〔2015〕14号 | 20150128 |

（续表）

| 序号 | 名称 | 颁布部门 | 颁布时间 |
| --- | --- | --- | --- |
| 108 | 甘肃省体育局关于推进体育赛事管理制度改革的实施意见 | 甘体竞〔2016〕3号 | 20160114 |
| 109 | 内蒙古自治区人民政府关于加快发展体育产业促进体育消费的实施意见 | 内政发〔2015〕116号 | 20150930 |
| 110 | 关于加快发展体育产业促进体育消费的实施意见 | 新政发〔2015〕87号 | 20150929 |
| 111 | 黑龙江省人民政府关于加快发展体育产业促进体育消费的实施意见 | 黑政发〔2015〕34号 | 20150831 |
| 112 | 吉林省人民政府关于加快发展体育产业促进体育消费的实施意见 | 吉政发〔2015〕50号 | 20151221 |
| 113 | 西藏自治区人民政府关于加快发展体育产业促进体育消费的实施意见 | 藏政发〔2015〕80号 | 20150808 |
| 114 | 重庆市人民政府关于加快发展体育产业促进体育消费的实施意见 | 渝政发〔2015〕41号 | 20150624 |

# 主要参考文献

[法]埃里克·布鲁索等编:《契约经济学理论和应用》,王秋石、李国民等译校,中国人民大学出版社2011年版。

[美]埃里克·弗鲁博顿、[德]鲁道夫·芮切特著:《新制度经济学——一个交易费用分析范式》,姜建强、罗长远译,上海人民出版社2007年版。

[意大利]安娜·格兰多里:《企业网络:组织和产业竞争力》,中国人民大学出版社2005年版。

鲍明晓:《体育市场——新的投资热点》,人民体育出版社2004年版。

鲍明晓:《体育产业——新的经济增长点》,人民体育出版社2000年版。

[美]保罗·萨缪尔森:《经济学》,华夏出版社1999年版。

丛湖平、罗建英:《体育赛事产业区域核心竞争力——一个理论假设构架的提出》,《体育科学》2007年第10期。

丛湖平:《体育产业与其关联产业部门结构关联变动机制的研究》,《体育科学》2002年第9期。

丛湖平:《体育产业若干界说的辨析及相关问题的讨论》,《中国体育科技》2001年第12期。

丛湖平:《体育经济学》,高等教育出版社2004年版。

曹可强:《体育产业概论》,复旦大学出版社2004年版。

陈柳钦:《社会资本及其主要理论研究观点综述》,《东方论坛》2007年第3期。

陈学光:《企业网络能力——网络能力、创新网络及创新绩效关系研究》,经济管理出版社2008年版。

蔡俊五、赵长杰:《体育赞助——双赢之策》,人民体育出版社2001

年版。

蔡文娟、陈莉平等：《社会资本视角下产学研协同创新网络的联接机制及效应》，《科技管理研究》2007年第9期。

杜万松：《公共产品：边界迷局及其破解》，《福建行政学院学报》2010年第3期。

[奥地利]德姆塞茨：《关于产权的理论》，载《财产权利和制度变迁——产权学派与新制度学派译文集》，上海三联书店1991年版。

[美]菲吕博顿（E. Furubotn）、配杰威齐（S. Pejovich）：《产权与经济理论：近期文献的一个综述》，载《财产权利与制度变迁——产权学派与新制度经济学派译文集》，上海三联书店1994年版。

付晓静：《论体育赛事传播的三角模式》，《体育文化导刊》2007年第1期。

《菲尔普斯吸毒声誉受损 一家赞助商表态不再续约》，新华网，2009年2月6日。

盖文启：《创新网络——区域经济发展新思维》，北京大学出版社2002年版。

郭劲光：《企业网络的经济社会学研究》，中国社会科学出版社2008年版。

国彦兵：《新制度经济学》，立信会计出版社2006年版。

古志超：《德尔菲法的特点及应用》，《中外企业文化》2005年第8期。

高光贵：《多指标综合评价中指标权重确定及分值转换方法研究》，《经济师》2003年第3期。

郭毅、朱熹：《国外社会资本与管理学研究新进展——分析框架与应用述评》，《外国经济与管理》2003年第7期。

黄海燕、曲怡等：《我国体育产权的交易方式和发展趋势》，《上海体育学院学报》2006年第2期。

黄海燕：《体育赛事综合影响的事前评估研究》，博士学位论文，上海体育学院，2009年。

胡乔：《我国体育赛事电视转播权有效开发的策略思考》，《湖北师范学院学报》（哲学社会科学版）2011年第2期。

《黑哨影响声誉 中国无缘南非》，京华时报，2010年3月29日。

纪宁：《体育赛事的经营与管理》，电子工业出版社 2004 年版。

刘清早：《体育赛事运作管理》，人民体育出版社 2006 年版。

李南筑、袁刚：《体育赛事经济学》，复旦大学出版社 2006 年版。

李南筑、曲怡、黄海燕等：《商业性体育赛事的产权交易特征和交易费用分析》，《上海体育学院学报》2005 年第 3 期。

刘军：《社会网络分析导论》，社会科学文献出版社 2004 年版。

刘金利：《体育赞助的产权制度研究》，博士学位论文，浙江大学，2008 年。

李悦：《产业经济学》，中国人民大学出版社 2000 年版。

罗家德：《社会网分析讲义》，社会科学文献出版社 2005 年版。

卢现祥：《西方新制度经济学》，中国发展出版社 2003 年版。

李正彪：《一个综述：国外社会关系网络理论研究及其在国内企业研究中的运用》，《经济问题探索》2004 年第 11 期。

刘英钱、永坤：《基于节约交易成本的纵向关系选择理论》，《中国集体经济》2009 年第 8 期。

梁雅琦：《社会资本对企业创新网络的影响研究》，硕士学位论文，山西财经大学，2010 年。

吕炳斌、胡峰：《美国奥林匹克标志司法保护典型案例评析及其借鉴意义》，《天津体育学院学报》2007 年第 2 期。

《老虎伍兹身价暴跌 Corona 雪茄奥兰多公司受益》，互联网，2009 年 12 月 27 日。

[美] 李双燕、万迪防、史亚蓉：《基于正式契约和关系契约的 BPO 治理机制研究》，《经济管理》2008 年第 18 期。

卢荡：《拳王争霸赛一拖再拖 球迷退票未果可能诉诸法庭》，北京青年报，2001 年 10 月 19 日。

[美] 马克·格兰诺维特：《镶嵌——社会网和经济行动论文精选》，罗家德译，社会科学文献出版社 2007 年版。

马汀、奇达夫、蔡文彬等：《社会网络组织》，北京中国人民大学出版社 2002 年版。

马铁：《体育赛事经纪》，中国经济出版社 2007 年版。

马君、文庆能等：《信任的经济学分析：一种嵌入性视角》，《淮北煤炭师范学院学报》（哲学社会科学版）2005 年第 2 期。

《龙队国脚为钱险些罢战皇马　总教练牛维泗极愤慨》，南方网讯，2003年8月4日。

彭文兵：《经济社会学理论方法与运用——社会关系网络和社会资本视角下的企业研究》，博士学位论文，上海财经大学，2001年。

《区域创新网络的理论基石及其逻辑演进》，《中共中央党校学报》2006年第2期。

《拳王争霸赛一拖再拖　球迷退票未果可能诉诸法庭》，北京青年报，2001年10月19日。

《企业管理人员如今愈来愈知道公司声誉的重要性》，商机网，2008年11月2日。

人民网：《世界杯赌球大案背后：每年约6000亿赌资流向境外》。

［美］诺思：《制度、制度变迁与经济绩效》，上海三联书店1994年版。

［美］诺思：《经济史上的结构和变迁》，上海人民出版社1994年版。

［美］诺思：《制度、制度变迁与经济绩效》，格致出版社2008年版。

尚勇、朱传柏：《区域创新系统的理论与实践》，中国经济出版社1999年版。

单勇、徐晓燕等：《试论体育服务产品的基本特征》，《浙江体育科学》2002年第4期。

邵云飞等：《基于网络视角的产业集群创新》，电子科技大学出版社2008年版。

孙晓强：《体育赞助营销：整合的观点》，《云南财贸学院学报》2003年第6期。

石军伟：《社会资本与企业行为选择——一个理论框架及其在中国情景中的实证检验》，北京大学出版社2008年版。

上海大师杯补偿球迷：《可凭票根享明年购票优惠》，新闻晨报，2005年11月16日。

唐晓彤：《大型体育赛事服务对经济发展波及效应的理论研究》，硕士学位论文，浙江大学，2005年。

《唐·金毁约拳王赛泡汤　长城体育公司面临三大问题》，北京青年报，2001年10月5日。

田瑶、王跃：《对我国体育赛事电视转播权的分析与思考》，《网络财富》2010年第3期。

王缉慈：《创新的空间——企业集群与区域发展》，北京大学出版社2001年版。

王夏洁：《基于社会网络理论的知识链分析》，《情报杂志》2007年第2期。

王大洲：《企业创新网络进化和治理》，知识产权出版社2006年版。

王守恒：《北京体育赛事管理与营销研究报告》，同心出版社2005年版。

王守恒、叶庆晖等：《体育赛事管理》，高等教育出版社2007年版。

王子朴、杨铁黎：《体育赛事类型的分类及特征研究》，《上海体育学院学报》2005年第6期。

王剑锋：《创新网络的结构特征对集群创新影响的理论与应用研究》，硕士学位论文，成都电子科技大学，2007年。

石海瑞：《网络组织负效应问题研究》，硕士学位论文，山西财经大学，2009年。

王国顺、周勇、汤捷著：《交易、治理与经济效率——O.E.威廉姆森交易成本经济学》，中国经济出版社2005年版。

王晓曦：《论体育特许产品经营的市场营销价值及其与体育赞助的异同》，《价值工程》2010年第20期。

文婧1、杨友仁2、侯俊军等：《嵌入性与FDI驱动型产业集群研究——以上海浦东IC产业集群为例》，《经济地理》2007年第9期。

[美] 威廉姆森：《经济组织的逻辑》，载《企业制度与市场组织》，上海三联书店1996年版。

汪全胜、戚俊娣：《体育赛事电视转播权转让的法律关系考察》，《武汉体育学院学报》2010年第7期。

王刚：《鸟巢替别人孵金蛋》，钱江晚报，2011年8月7日。

王子朴、王晓虹：《体育赛事举办者、电视转播方、赞助商合作与共赢发展现状的多维审视——基于第二届体育电视国际论坛的综述》，《首都体育学院学报》2006年第6期。

[美] 威廉姆森：《资本主义经济制度》，商务印书馆2002年版。

[美] 吴颉熊平：《小议关系性契约与正式契约的关系》，《法律天地》2007年第8期。

许小虎、项保华：《企业网络理论发展脉络与研究内容综述》，《科研管理》2006年第1期。

肖林鹏、叶庆晖：《体育赛事项目管理》，北京体育大学出版社2005年版。

肖艳玲、王长青：《基于声誉约束的信任保障机制》，《价值工程》2011年第22期；姚小涛等：《社会网络理论及其在企业研究中的应用》，《西安交通大学学报》（社会科学版）2003年第3期。

《他促成曼联杭州行 他立志打造浙江体育传媒》，新浪体育，2009年7月14日。

尤维丽：《科斯产权理论的法学评析》，《法学研究》2008年第11期。

叶庆晖：《体育赛事运作研究》，博士学位论文，北京体育大学，2003年。

杨铁黎：《转型期我国体育赛事市场化运作特征与对策研究》，北京体育大学出版社2008年版。

杨松年：《论体育服务产品的性质、特征和类型》，《福建体育科技》2002年第10期。

余惠清、张宏等：《浅析大型体育场馆的经营和管理》，《广州体育学院学报》2002年第22期。

张存刚、李明、陆德梅等：《社会网络分析——一种重要的社会学研究方法》，《甘肃社会科学》2004年第2期。

愿景，http://baike.baidu.com/view/27619.htm，百科名片。

张其仔：《社会资本论——社会资本与经济增长》，社会科学文献出版社1997年版。

张旺军：《基于社会交易网络的长三角区域经济发展》，《经济地理》2008年第7期。

张维迎：《博弈论与信息经济学》，上海人民出版社2004年版。

张雷：《体育用品制造企业技术创新要素及作用路径研究》，《科技管理研究》2012年第1期。

张五常：《经济解释——张五常经济论文选》，商务印书馆2000年版。

朱琴芬：《新制度经济学》，华东师范大学出版社2006年版。

《中超裁判出场费狂涨5倍，80后嫩哨出场费可达四万》，中国网络电视台-新闻台-新闻中心，2011年7月9日。

周小虎：《企业社会资本与战略管理——基于网络结构观点的研究》，人民出版社 2006 年版。

朱建红：《体育赛事违约责任中的精神损害赔偿研究——从"假球""黑哨"看球迷的权利保护》，《南京体育学院学报》2011 年第 4 期。

《主办方只求不赔本，"联城决"赔本赚吆喝买卖》，今日早报，2009 年 7 月 13 日。

Brown B. Dephi Process: A Methodology used for the elicitation of opinions of experts, The Rand Corporation, 1969 (14): 345-369.

Bradaeh, J. L& Eccles, R. G. Price, Authority and Trust: From ideal types to plural forms, Annual Review of Sociology, 1989 (15): 97-118.

Browning, Side by Side: Computer Chip Project Brings Rivals Together, But The Culture Clash; Foreign Work Habits Get in The Way of Creative Leaps, Hobbling Joint Research. Softball in Not the Answer, Wall Street Journal, 1994 (7): 58-73.

Freeman, C., Networks of innovators: A synthesis of research issues. Research Policy, 1991, 20: 499-514.

Granovetter, M. The Strength of Weak Tie. American Journal of Sociology, 1973 (78): 1360-1380.

Gulat, i Ranjay. Network location and learning: The influence of network resources and firm capabilities on alliance formation, Strategic Management Journa, 1999, 20 (5): 397-420.

Granovetter M. Economic action and social structure: theproblemof embeddedness, Am JSoc, 1985 (91): 481-510.

Granovetter, M. The Strength of Weak Tie. American Journal of Sociology, 1973 (78): 1360-1380.

Jay Coalkey, Ph. D. McGraw Hill, SPORT IN SOCIETY: Issues&Controversies, Seventh edition, 2001: 382.

M. Jenson and W. H. Mecking, 1976, Theory of the Firm: Managerial Behavior, Agency Cost and Managemeng Ownership Structure. Journal of Economic History, No. 1, p. 307.

Nahapiet J, Ghoshal S. Social capita, l intellectual capitaland the creation of value in firms. Academy of Management Bestpaper proceedings, 1997:

35-39.

Pfeffer, J. and Salancik, G. R. The external control of organization: a resource dependence perspective, NewYork: Harper&Row, 1978: 1-80.

Relational Contracting, New York: Free Press, 1998, http://finance.people.com.cn/GB/4597120.html 2006.7.17.

Rami Olkkonen. Case study: The network approach to international sport sponsorship arrangement, Journal of Business & Industrial Marketing, 2001 (16): 309-329.

Rosita Wolfe, The sports network: insight into the shifting balance of power, Journal of Business Research, 2002 (55): 611-622.

Scott, J. Social Network Analysis: A Handbook. London: Sage Publications, 2000. Granovetter M. Economic action and social structure: the problemof embeddedness, American Journal of Sociology, 1985 (91): 481-510.

Williamson O. E. Transaction - Cost Relations, Journaloflaw and Economics, 1979: 22.

Williamson, O. E. The economic institutions of capitalism: Firms, markets and Hakansson H. Industrial Technological Development: A network approach, London, 1987: 21.

Williamson, O. E. The economic institutions of capitalism: Firms, markets and relational contracting. New York: Free Press, 1985.